MINHA (DE)FORMAÇÃO

JOÃO CALDAS VALENÇA

MINHA (DE)FORMAÇÃO

solisluna

MINHA (DE)FORMAÇÃO
copyright © 2022 João Antonio Caldas Valença
copyright edição © 2022 Solisluna

EDIÇÃO
Enéas Guerra
Valéria Pergentino

ARTE E DESIGN DA CAPA
Fernando Vilela

PROJETO GRÁFICO E EDITORAÇÃO
Valéria Pergentino
Elaine Quirelli

REVISÃO DE TEXTO
Ana Luz
Maria José Bezerra de Oliveira
Kyara Muniz de Sá

FOTOGRAFIAS
Bruna Coutinho Valença

Dados Internacionais de Catalogação na Publicação (CIP) de acordo com ISBD

V152m Valença, João Caldas
   Minha (De) Formação / João Caldas Valença ; ilustração da capa por Fernando Vilela. - Lauro de Freitas, BA : Solisluna, 2022.
   304 p. : il. ; 15cm x 21cm.

   ISBN 978-65-86539-79-0

   1. Autobiografia. 2. Depoimento de vida. 3. Ditadura militar. 4. Seminarista. I. Vilela, Fernando. II. Título.

   CDD 920
2022-3408 CDU 929

Elaborado por Vagner Rodolfo da Silva - CRB-8/9410

Índices para catálogo sistemático:
1. Autobiografia 920
2. Autobiografia 929

Todos os direitos desta edição reservados à Solisluna Design Editora Ltda.
55 71 3379.6691 www.solisluna.com.br editora@solisluna.com.br

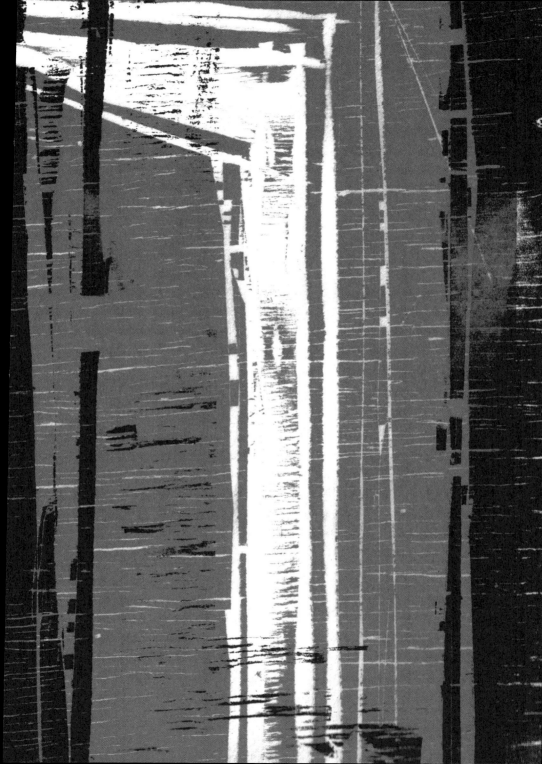

Dedico este livro a minha família, a meus amigos e a Osmar, meu companheiro de estrada há 30 anos.

SUMÁRIO

11	Introdução
16	Infância
23	Descobertas musicais
35	Pré-adolescência
69	Adolescência
90	Juventude
105	Vida religiosa
137	Minha ordenação e o exercício do sacerdócio
148	Crise pessoal e crise na província
151	Recrudescimento da luta política e minha saída dos dominicanos
156	1969: de volta à laicidade
164	DEOPS, a sucursal do inferno
175	Presídio Tiradentes
183	O Pavilhão 1
186	Narrativas do cotidiano da prisão Tiradentes
199	Saída da prisão Tiradentes

202 Recife
223 Primeira moradia em Salvador
226 Olinda
232 Cineclubismo
239 Eu continuava vigiado pelo regime militar
241 Tentativa de estudar a formação do homem nordestino
244 A igreja católica nos anos 70-80
246 A chegada do vírus HIV
257 OIT – Organização Internacional do Trabalho
262 Espia Vídeo – Campanha política de 1986
269 Saída da Espia Vídeo
271 A política pós-ditadura
273 Minha sexualidade nos novos tempos
277 Segunda moradia na Bahia
290 O carnaval de Salvador
292 Revendo os ex-frades dominicanos em São Paulo
297 Velhice – o vivido não morre

INTRODUÇÃO

Com a chegada da pandemia da Covid-19, de abril a novembro de 2020, só saí de casa para realizar atividades essenciais, respeitando as medidas sanitárias, principalmente usando máscara, álcool em gel a 70 por cento e mantendo o distanciamento social. Não foi tão difícil para mim, pois passei sete anos em regime de clausura na vida religiosa, e, logo depois, mais de um ano no Presídio Tiradentes, em São Paulo. Continuei administrando a casa junto a meu companheiro. Ele também deu seu apoio a alguns amigos idosos nas compras de itens básicos, durante a quarentena decretada pelo governo do Estado. Vimos sinais de solidariedade em várias camadas sociais de nosso país.

Foi necessário reinventar muita coisa para que tivéssemos momentos prazerosos de estudo e trabalho. As *lives*, na TV e nos computadores, foram ansiosamente aguardadas. *Shows* musicais, espetáculos de teatro, concertos e aulas sobre diversos temas estavam à nossa disposição. Fizemos viagens virtuais na programação de canais de TV de vários países que foram facultadas para quem não tinha acesso, mesmo nos canais pagos. Nem tudo isso pôde evitar os impactos emocionais que atingiram diretamente nosso humor, dando margem a comportamentos melancólicos, sendo necessário acompanhamento terapêutico.

Procurando canalizar as atividades e priorizar mais minha agenda doméstica, naquele período, resolvi realizar exercícios literários, sem muito rigor nos horários, concentrando-me em digitar minha autobiografia. Anos atrás, eu escrevi trechos de contos, romances e poesias. Coisas criadas espaçadamente. Não tinha rotina.

Nesse período, foram publicadas várias biografias, romances, contos e poemas. Criação de obras de artes plásticas, músicas e coreografias. De algum modo, produções literárias que revelam o sentimento mais profundo do ser humano em relação a si próprio e ao próximo, no momento em que toda a Terra está sofrendo com essa pandemia. Políticos da extrema direita reagem de forma impiedosa, na tentativa de desmontar os avanços alcançados pela democracia no Brasil. Hoje, mais do que nunca, nossa luta é basicamente pela preservação do meio ambiente, pela valorização da educação, saúde e cultura – das artes em geral –, as áreas mais afetadas durante esse processo sofrido. Mas, esperançosos, dizemos em coro que "a cultura não morrerá". Para que isso ocorresse, teriam de matar toda a humanidade.

O processo de selecionar fatos do passado, com o fim de narrar minhas experiências de vida, ocorreu de modo bastante intuitivo, à medida em que transcorriam os anos. Naturalmente, minha mente compilou os fatos mais importantes. Iniciei então, a partir de 1980, o registro de minhas memórias. Lembranças da infância e adolescência, as experiências sexuais e políticas, e minhas escolhas no campo da religiosidade. Costumo dizer que, hoje, sou um ex-tudo.

Durante a ditadura no Brasil (1964 a 1985), perdi muita coisa. Livros, gravações, documentos e anotações, que foram extraviados pela polícia militar, através de invasão domiciliar, principalmente por meio de arrombamentos. Um período de extrema falta de liberdade.

Com a maturidade chegando, fantasmas pairavam em minha cabeça. Um medo profundo de perder detalhes significativos, como nomes de pessoas amigas e até mesmo de ruas e telefones. Não queria que esses dados sumissem da mente.

Resolvi gravar o que conseguia lembrar. Iniciei pelo relato da minha experiência juvenil na Ação Católica – primeira iniciativa concreta de falar sobre a filosofia cristã naquele período no Brasil, cuja figura mais emblemática foi o Alceu Amoroso Lima, que usou o pseudônimo Tristão de Ataíde. Ele foi crítico literário, professor, pensador, escritor e líder católico brasileiro, condecorado pela Santa Sé.

Certa vez, meu amigo Álvaro Pantoja, que passou um tempo em minha casa, ouviu o que eu estava gravando em voz alta, junto à grande mesa que reunia meus hóspedes amigos, e falou: "João, o que eu ouvi de sua história, deixou-me admirado. É uma parte da História do Brasil e da Igreja do Brasil que eu não conhecia. E isso precisa ser publicado."

Uma voz que reverberou em minha memória durante 35 anos. Foi a primeira voz de incentivo.

Outra coisa que me motivou a continuar com este projeto de narrativas foi o contato que tive em Salvador (início deste milênio) com a professora uspiana Heloisa, esposa de um amigo meu, ex-sacerdote dominicano. Juntos, chegamos a visitar a Mãe Stella de Oxóssi e sua comunidade no Ilé Axé Opô Afonjá. E ela, no seu retorno a São Paulo, enviou-me o livro de Ecléa Bosi, MEMÓRIA E SOCIEDADE: lembranças de velhos. Li avidamente o livro e aquele presente potencializou o desejo de publicar minha autobiografia. Iniciei imediatamente a rascunhar as ideias.

Ecléa analisou os grandes acontecimentos da época, a luta política na Primeira República, em que os militares, junto à elite cafeeira, travaram uma violenta perseguição à classe operária no início dos movimentos sindicais – as greves, a formação dos grupos embasados no anarquismo nascido na Itália. Ela identificou também o espaço social onde viviam as pessoas pesquisadas, os locais onde moravam, os tipos de moradias, suas lutas, seus modelos sociais e os fatos históricos que viveram. Partiu das questões levantadas por alguns pensadores e sociólogos a respeito das histórias celebrativas e triunfantes propagadas pelos discursos históricos oficiais, que quase sempre desconsideram a subjetividade do operário como sujeito afirmativo, ativo e consciente, que participa de movimentos políticos e sociais na luta pelos direitos da classe trabalhadora e pela liberdade de expressão.

Sinto que este é o melhor momento para escrever minha memória: a velhice. Louvo a memória de todos os velhos que morreram na pandemia da COVID-19. Essa geração poderia ter vivido além da idade prevista. Mas o Brasil limitou-se, agora, a exaltar apenas a juventude produtiva. Inclusive, para o governo deste período, a velhice incomoda e atrapalha a produtividade. Um governo negacionista do vírus e com grande resistência com relação a investimentos nas vacinas. Nossa sociedade dividida em classes, com essa pandemia, ficou mais dilacerada, "até as suas raízes, pelas mais cruéis contradições" (BOSI, 1989, p. 11).

Ainda no livro de Ecléa Bosi, Marilena Chauí (p. 18), na apresentação do livro, escreveu: "Por que temos que lutar pelos velhos? Porque eles são a fonte de onde jorra a essência da cultura, ponto onde o passado se conserva e o presente se prepara, pois, como escrevera [Walter Benjamin], só perde o sentido aquilo que no presente não é percebido como visado pelo passado [...] A sociedade capitalista impede a lembrança [...] Segundo Espinosa, não merece o nome de Cidade, mas o de servidão, solidão, barbárie". E eu acrescento: nós, os moços e os velhos, fazemos parte dessa sociedade doente e sofrida.

O mercado editorial sempre publica livros autobiográficos da elite, cujas narrativas fazem referência a uma memória celebrativa e triunfalista dos vencedores. Por outro lado, assistimos à eclosão de uma bibliografia publicada pelas minorias: indígenas, negros, LGBTQIA+, – autores antes desconhecidos inauguram um novo ciclo do mercado editorial. Autoras e autores autônomos fazem parcerias com as editoras alternativas, que acolhem a diversidade, abertas à livre expressão.

Com a leitura que fiz de *Quarto de despejo: diário de uma favelada*, de Carolina Maria de Jesus – uma mulher negra, que criou os seus filhos através do trabalho de catar papel no lixo –

atinei para o título do livro e vi o quanto essa realidade era desconhecida para mim. Sua escrita trata de uma memória contundente dos favelados dos anos de 1950, em São Paulo. E, em meio à narrativa, a escritora aponta as contradições da vida religiosa.

"Fico pensando na vida atribulada e pensando nas palavras do Frei Luiz que nos diz para sermos humildes. Penso: se o Frei Luiz fosse casado e tivesse filhos e ganhasse salário-mínimo, aí eu queria ver se o Frei Luiz era humilde. Diz que Deus dá valor só aos que sofrem com resignação. Se o Frei visse os seus filhos comendo gêneros deteriorados, comidos pelos corvos e ratos, havia de revoltar-se, porque a revolta surge das agruras." (*Quarto de Despejo: diário de uma favelada*, 1950, p. 76.)

Neste meu livro, (DE)FORMAÇÃO, trago um olhar voltado para a formação de uma classe média específica – a classe a que pertenço – na sua formação inicial, seus percalços para acompanhar a classe média alta, as experiências e aprendizados em todo o seu percurso na era industrial, e a assimilação de diversos tipos de culturas que formam um verdadeiro tabuleiro de xadrez – as peças se deslocando e lutando entre si.

Fui fiel à minha memória, quando sentei frente ao computador e escrevi tudo o que veio à mente, sem nenhuma censura. Minha memória tornou-se uma personagem que comandava minha escrita. Evitei centenas de páginas inúteis. Ficou o essencial.

Tenho outros projetos de livros em que defenderei minha posição política, filosófica, teológica e espiritual.

INFÂNCIA

Nasci em 1940, quase na metade do século XX, em Garanhuns, agreste de Pernambuco. Cidade fria e com um inverno muito úmido. Na infância, tive uma formação do século XIX na casa de meus avós. Quando nasci, minha avó tinha cinquenta anos e meu avô quarenta e três. Eram bem jovens, mas, naquela época, eu já os via muito idosos. E foi dessa maneira que os enxerguei para o resto da vida. Meus pais foram morar em Recife com minhas duas irmãs, e todos os meus irmãos nasceram na capital.

Fui o filho que minha avó tinha perdido oito anos antes do meu nascimento. Não tenho sentimento de que fui "criado com vó", e sim por uma mãe ao modo do século XIX. Uma criança educada para ser gentil e sociável e ainda servir de exemplo de educação. Meu avô não se envolvia com nada da administração familiar, tampouco se esforçava em falar sobre a maneira como olhava o mundo. Homens difíceis de externar os seus sentimentos. Através das atitudes e de alguns valores que o nosso sobrenome representava é que pude absorver algo da cultura familiar. Só os parentes bem próximos poderiam participar de nossa intimidade. Mesmo assim, a maioria das confidências nem com os parentes era compartilhada. As janelas e a porta da rua eram o limite da nossa fortaleza para o mundo.

Vivi sempre olhando o nascer e o pôr do sol. Naquela época, Garanhuns só tinha luz elétrica no começo da noite. Isto nos obrigava a dormir cedo. Algumas famílias usavam baterias para falar com o mundo através do radioamadorismo. Também tinha gente que lia e estudava sob a luz do candeeiro, do "fifó" a querosene, ou da lamparina com luz de carbureto. Só a partir do ano de 1955 é que se deu a expansão da energia elétrica em Pernambuco, com a implantação da Usina Hidroelétrica de Paulo Afonso.

A rua onde nasci era chamada "Rua do Recife", porque por lá passavam os carros particulares, um pequeno ônibus chamado de "sopa", o carro de boi e a charrete. Eles se deslocavam para várias cidades. Então, a rua foi asfaltada nessa época. Meu avô ouvia rádio com bateria até tarde da noite, quando sintonizava diariamente a BBC de Londres, transmissão em português, e a rádio Nacional. Um costume que ele cultivava, para ficar informado sobre a Segunda Guerra Mundial e ter notícias do regime ditatorial de Getúlio Vargas. Só quando passava férias em Recife é que eu ouvia rádio de galena[1].

Os mais abastados recebiam jornais e revistas da capital. Meu avô enchia a cidade de pernas, diariamente, com suas paradas em alguns botecos. Era uma visita já esperada pelos matutos analfabetos. Ele lia as notícias que considerava mais importantes, principalmente sobre política e economia. Era o alimento que saciava a avidez dos ouvintes, os quais, depois, reproduziam os assuntos para outras pessoas, à viva voz. Transmissão oral milenar.

Tive o básico em minha infância. Modéstia no comer e no vestir. Cultura advinda de bisavós de São Bento do Una, em Pernambuco, simples fazendeiros sertanejos, diferentes dos bisavós maternos, que vieram de Portugal com certa abastança, oriunda do ramo comercial de ferramentaria.

Fui uma criança feliz.

Muitos anos depois, já na minha maturidade, ao participar como ator do filme "Arvore de Marcação", rodado na Baía da Traição, na Paraíba, um jovem índio, que também participava

---

[1] Sistema de rádio usado por pessoas com poucos recursos financeiros. E, mesmo assim, sua tecnologia, embora rudimentar, não era acessível à maioria das pessoas. E só sintonizava as rádios locais.

da filmagem, me perguntou: "Como foi sua infância?" Perguntei o motivo da pergunta e ele: "Sua resposta vai me dar subsídios para conhecer quem é você hoje". Parte da minha resposta está na primeira parte deste livro.

Brinquei muito, como toda criança do interior, e tive amigos inesquecíveis que me ajudaram a descobrir a cidade e os arredores, seus sítios, fazendas e açudes onde aprendi a nadar. Com filhos de fazendeiros, aprendi a cavalgar. Em São Bento do Una, algumas vezes, vesti roupa de couro, de vaqueiro, para entrar na caatinga. Caí muito do cavalo, por dificuldade de me equilibrar em cima da montaria. Nessa mesma cidade, de minha avó e de bisavós maternos e paternos, fui muito às festas dos Santos Reis, saindo de Garanhuns de carro de boi. Quarenta quilômetros vencidos com o cantar dos vaqueiros, dialogando com seus animais e ouvindo o ranger das grandes rodas de madeira, muito maiores do que eu. O sol causticante queimava nossa pele, apesar do cuidado em nos envolver com panos, além do uso de chapéu. Isso era motivo de preocupação dos parentes que nos acolhiam em suas casas, nessas passagens.

Havia uma grande área descampada próxima ao mercado público, onde, às sextas-feiras e aos sábados, ocorria a feira de cavalos e bois. Ao seu redor, muitas casas populares. Na esquina do açougue do mercado público, foi construído o Cine Teatro, também chamado de Sala de Cinema, com um palco simples – um elevado de 60 centímetros –, um pequeno auditório, com cadeiras de madeira fixas ao chão e coladas umas às outras. Naquele descampado também eram montados os circos, Circo Garcia e Circo Nerino, com seus palhaços e malabaristas famosos. As novelas radiofônicas ainda não tinham chegado, e, para ocupar a noite das famílias e jovens da cidade, nada melhor do que, no final das apresentações circenses, uma peça de teatro.

O Drama da Paixão de Cristo lotava os circos, com várias sessões nos finais de semana. A revolução francesa, nas cenas de capa e espada, sempre dava um bom público que, vibrando, urrava com as situações de intrigas e lutas. Minha tia, irmã de meu pai, sempre reservava dois camarotes de frente ao picadeiro, para que nós pudéssemos ver tudo de perto.

No Cine Teatro também tinha apresentações de peças teatrais, *shows*, números de mágica e malabarismo. Minha paixão pelo cinema começou ali, aos seis anos de idade, quando assisti a filmes mudos e documentários sobre o Amazonas e a vida em outros continentes. Não esqueço como fiquei embevecido com as façanhas dos hipnotizadores e mágicos, enquanto meus amigos peraltas tentavam, em um canto da sala, descobrir as artimanhas usadas em cada número apresentado. Mas foram as matinês aos domingos, com filmes mudos, e depois com os primeiros falados, que me aproximaram ao coro da plateia mirim, a gritar e responder aos momentos mais eletrizantes das cenas de Rin Tin Tin e de outras séries, como a do Zorro.

Na década de cinquenta, Garanhuns tinha três cinemas do mesmo proprietário, com uma programação fechada à produção americana do pós-guerra, com algumas chanchadas nacionais, películas edulcorantes mexicanas, produções italianas e raramente as japonesas.

Das manifestações populares na cidade de Garanhuns, além das religiosas, recordo do carnaval de rua, do São João e das festas de final de ano, com a participação de toda a população da cidade e dos distritos do município, em que se fazia um circuito a pé no entorno das praças centrais e no entorno da área do comércio, onde ouvíamos músicas de seresteiros, como Augusto Calheiros, Silvio Caldas, Orlando Silva, Ângela Maria, Elizeth Cardoso... O locutor, em um arremedo de rádio. A locutora animava a festa com propagandas do comércio local.

Natal era época de Pastoril, um brinquedo singelo e respeitoso, que acontecia no Centro Operário ligado à Igreja Católica. A Chegança, de raiz alagoana, dirigida por Antônio Pequeno, fazia evoluções e entoava músicas. Havia sempre um momento para tirar graça com as autoridades presentes, num estilo de cantador nordestino. O público se dividia em classes claramente percebidas pela maneira de vestir. Quanto mais alta a classe, mais as pessoas usavam roupas mais finas, que eram confeccionadas especialmente para essas festas públicas. Famílias da elite local encastelavam-se em suas janelas, ou sentavam-se em cadeiras. Aos oito anos, tive os primeiros contatos com a loucura. Sempre que eu passava pela Rua do Bispo, hoje Dom Luís de Brito, ouvia uma senhora na sua janela cantando lá-ri-la-rá em vários tons, alturas e modulações. Aquele era o caminho em que minha avó ia comigo para as cerimônias litúrgicas na catedral. E o caminho escolhido por mim quando comecei a andar só.

Com o passar do tempo, começamos a interagir; ela, sempre através do canto; eu, com olhares acolhedores. E, ao passar minha mão pelo peitoril da janela, tocava em seus dedos. A sua melopeia começava a mudar de altura, com pequenos silêncios na voz.

Seu nome era Ernestina e o de sua irmã, Ederlinda. Seus pais morreram cedo. O pai faleceu assim que elas terminaram o curso pedagógico no colégio Santa Sofia. Ficaram sós na vida. Os parentes, se existiam, afastaram-se daquela casa. Ederlinda estava sempre nos seus afazeres domésticos e vivia inteiramente dedicada à irmã, com um mínimo de renda financeira, sem nunca ter recorrido a alguém para algum tipo de ajuda. Pouco a pouco, fui convivendo com elas. E então passei a ser bem acolhido naquela casa. Ederlinda sempre me presenteava com guloseimas. A casa era tão limpa quanto elas, nos seus cuidados pessoais. Tudo tinha um jeito antigo. Hoje, eu definiria que os móveis, as roupas, os panos e cortinas usados, a estética, tinham um toque de *art nouveau*, que elas herdaram da educação dos pais e das freiras no colégio. Pararam no tempo.

Ederlinda, quando saía raramente para as compras, deixava Ernestina na janela, com os braços apoiados numa almofada. O lá-ri-lá-rá ficava um pouco lento, desconfiado, como se esperando que a irmã aparecesse no pé da ladeira, ao lado do

Palácio do Bispo, com sacolas de mantimentos. Ernestina tinha momentos de calma, entremeados com momentos de extremo nervosismo, indo a piques de raiva. Chegava a ferir a irmã com seus tapas e puxões de cabelo. Nessas horas, Ederlinda pedia a alguém que passasse em frente à casa, para me chamar na casa de meus avós. Quando eu assomava à porta, Ernestina se calava e ficava emburrada por alguns minutos. Em seguida, começava a se comunicar comigo, com um fraseado de reclamações várias e sempre os mesmos lá-ri-lá-rá.

Muitas famílias guardavam seus parentes com distúrbios mentais a sete chaves, e não havia possibilidade alguma de interação com eles. Por duas vezes, no alvorecer do dia, vi um carro parado à casa de um vizinho, e a pessoa em crise, aos gritos, sendo levada à força para ser internada no Hospital dos Alienados em Recife, hoje Hospital Psiquiátrico Ulysses Pernambucano, popular Hospital da Tamarineira.

No período de carnaval, eu sempre tinha uma fantasia confeccionada pela Ederlinda para que eu pudesse brincar no clube da cidade, a AGA, Associação Garanhuense de Atletismo. Certo dia, ela abriu um grande baú e me mostrou algumas roupas dos tempos já idos, que foram de vários grupos de jovens da cidade – possivelmente de meus pais também. Ali, ela também guardava os seus moldes. Desse baú, ela também retirou uma cartola. Foi um dos meus pedidos naquele ano. Então, ela me presenteou com uma novíssima cartola, confeccionada de forma idêntica à que ela tinha me mostrado.

Recordo-me de que meus pais saíam fantasiados no carnaval, junto a seus amigos. As mulheres, cheias de fitas coloridas e tocando pandeiro, cantavam "Oh jardineira", "Mamãe eu quero", "Alá lá ô", "Está chegando a hora", "Coitado do Edgar", "Se você fosse sincera", "Espanhola", dentre outras.

 Aos dez anos, eu assistia à missa aos domingos, na capela do hospital psiquiátrico em Recife, e interagia com as pessoas internadas. Vinte anos mais tarde, conduzia meu companheiro psiquiatra a seus plantões noturnos. Via chegar pessoas da periferia do Recife, em plena crise mental, a comer a sua Bíblia. Muitas vezes, eram pessoas desempregadas, que não tinham possibilidade de suprir as necessidades básicas da família. Certamente a crise econômica, na época, teria provocado distúrbios psicológicos em alguns pais e mães de família. E, possivelmente, a depender do grau de transtorno, isso poderia conduzi-los a vários internamentos.

Acompanhei, no meu período de convento, várias pessoas ou famílias que procuravam aconselhamento em suas horas difíceis. Eu os acolhia e aconselhava a procurar um tratamento, diferentemente da atitude de rejeição por parte de alguns frades.

DESCOBERTAS MUSICAIS

Lembro-me dos cantadores de feira que traziam notícias do que acontecia na região Nordeste, com suas preocupações e lutas, suas críticas sociais bem escritas e ritmadas, na literatura de cordel. Os temas mais requisitados eram sobre o cangaço e o Padim Cícero. Outros, mais jocosos, versavam sobre mulheres ou homens traídos, moças enganadas, políticos safados. As pessoas dos centros urbanos valorizavam pouco essa manifestação. Estavam mais voltadas para a Rádio Nacional, sediada no Rio de Janeiro, com seus programas ao vivo, que tinham uma audiência muito grande em todo o território nacional. Aquilo tudo servia muito bem de instrumento e propaganda do pensamento do presidente ditador, na época, Getúlio Vargas.

Os discos "bolachões" de 78 rotações por minuto eram bem vendidos. Uma elite ouvia boleros mexicanos, tangos e tenores como Tito Schipa e Caruso. O *jazz* tinha destaque. No período pós-guerra, militares da América do Norte aficionados por esse gênero musical trouxeram para as *Jazz Band*, com suas bases em Recife e Natal, o repertório de influência negra.

Nas noites de primavera e verão de Garanhuns, seresteiros, com suas violas, cantavam para as amadas, com suas vozes de tenor. Alguns, já casados, reuniam os amigos para as tertúlias na casa de Manoel Gouveia, o livreiro da cidade, que morava no Arraial, um bairro nascente na saída da cidade, inteiramente habitado pela nova classe média, composta de médicos, engenheiros, advogados e comerciantes.

A música clássica era muito mal tocada por alguns imigrantes vindos da Europa, no piano, violino, bandolim e sopro. Mas fiquei fascinado quando assisti a um concerto numa das salas da prefeitura. O piano pertencia a uma professora, que foi a primeira dama da cidade. A concertista, muito jovem, com um traje cheio de babados, tinha uma aparência de criança prodígio. Chamava-se Verônica Liszt, a tetra-neta de Franz Liszt. Fiquei entusiasmado com a técnica e o som que ela tirava daquele velho piano que soava dignamente.

A figura da mãe, pianista e professora, com ar vetusto e fisionomia rigorosa, chamou muito minha atenção. Eu era um menino com doze anos de idade. Na filha, estava o troféu genético que ela mostrava ao mundo, por meio de um concerto de piano que fez parte de um circuito feito nas pequenas cidades do mundo, já que não tinha conseguido chegar às grandes salas de concerto. A *Polonaise* de Chopin foi interpretada com o brilhantismo que a música requer, e deixada como peça final – o que abalou a sala do alcaide de Garanhuns com aplausos, pedindo bis. Esse foi um dos momentos importantes na vida dos garanhuenses.

Minha educação formal começou aos seis anos de idade, em uma simples sala de visita de uma família, cujas filhas gêmeas, Gilda e Gisele, dedicavam-se à alfabetização dos rebentos da cidade. Eram quatro ou cinco carteiras infantis, arrumadas na sala de entrada, sobre as quais eu ajudava a colocar a cartilha *Caminho Suave*, a tabuada e o primeiro caderno escolar. Em quatro meses, venci o alfabeto e comecei a soletrar as palavras. Avançava rapidamente nessa cartilha – a mais usada no Brasil, na época. A cartilha que preparou várias gerações para aprender a ler. Ganhei uma lousa de ardósia para exercícios de aritmética e desenhos de algumas garatujas.

No mesmo ano, fui para um colégio de religiosas, com minhas irmãs, na Escola Jesus Crucificado, em Campo Grande, Recife. Era uma escola diferente de outras, que usavam o rigor para atingir os objetivos, a partir das raízes da "boa educação escolar". Na referida escola, havia exercícios de criatividade, música e dança. E foi lá que recebi minhas primeiras lições de catequese católica.

Guardo bem na lembrança uma das aulas de preparação para a primeira comunhão, véspera dessa grande festa para a maioria das crianças. A religiosa nos mostrou três corações: um com o menino Jesus branquinho, todo sorriso e acenando para nós; o segundo, trazendo sinais de sofrimento do purgatório – hoje não se fala mais nele, esse lugar em que os não santos purgam suas faltas para alcançar o céu. No terceiro, no meio de muitas labaredas, estava o satanás no lugar onde o demo levava as crianças pecadoras. Isso nos deixou amedrontados e com um problema maior: estava preparado ou não, depois da confissão, para receber o pão que os católicos chamam de hóstia? Drama de consciência inoculado por um adulto a uma criança de seis anos.

No ano de 1947, retornei a morar com meus avós em Garanhuns e fui estudar com a primeira professora do meu pai, cujo grupo escolar ficava na esquina da Rua do Recife com a Rua Nilo Peçanha. Dona Almerinda tinha, sob sua orientação, umas quarenta crianças, atendendo todo o primário na mesma sala. Ela era uma professora enérgica e impunha disciplina àquela sala de pimpolhos que vinham de várias culturas, familiares da terra de Simôa Gomes. A primeira iniciativa do dia era cantar o hino nacional.

Lembro-me de um velho fiscal escolar, o Sr. Miguel. Quando entrava para uma de suas visitas habituais que fazia a todos os colégios da cidade, tínhamos de nos levantar. Hábito adquirido nas visitas de qualquer autoridade que ia nos visitar, e sempre exercitado em todos os colégios durante os treze anos que transcorreram até chegar ao vestibular para a universidade.

Vencida essa fase preliminar, fui para o Colégio Diocesano, onde a elite de toda a região ficava sob a orientação de um sacerdote austero e rigoroso que, com sua autoridade, contava com suas irmãs para nos educar. Iniciava-se, assim, todo um processo de reeducação familiar dos adolescentes recalcitrantes, que vinham das melhores famílias da cidade, e de filhos dos fazendeiros. O mais importante era a qualidade do ensino formal. Nesse educandário, aos sete anos, já me iniciaram com os rudimentos do latim e da língua francesa, além do currículo de preparação para as provas do exame de admissão ao segundo ciclo.

Nessa época, existiam carteiras de madeira com lugares para duas pessoas. Uma tampa se abria na parte de cima para colocarmos, em seu interior, nossa bolsa escolar. Ao fechá-la, tínhamos a superfície para os livros e os cadernos de anotações. Um orifício aberto no cimo da carteira era o suficiente para colocar o tinteiro e as canetas, com pena especial, para anotar tudo com letra caligráfica. Para chegar a isso, eram necessários vários exercícios em cadernos com linhas especiais, onde, nas primeiras aulas, sujávamos os dedos, os papéis, e a farda que usávamos.

Para mim, a farda sempre teve uma simbologia militar. Usávamos como obrigação no colégio em que estudei. Um colégio que atuou no período ditatorial da época. A conotação militar apresentava-se também nos exercícios de educação física e na preparação para os dias mais importantes da cidade. Tínhamos orgulho de participar dos desfiles de 7 de setembro, anualmente, graças a um trabalho de persuasão dos docentes sobre a importância da participação dos colégios nos desfiles. A população escolhia os melhores alunos em cada apresentação. A banda, que hoje é chamada de fanfarra, era o carro chefe do evento. Os drapeados das bandeiras nacional e locais tremulavam ao vento, conduzidas por alunos escolhidos especialmente pelo porte físico, ou por terem melhor premiação nas salas de aula.

A socialização, nesse colégio, foi fácil, pois vivíamos em uma cidade com aproximadamente vinte mil habitantes, onde quase todo mundo se conhecia. Os garotos de minha idade, em sua maioria companheiros de brincadeiras de rua, estavam na mesma sala de aula e sempre juntos, em pequenas patotas, nos recreios barulhentos, onde não faltava o jogo de "pelada".

Brigas e estranhamentos por causa das brincadeiras sempre aconteciam. Um dia, me ataquei com um colega de classe, o Mayrink, filho de um dirigente nacional do partido integralista. Recebemos um sermão diante de todo o colégio reunido na capela do diretor padre, como era comum depois de qualquer rixa que causasse tumulto na frente do educandário.

Minhas leituras estavam restritas às limitações intelectuais de meus parentes próximos. Em casa, aproveitava os poucos livros já envelhecidos de Monteiro Lobato e lia muito o *Thesouro da Juventude*, que tinha pertencido a minha mãe e a sua irmã. Meus pais e avós maternos não eram habituados à leitura, com exceção de jornais e algumas revistas. Meu pai tinha a coleção da revista americana *Life*, do período da guerra, que eu folheava constantemente.

Eu ficava por longas horas encantado com os volumes imensos da revista *Illustração Brasileira* e os lia sem entender muito os poemas de Carlos Drummond, textos de Olavo Bilac, Euclides da Cunha e Júlia Lopes. Seus tomos encadernados foram abertos centenas de vezes até os meus dezesseis anos. Foi minha primeira descoberta de um verdadeiro tesouro de figurações, com desenhos litografados e letras tipográficas em estilo *art nouveau*. Admirava muito os números dedicados à exposição mundial de 1922 no Rio de Janeiro e um número especial com fotografias sobre Garanhuns, com imagens dos importantes comerciantes locais, no qual figurava meu bisavô e sua casa de tecidos junto à livraria de seu cunhado Manoel.

Pequeno ainda, eu já fazia parte da religião católica, tendo de decorar as orações básicas que, em geral, as crianças recitavam, incentivadas pelos adultos e mulheres de minha família. Os homens se mantinham afastados do culto, a não ser em festas, ou feriados especiais da cidade, ou festas promovidas pela família. Em geral, eles só participavam de batizados e casamentos. Essa prática também ocorria nos colégios católicos femininos (Santa Sofia) ou masculinos (Colégio Diocesano).

O colégio XV de Novembro, de denominação Batista, foi implantado em Garanhuns na segunda metade do século XIX. Essa instituição adotava turmas mistas nas salas de aula. Essa metodologia já havia sido introduzida antes, em dois colégios do Recife.

Cresci com um misto de preconceito com relação aos que não eram católicos. Um ranço advindo da educação familiar. Mas, na convivência social, havia um relacionamento amistoso. Inclusive, eu percebia que havia um bom nível de respeito entre nós e os parentes que eram protestantes, embora suas visitas fossem espaçadas. Minha avó, mais devota, era atuante no grupo de mulheres na catedral, paróquia da qual fazíamos parte. Além das missas dominicais, o catolicismo popular, modelo trazido do Concílio Vaticano I, era o mais praticado pelos católicos no Brasil. Tinham predileção pelas novenas e bênçãos do Santíssimo.

Sua base teórica era muito rudimentar. Limitava-se ao que era posto nos livros catequéticos, de difícil compreensão para uma criança, e mesmo para adultos que não tinham informação alguma mais profunda sobre teologia. A Bíblia, nem pensar. Somente os sacerdotes tinham o costume de lê-la e "traduzi-la" para os fiéis. Elemento fundamental que servia de crítica pelos cristãos da outra denominação. O católico lia o manual pietista de orações. Eram orações das mais diversas, usadas em várias ocasiões. A mulher era proibida de ler a Bíblia até a década de 1950. Já havia algumas exceções, incorporadas pelos beneditinos que chegaram à Garanhuns, revolucionando a liturgia. Acredito que essa abertura cultural, de origem alemã, advinda dos monges que chegaram ao mosteiro de Olinda, estendeu-se até o mosteiro de Garanhuns. Lá era uma espécie de prolongamento dessa Ordem. Esses mosteiros influenciaram a formação dos jovens que se iniciaram na vida espiritual no início do século XX. O canto gregoriano teve grande influência em minha vida. Trata-se de uma volta à origem da Igreja Católica, iniciativa ousada dos beneditinos.

As crianças das famílias ligadas a cada paróquia tinham uma participação mais efetiva no culto, ajudando os sacerdotes na liturgia da missa. Fui educado para estar presente, em várias horas do dia, na igreja e, principalmente aos domingos, para participar, junto com uma vintena de amigos, de todos os atos religiosos. Com isso, aprendemos a tocar os sinos, chamando os fiéis para acompanhar enterros, ou participar de cerimônias litúrgicas. Os sinos eram também tocados nos momentos mais importantes da missa. Aprendemos ainda como deveríamos nos comportar, o modo de vestir para cada momento religioso, a guardar as alfaias, objetos percussivos e objetos religiosos sagrados, a responder em latim a cada oração recitada ou cantada pelos sacerdotes, ou bispos. Era um período em que a autoridade do bispo, como a do papa, era inatacável por parte dos católicos. Toda a elite da cidade, antes da missa solene do domingo, aguardava o cortejo clerical que saía da casa episcopal. Os fiéis apreciavam as joias e as vestes uns dos outros. Os coroinhas na frente, seguidos dos religiosos, sacerdotes, e por fim, sua eminência, com capa de arminho e uma cauda de sete metros, assomava à porta de seu palacete, e a procissão começava a se dirigir à catedral. Ao final das cerimônias, havia beija-mão.

No grande espaço central da igreja, rodeado de altares com os santos padroeiros da cidade ou de suas associações, havia os genuflexórios – cadeiras que serviam para sentar e ouvir os sermões proferidos durante a missa, e, sobretudo, para ajoelhar e rezar. Todos mandavam confeccionar esse móvel de acordo com sua classe e seu poder aquisitivo. O importante era colocar à vista o nome do dono, num cartão de visita debaixo de pequeno quadrado, ou marchetado com letras vistosas. Brigas eram comuns se os donos chegassem e encontrassem a cadeira ocupada por terceiros que não eram "de sua laia". O Concílio do Vaticano II acabou com esse costume e outros.

A religião popular também era vivida fora dos limites da cidade, através das peregrinações anuais a São Francisco de Canindé e Juazeiro do Padim Cícero. Acompanhei as histórias dos romeiros que voltavam entusiasmados com muita coisa para contar. A maioria da comunidade quilombola dos arredores da cidade ia de pau-de-arara para as peregrinações. Passava o ano inteiro juntando os tostões para pagar essa viagem. Quem não tinha dinheiro, ia a pé e demorava semanas no trajeto.

Como sempre, sofremos nos períodos de seca. Sertanejos, perdendo seus animais e sua plantação, ocupavam as cidades em busca de comida. Grupos de retirantes aos bandos, com roupas alvas, desfilavam em ordem e silêncio, e se posicionavam em frente aos armazéns de grãos e farinha. Os políticos faziam pressão junto à prefeitura e aos órgãos estaduais e federais para que se chegasse logo ao final das negociações, apressando a saída dos retirantes da cidade. As famílias, imediatamente, forneciam água, feijão, charque, roupas e sandálias de arreatas. Cada retirante levava, em seu bornal, uma porção de alimento.

Garanhuns era cercada por sítios, fazendas de café, de flores e de frutas europeias trazidas pelos imigrantes – uva, pera, figo, trigo, pêssego, romã –, que se adaptaram ao clima da nova terra. Além de verduras, outras frutas da terra – laranja lima, laranja comum, banana, pinha, mamão e manga – também eram cultivadas naquela terra fértil, que se estendia até os arredores da cidade. Tinha até mesmo fontes naturais de água mineral, cientificamente estudada e comprovada. Através de tropas de burros de carga, a água era distribuída por toda a cidade

Uma neblina inesquecível estava presente em quase todo o período invernal, acompanhada de uma chuva fina que molhava até a alma. A primavera chegava brilhando, e os quintais das casas ficavam cheios de novas begônias, rosas, orquídeas, copos de leite, dálias, amores-perfeitos e outras flores, que eram colocadas no interior de cada casa, dando um ar de alegria, preparando-nos para a chegada do verão. Os hotéis eram reservados para as famílias importantes de Recife, Maceió e cidades vizinhas. O movimento de turistas era intenso até o carnaval.

Um parque de eucaliptos tinha um arremedo zoológico, com emas, pavões, cobras, jacarés papo-amarelo, tatus, tamanduás, cutias e preguiças. Sua alameda central era reservada para grandes vaquejadas e cavalhadas. Uma pequena empresa alugava bicicletas para as crianças da cidade e para os turistas. Os menores, com seus pais, circulavam de charrete – costume trazido por italianos, portugueses e algumas famílias árabes.

Garanhuns já era chamada de "A Cidade das Flores". O Parque Rubem Van der Linden, que recebeu o nome em homenagem a seu idealizador, tinha alamedas com diferentes espécies de flores e espelhos d'água, cabanas rústicas e um pavilhão central que animava os feriados e passeios dominicais com músicas e danças. Árvores de várias espécies ofereciam sombra aos visitantes. Os quiosques também os acolhiam para uma pausa, acompanhada, geralmente, de um piquenique oferecido pelos mais velhos das famílias. Ao lado de cada planta, uma plaqueta indicava o seu nome latino. O mesmo sistema para pássaros e borboletas. Antes, só conhecíamos os termos populares usados pelas pessoas da região.

Rapidamente, descobri os jogos sexuais. Sempre através de estímulos vindos de fora que afetaram meu corpo vigorosamente. Lembro-me, como num sonho, da brincadeira que as adolescentes da família Guerra, advinda da cidade de Canhotinho, e que era vizinha de meus avós, pediam-me, quando eu ainda era bem criança: uma "pitada" (normalmente usada para se tirar um naco de fumo de rolo pisado e aspirada pelo adulto, produzindo espirros). Eu não podia recusar e, com os dedos, amolengava meu pinto e passava em seguida no nariz de cada pessoa, que imitava espirros seguidos. Os adultos chamavam a minha atenção com suas conversas e observações eróticas no dia a dia. Eu procurava entender. E vivia a observar.

Na convivência com os parceiros, em conversas, brincadeiras e passeios, se aprendia o que "era ser um homem" e o que "era ser mulher". Trazia para a troca de confidências grupais os jogos do comportamento de cada sexo. Os adultos mantinham-se mudos quanto a esse mundo erótico, que não era aberto às crianças com clareza. No máximo pais avôs ou tios vinham com a frase "Isso não é coisa para homem", ou "Isso não é coisa para criança", mas sem dar explicações.

A religião tinha um peso maior que a autoridade da família. A palavra pecado era pronunciada com muita gratuidade. Mesmo para as crianças, era proibido tocar uns aos outros e "falar coisas feias". Mas o universo escondido do adulto já estava desvendado pelo mundo infantil. Conversávamos de tudo e brincávamos com nossos corpos, uns com os outros. Com minhas irmãs e suas amigas, brincávamos de médico e de dar injeção. Depois, eu ia brincar com as crianças da vizinhança, por trás de portas e armários.

Aos nove e dez anos, me iniciei como "coroinha" da igreja matriz. Brincava com os colegas no pátio, nos intervalos das cerimônias religiosas, e, muitas vezes, o pároco e o sacristão chamavam nossa atenção devido aos nossos excessivos toques uns nos outros.

Uma vez, eu estava esperando a saída da fornada de pães na padaria, quase em frente à minha casa, e um auxiliar de padeiro chegou perto de mim e falou "vamos fazer troca-troca?". Então, o filho adolescente do patrão deu um murro no empregado, devido ao tipo de abordagem a uma criança. Não entendi o maior significado de tudo, mas sabia que tinha uma conotação sexual. Anos depois foi que atinei para isso.

Aos oito anos de idade, eu estava de férias na casa de meus pais, no bairro do Hipódromo, e minha mãe saiu para as compras. Eu e meus irmãos, ficamos na casa da vizinha, que tinha uns 14 anos. Num dado momento, ela nos levou para sentar ao redor da mesa, para ouvi-la contar uma história. Determinou os lugares de minhas irmãs e me reservou a cadeira junto dela. À medida que a história chamava mais nossa atenção, senti a sua mão descer até minha calça, que ela abriu com destreza e tirou o meu pintinho, que sentiu uma primeira sensação interessante. Vários outros momentos foram possíveis, e eu me incomodava quando ela não podia estar na intimidade comigo.

Nas mesmas férias, fui brincar com o filho do vizinho, que tinha a minha idade. Em um dado momento, ele mostrou seu sexo e pediu para ver o meu. Depois, brincamos um com o outro, cada um segurando o sexo do outro. Foi um "Deus nos acuda", porque a empregada viu e falou com meu pai. Não houve explicação quando ele chegou e deu boas lapadas com seu cinturão, e me deixou com marcas físicas e morais.

Voltando a Garanhuns para as aulas, descobri que, em uma das bodegas, meu avô lia o jornal para seus amigos. Seu dono, nas raras vezes em que eu chegava e me debruçava na bancada, vinha com um lápis ou com seu dedo e roçava meu braço; depois, fazia movimentos de agrado. Notei que ele ficava excitado e via seu sexo entumecido querendo estourar a calça.

Nas minhas descidas à noite para a sessão do cinema, passava por uma confeitaria, e o dono, já rapaz, me chamava para dar um confeito. Isso foi me agradando e comecei a passar mais vezes para receber a dádiva. Um dia, ele chamou para mostrar alguma coisa em sua mesa de trabalho e pediu para que eu me sentasse em seu colo, e senti que seu sexo estava excitado. A intimidade foi aumentando das outras vezes, e peguei no seu sexo até que ele gozasse, por insistência dele. Continuei nesse exercício prazeroso por muitos meses. Meu primo, da mesma idade dele, passou um dia e viu que havia uma intimidade entre nós e conversou com ele. Desconfiado, me afastei para que não chegasse a notícia aos ouvidos de muitos. Em Garanhuns, como toda cidade do interior, assomavam o olhar atrás das janelas e das portas, os murmúrios, as fofocas.

Nos nossos encontros infantis para tomar banho de açude ou andar pelos sítios, nunca chegamos a muita intimidade. Mas, em grupo, algumas brincadeiras eróticas eram possíveis. Certa vez, estava com três amigos no espaçoso quintal de meus avós, que dava para um beco. Um dos amigos tinha levado seu irmão adolescente e sugeriu que nós fizéssemos campeonato de cuspidelas. Ganharia quem lançasse sua cuspida mais longe. Logo aceitei o desafio, e não estava desconfiando do que viria. Eles colocaram seus pênis para fora e cada um começou a fazer o movimento com ele. Claro que só o mais velho foi quem jogou longe sua descarga de esperma. Não tínhamos ainda idade para tal *performance*.

    A fase de Garanhuns foi coroada com a chegada de um primo adolescente. Ele fazia parte de um grupo que jogava futebol e se comunicava pelos muros do quintal. Fui com ele conversar junto a sua patota, e marcaram uma "pelada" para outro horário. Todos foram para suas casas, e fiquei conversando com meu primo no quintal, próximo à sala de banhos. Ele começou a brincar de dar murro e eu passei a responder a seus golpes, dando murros também, para me defender. Terminamos aos abraços e ele, excitado, colocou seu sexo entre minhas coxas até gozar.

PRÉ-ADOLESCÊNCIA

Aos dez anos, fui morar novamente com meus pais em Recife. Estava bem preparado para o exame de admissão ao ginásio, início do curso secundário. Estava dividido emocionalmente, pois deixava meus avós, meus amigos, e meu espaço já conquistado. Uma nova etapa de vida. A casa de meus pais, recém-construída, era aparelhada para a família que crescia. Éramos cinco. Eu teria um montão de primos e primas para conhecer e brincar.

Uma casa cheirando a nova, no bairro do Rosarinho. Tinha uma arquitetura comum a várias residências dessa época e até hoje ainda vemos centenas de exemplares com o mesmo traçado. De um lado um terraço em L que tinha três portas para o seu interior. Uma dava para a sala de visita e duas para a sala de jantar. Através de uma porta, íamos ao quarto de meus pais, como se eles fossem sentinelas a guardar seus filhos, e, principalmente, as filhas. Dois quartos interiores eram ocupados separadamente por rapazes e moças. Um só banheiro servia a toda a família. No meio, em espaço maior, situava-se a copa e, em seguida, a cozinha, que ficava colada a um terraço, e mais um quarto para os empregados. Para mim, tudo era novidade. Mas eu me sentia melhor na casa antiga de meus avós, com três janelões e uma porta, onde um corredor levava ao acesso ou para a sala de visita, ou para a sala de jantar e os quartos.

Recife, ainda provinciana, passava por transformações urbanísticas, desde o final do século XIX, como todas as cidades com bom nível de desenvolvimento. Sua arquitetura foi influenciada pelos projetos que mudaram Paris, sob a direção de Hausmann. No centro da cidade, estavam os casarões de até cinco andares. Prédios apertados uns aos outros. Nos séculos anteriores, o comércio ficava no térreo e a família, com sua criadagem, nos outros andares.

Uma cidade rodeada por terrenos alagados pelo mar, formando um bioma especial. Aos poucos, foram tomados por casas de palafitas. Cheguei a visitar vários mocambos de palafitas no meio da água, com os moradores enfrentando as elevações das marés dos rios e do mar, nos nascentes bairros do Pina, Boa Viagem, Campo Grande, Beberibe e Olinda. Aquelas palafitas eram as habitações dos pescadores e marisqueiros e das empregadas domésticas. Nossa família também teve empregadas que moravam naquele local. Então, tínhamos acesso às suas casas utilizando os botes ou canoas.

Aqueles terrenos alagadiços depois foram aterrados e construindo-se ruas e casarios para uma classe média nascente. Nos arrabaldes, os centros comerciais afastaram os novos moradores migrantes, em sua maioria do interior, mostrando uma divisão de classes em toda a cidade. Esse estamento de população, por ser de cor negra ou de sangue indígena, era segregado nos morros ou nas ocupações ribeirinhas.

Naquela década de 1950, vi um Recife com novas avenidas, parques e jardins e novos arranha-céus, destoando das ruas sinuosas antigas. Fiquei admirado com todas essas mudanças. A cidade já chegava a quase quatrocentos mil habitantes. Recife era a terceira capital do Brasil em relação ao índice populacional.

A fase decadente das usinas e engenhos de açúcar que rodeavam a cidade e se espraiavam por toda a zona da mata, no norte e no sul do estado, dava lugar à pujança de um novo comércio e ao nascimento de novas famílias abastadas, que construíam suas casas em novos bairros, ou no entorno dos casarões baroniais, que perdiam sua solidão majestosa, seus jardins e quintais com seus frutos exóticos, que também foram saboreados pelos viajantes, em sua maioria europeus.

Nos bairros, como o de Beberibe e no entorno de Casa Amarela, nasciam indústrias de tecidos, cordoaria, açúcar, moagem de trigo, cimento e outras. Começava a fase pujante industrial. Também nascia um novo proletariado, que não tinha as ideias anarquistas migradas da Itália, diferentemente das células criadas em São Paulo, no começo do século XX. Os sindicatos que foram criados em Pernambuco se formaram através de células comunistas, que tinham seu polo principal em Jaboatão dos Guararapes, em Pernambuco, onde a luta e a consequente perseguição tinham se acirrado no período ditatorial de Getúlio Vargas.

Uma nova elite emergia para governar a cidade, com seus estudos na nova universidade nascente. A Europa ficou esvaziada dos brasileiros ricos que iam estudar em suas faculdades. Então, o caminho para se especializar em carreiras científicas e exatas seria o ingresso nas universidades da América do Norte. A criatura já voltaria com a cátedra certa nos colégios e institutos superiores de nossa capital.

A cultura antiga teve de conviver com novos sinais, o rádio, o cinema, as populares máquinas para fotografar, os novos gostos musicais, as festas nos clubes de elite e suas cópias nos clubes menos abastados dos bairros, espraiando-se pelas cidades mais importantes do interior.

A Segunda Guerra Mundial deixou suas bases americanas, principalmente no Nordeste do país, Salvador, Recife e Natal. Nas novas gerações de rebentos, surgiram os "galeguinhos", com seus cabelos louros. No século XVII, tivemos a miscigenação com os batavos, até hoje presente nas famílias do nosso sertão. Mas as marcas deixadas nesta terra não são unicamente atribuídas aos holandeses.

Dos americanos, ganhamos o costume do *whisky* com água de coco, a bermuda, o uso de camisa solta de linho ou algodão branco, as *jazz-bands* e os ritmos negros americanos, que se juntaram aos nossos e enriqueceram nosso *"for all"*, nossa dança mais solta, que as orquestras de frevo herdaram. Os nossos corpos ficavam mais colados para dançar o bolero. Valsa, só para momentos solenes e festas de quinze anos, "das meninas em flor". Os americanos também deixaram sua maneira de olhar o mundo, o *glamour*, o esbanjamento do dinheiro, uma nova forma de capitalismo, uma libertação de costumes, uma semente na classe média, para aprender sua língua.

As associações Lions e Rotary firmaram, em nossa sociedade, a cultura empresarial, que já estava presente em vários países, substituindo o modelo da maçonaria clássica. Recapearam aeroportos e avenidas.

A Segunda Guerra Mundial acabou. Depois de uma ditadura, vieram novos ventos democráticos. E o novo governador estava recebendo os espólios das companhias de telefonia, de bonde e de trens para todo o interior do Nordeste. Os ingleses remanescentes, ou estavam para entregar as chaves e receber a polpuda indenização, ou tinham compromisso religioso com os templos pertencentes a uma das religiões cristãs históricas. Uma das igrejas anglicanas, que ficava no fundo de um clube de golfe "dos ingleses", foi ocupada por uma elite que morava em seu entorno, tendo o bairro do Espinheiro e a Avenida Rosa e Silva como epicentro.

Os ingleses deixaram também uma cultura mais técnica e administrativa, sem a burocracia portuguesa, e a falta de celeridade no comércio e serviços que, até hoje, tem sua marca na administração pública de nosso país. Os da Grã-Bretanha formaram uma geração de engenheiros, chefes de obras, técnicos no manejo do ferro, do aço, de fabricação de peças específicas para a manutenção das frotas do transporte, o que dominavam bem.

Naquela época, a arquitetura inglesa influenciou o estilo brasileiro, com o conjunto de prédios pequenos e com o mesmo estilo de fachada e tamanho. No Nordeste do Brasil, as casas foram, então, construídas com características adaptadas a um clima tropical. Eram chalés circundados de alpendres, muitos janelões, portas e ventiladores de teto. Também chegaram ao Brasil os primeiros refrigeradores, todos de madeira e espelhados, que ocupavam um bom espaço nas grandes cozinhas. Os ingleses dominaram o Brasil no século XIX, século vitoriano, em pleno colonialismo, quando reinavam em boa parte do mundo. No século XX, sem lutas, eles nos deixaram. O que não ocorreu com outros países.

Eu já estava acostumado com o calor do Recife, tão diferente do clima da serra dos Maganos. Em minhas férias semestrais, durante todo o curso primário, eu fazia o percurso de Recife a Garanhuns e de Garanhuns a Recife. Passamos um ano inteiro incomodados com a poeira do asfaltamento da Rua Dr. José Maria, próxima à nossa residência. Os vizinhos eram de uma classe média originária do comércio, do magistério primário, da gerência na área de serviços. Vieram também os gerentes de bancos e os funcionários públicos mais graduados. Todas as famílias querendo ascender a mais um degrau na posição social. Dez anos depois, novos casarões de médicos, advogados, donos de usinas e industriais foram erguidos com outra arquitetura, que começaram a chamar de "moderna" e funcional. Na Avenida Rosa e Silva, onde moravam famílias mais abastadas e "de nome" tradicional, circulavam bondes e ônibus, o que já começou a facilitar o deslocamento das pessoas para o centro do Recife e arrabaldes.

Meu embasamento escolar atendeu aos desafios do aprendizado. Enfrentei o exame de admissão ao ginásio, que meu pai fez questão de que fosse num colégio particular – o Colégio São Luís Marista. Era um casarão de três andares, bem senhorial, do século XIX. Dois casarões com o mesmo estilo pertencem, até hoje, ao Colégio das Damas Cristãs, onde minhas irmãs terminaram o curso secundário.

No primeiro dia de aula, cheguei bem cedo com meu pai a dirigir seu carro. Ele foi, em sua vida inteira, apaixonado por carros. E meus irmãos também herdaram isso no sangue. Pois bem: meu pai, naquele dia, estava apreensivo a respeito de como eu seria recebido pelos novos colegas e como reagiriam à minha "matutice" interiorana. Esse primeiro dia foi um marco em minha história de vida. Dia de apresentações, risos nervosos e fáceis. Também foi o dia em que os professores indicaram o caminho que faríamos em cada matéria a ser ensinada.

Ao término da aula, o religioso que orientava nossa classe convidou três alunos para vir à tarde ajudar no cenário do altar para Nossa Senhora, que ficaria em nossa sala. Somente um se ofereceu. O restante fez um silêncio sepulcral. O mestre chamou mais dois alunos e fui um dos escolhidos.

Ao chegar a minha casa, já com trabalhos a fazer e lições a aprender, meu pai, na hora do almoço, indagou-me sobre quais foram as minhas impressões desse primeiro dia. Narrei com pormenores e falei do convite para estar depois do almoço presente no colégio. Meu pai falou que me levaria. Vi, pela sua fisionomia, que ele não tinha gostado, e foi essa a única vez que ele entrou naquele colégio.

Acompanhei meu pai até a sala de aula, e o religioso, ladeado por dois alunos, já estava à minha espera. Meu pai, muito franco, falou que não tinha gostado daquele convite e que o filho dele não era para estar se prestando a esse tipo de serviço, quanto mais porque ele, o professor, havia passado exercícios e leituras para avaliar a tarefa pronta no dia seguinte. O professor pediu desculpas e disse que isso não se repetiria. Apesar disso, fiquei lá para ajudar no trabalho da confecção do altar.

Permaneci dois anos nesse colégio e aprendi como os grupos se formavam dentro e fora do universo escolar. Alguns, filhos de bancários, moravam em casas contíguas ao colégio, numa vila própria para essa categoria. Outros, de uma classe mais alta, ou moravam nos casarões de Ponte D´Uchoa, ou na Avenida Rosa e Silva, Parnamirim, Casa Forte, ou até em bairros longínquos, como Dois Irmãos. Poucos eram os menos remediados, que tinham bolsa de estudos. E então, percebi os companheiros que não estudavam e os que estudavam; quem era malandro e aqueles que ficavam mais perto do Irmão professor para fazer pequenos favores em troca de outros, como permitir toques íntimos.

Esses últimos estavam sempre nos primeiros lugares, com notas altas, e ganhavam medalhas de aproveitamento. Chegavam a manipular os boletins, alterando as notas e ainda tinham acesso antecipado aos gabaritos das provas. Também havia aqueles que gostavam das atividades esportivas e, quase todas as tardes, jogavam com alunos de outras classes, ou tinham bons desempenhos em outras categorias, como basquete e vôlei. Eram sempre olhados e orientados por um dos professores, que acompanhava os treinos de cada um, e até jogava com eles, para decidir quem seria escolhido para participar das Olimpíadas Maristas ou de competições entre colégios da capital.

Do ponto de vista católico, o ano de 1950 marcou a preparação para a compreensão do dogma da Assunção de Nossa Senhora. Para mim, sempre soaram mal essas explicações teológicas, com argumentos e palavras muito difíceis, sempre com doutrinadores preparados para grandes plateias intelectuais e não para o nível de compreensão de criança ou de adolescente.

O ano de 1952 foi o último ano de estudos no Colégio São Luís Marista. Naquele ano, ocorreu um fato político importante, a morte do governador Agamenon Magalhães, um nome conhecido e notado por qualquer criança da época. Ele alcançou essa popularidade porque planejou a construção de casas populares, através da Liga Social Contra os Mocambos, dando moradia aos pobres que viviam em palafitas ou em mocambos. Tornou-se um político com uma trajetória que marcou um período da história de Pernambuco e do Brasil, além de estar ligado a um setor da elite de Pernambuco mais próxima ao chamado desenvolvimento industrial. Um perfil popular bem próximo ao de Getúlio Vargas, um ditador durante o regime militar e que depois foi eleito presidente.

Foi um ano também em que participei de alguns eventos no colégio, recitando alguns sonetos e poemas românticos ou parnasianos. Meu acanhamento em relação às pessoas chegava a tal nível que, casualmente, minha mãe viu quando eu me escondi no terraço de casa para não falar com um colega de classe que passava pela outra calçada. Ela me chamou a atenção: "Por que você está com essa atitude com seu amigo da mesma sala de aula?" Respondi: "Nada demais. Apenas eu não queria falar com ele".

Ela atravessou a rua e o chamou. Foi com ele até o terraço e, bem na minha frente, o interrogou: "Você tem alguma coisa que seja contra meu filho? Porque ele acabou se escondendo na sua passagem pela calçada." Ele respondeu: "Não senhora. Não temos nada um contra o outro. Temos estudado juntos e temos feito, inclusive, alguns exercícios de matemática e ciências".

O ano de 1953 foi importante para mim. Passei a estudar no Colégio Marista, localizado em uma das avenidas conhecidas no centro do Recife. Corria a fama de que tinha um estudo mais sério e que era um passo importante para chegar à recém-inaugurada Universidade Federal de Pernambuco. O modo de relacionamento entre grupos espontâneos formados dentro e fora da sala de aula foi repetido no novo colégio, de um modo mais reservado, menos explícito.

Eu, um pré-adolescente, já me considerava um sabichão diferente do menino tímido que fui. Participava dos movimentos com os colegas, até no *handball*, das conversas no recreio, mas ainda não era capaz de ousadias, como usar jogos de palavras chulas ou dar tapas uns nos outros. Lutei para ser um dos melhores da classe e consegui, até o último ano, próximo ao vestibular.

Minha grande dificuldade em todo o período no Colégio Marista era com o método de ensino empregado na época – o que foi motivo de muitos risos quando celebrei a missa, dez anos depois, na capela do colégio. Na pregação, falei, para os irmãos religiosos conhecidos e para os mais novos, como foi difícil a minha preparação para alcançar o nível universitário. Eu sempre tive dificuldade de memorização. A vida toda. Mas minha memória olfativa, visual, auditiva e espacial é ótima e, através disso, guardo detalhes de muitas passagens de minha vida. Recordo que a maioria dos professores queria ver, nas respostas a suas questões, a reprodução fiel do que eles escreviam nas lousas. A maioria da classe recorria a vários modos de colocar as "colas", para que suas respostas assertivas atendessem ao rigor de cada professor. Nas diversas aulas modorrentas, alunos tiravam gracejos, saíam às escondidas da sala, ou dormiam, ou ainda ficavam lendo revistas pornográficas...

Passei quarenta anos pensando qual seria o motivo principal desse tipo de ensino. Para a comunidade marista, o mais importante era ser religioso. Muitos estudantes maristas tornaram-se professores sem a menor competência. Outros até assumiram cargos de prefeitos, governadores, deputados, empresários, ou seguiram carreiras liberais, com todos os defeitos antiéticos que aprendemos nesse período escolar.

Conheci professores que, apesar de serem franceses, tinham a rudeza de um camponês fiel a sua origem, ou de um soldado da *Résistence Française* na Argélia e no Egito. Espanhóis galegos, que tinham um senso de luta e eram mais abertos; portugueses que só desejavam colocar os melhores atletas para sobressair no colégio, em várias modalidades esportivas, inclusive com bolsas de estudo. Ensinavam a roubar, nos brinquedos elétricos em jogos de azar, aqueles que ajudavam nas quermesses a fim de angariar dinheiro para os pobres.

Na minha época, esses religiosos eram proibidos de cursar faculdades e aprender o latim. Penso que havia uma orientação do fundador, ou para não ter diploma – o que facilitaria sair da congregação – ou para não se macular na laicidade do século XIX, final das Luzes, quando o Padre Marcelino Champagnat formou seu primeiro grupo. Na época em que saí desse colégio, havia dois ou três religiosos maristas que cursaram a Universidade Católica de Pernambuco. A década de 1960 seria uma vitória para eles: chegar a um título universitário. Na década de 1970, ao sair da prisão em São Paulo, retornando a Recife, já havia professor leigo nos colégios, e a presença feminina deu mais integração àquela comunidade estudantil.

Por acaso, li, pesquisando as metodologias de ensino no final do século XVII e começo do século XIX na França, que um dos métodos adotados era decorar toda a matéria de cada aula. Os teóricos da época achavam que, decorando os assuntos diariamente, todo o conteúdo da matéria seria introduzido no pensamento do educando, de tal modo, que tudo seria retido e dominado por ele. Tudo isso para ser um bom profissional no mundo. Era comum decorar textos e mais textos na língua materna ou nas línguas clássicas.

Eu pensava que, até o final do século XX, essa metodologia fosse adotada para que o mestre de cada matéria tivesse um texto durante a aula para colocar *ipsis litteris* no quadro negro, enquanto a classe, sob as ordens rígidas, tinha de ficar em silêncio, para ele ir lendo o texto escrito, ou pedia a algum aluno que o fizesse.

Minha família não acompanhava todo o conteúdo de nossos estudos, porque não tinha tanto preparo. Mas minha mãe, com curso completo secundário, acompanhava o dia a dia de cada filho e cada filha, exigindo que dedicássemos um bom tempo para os nossos estudos em casa. Aguardava as nossas cadernetas com as notas mensais, para conversar sobre cada nota mínima que tínhamos atingido e ver como poderíamos corrigir para avançar por mais um mês. Na família, essa era uma tarefa de responsabilidade da mulher, o que ela assumia com rigor.

Meu pai era o provedor, aquele que, com seu trabalho, mantinha com responsabilidade as necessidades de todos e trazia os princípios de uma cultura herdada de seus pais. Com pouco mais de vinte anos, meu pai já assomava a cultura familiar da época como uma pessoa comum. Tinha de impor respeito e manter a imagem de autoridade, para ser obedecido. O machismo era comum a qualquer classe.

Não era a falta de um curso superior que o fez escolher um colégio religioso para todos. Havia um preconceito de que os colégios públicos seriam espaços que expunham o perigo da influência de companheiros mais pobres e mal-educados, o que nos levaria a transpor uma barreira para uma maior liberdade. Na nossa época, os professores desses colégios tinham de passar por bancas rigorosas para chegar à sala de aula. Eram os melhores no ensino e na preparação para a vida social e profissional. Mas os colégios religiosos ofereciam, além do ensino cristão, um rigor de falsa disciplina e uma convivência com a nata das famílias burguesas ou da elite nascente. Com todos os seus defeitos. Mestres e alunos. As aulas de que eu mais gostava não eram aplicadas pelos irmãos maristas: música, biologia e português.

Os alunos que estudavam nesse ambiente não queriam aperfeiçoamento cultural algum, que, por sinal, era poucas vezes oferecido. O ensino consistia em aulas e de audições, cursos e provas de oratória e de leitura extraclasse. No entanto, eu tinha um desejo de participar, em outras horas do dia, de competições esportivas, além do futebol. Escolhi participar de duas peças como ator, cuja autoria era de Isaac Gondim Filho, talvez um dos primeiros que criou textos para adolescentes e jovens em Pernambuco, mas todos com uma nostalgia dos engenhos de cana de açúcar. Destaco a peça "Meus santos diabinhos" que teve casa cheia no Teatro de Santa Isabel; depois viajamos para Garanhuns, onde nos apresentamos no auditório recentemente inaugurado da Rádio Jornal do Commércio. A direção foi de Alderico Costa, que participou também como ator no elenco do pioneiro Teatro de Amadores de Pernambuco, dirigido por Waldemar de Oliveira.

Havia uma competição entre os religiosos, em Pernambuco, pela qualidade de ensino entre os colégios, tanto os femininos como os masculinos. Acompanhei muitos amigos que estudaram nesses colégios e, até hoje, tenho certeza, pelos frutos, que o colégio dos jesuítas e o colégio batista tinham um lugar especial no ensino em Recife. O Ginásio Pernambucano e a Escola Normal Feminina também tinham destaque quanto ao aspecto de melhor ensino.

A partir de minha chegada a Recife, culturalmente, tive de me virar. Em casa, pouquíssimos livros existiam. Não havia uma cultura de leitura. Não havia tempo na vida do casal, e isso se estendeu para o resto da família. Assim como na casa de meus avós, o *Thesouro da Juventude* e a *Ilustração Brasileira*, do começo do século, foram minhas leituras e meu olhar para o mundo. Voltei à coleção das revistas americanas de meu pai, *Time Life*, e o período da Segunda Guerra Mundial foi motivo para folheá-las por muitas horas. Viajei em todas as suas fotos, e não entendia nada da língua inglesa.

Aos dez anos, meu pai me levou para ver a passagem do Presidente Getúlio Vargas em Recife. Ele desfilou pela Avenida Dantas Barreto, em carro aberto, até o Palácio do Governo, na companhia do seu guarda-costas Gregório. Foi uma apoteose. Multidão. Tive de me acomodar no pescoço do meu pai para acompanhar atentamente o evento. Depois desse fato, meu pai também foi comigo a um comício de Luís Carlos Prestes, do Partido Comunista, que discursou no primeiro andar de um velho sobrado no pátio de Santa Cruz, à noite.

Chorei na casa de meus tios, na Avenida Cruz Cabugá, para ir ao cinema, diversão habitual aos domingos em Garanhuns. Em Recife, já tinha conhecido o Cinema Moderno, que era muito parecido com o Cine Teatro do Parque, na Rua do Hospício, e com o Cinema Boa Vista que, ficava na esquina da Praça Chora Menino, perto do Colégio Salesiano. Todos tinham estrutura de ferro que veio da Europa, assim como na casa da família Brennand na Várzea e na Estação Central de Trem, perto da antiga Casa de Detenção do Recife, hoje Casa da Cultura de Pernambuco Luiz

Gonzaga. No cinema Moderno, assisti a um dos primeiros filmes coloridos, um musical com Deanna Durbin e não gostei. Tenho lembranças de cenas de Natal, da beleza e da voz da artista.

Naquele domingo, meu pai, ousadamente, me deu dinheiro e falou: "Pegue o bonde na avenida e vá ao cinema do Parque. Depois volte". Assisti a um filme, que me marcou por toda a vida: Hamlet, com Laurence Olivier. Era um filme soturno, com uma história complicada para a minha idade. Eu só tinha uma ligeira informação do que era o poder, mas as histórias de reis e rainhas já povoavam por muito tempo minha cabeça. Histórias contadas por parentes, sobretudo pelas empregadas domésticas de minha casa e da casa de meus tios. O personagem Hamlet deu-me a noção do que era a loucura. A personagem Ofélia deu-me um susto, na cena em que descia morta sobre a água de um riacho. Saí com dor de cabeça de tanto procurar entender melhor a complexidade da história e, chegando à minha casa, meus pais viram que eu estava com febre. Minha tia acusou logo o irmão: "Como se manda um menino nessa idade, pegar um bonde, assistir a um filme como esse?"

A partir desse dia, eu não perdia cinema aos domingos e, quando tinha quatorze anos, minhas irmãs me acompanhavam. Continuava perambulando pela cidade, para descobrir todo seu mistério e sua história, cujas marcas ainda estavam na sua arquitetura.

A biblioteca pública da Escola Técnica da Encruzilhada, que ficava a uns 30 minutos a pé, de minha casa, foi uma grande descoberta. Uma vizinha foi quem me falou que pegava romances para ler e depois os devolvia. Entrei todo desconfiado pelo *hall* e alcancei a portaria. E logo vi uma larga porta à direita, com as estantes de livros chamando, de imediato, minha atenção. Um mundo a ser desvendado.

Fui bem atendido por uma eficiente bibliotecária, que logo viu ser aquela a minha primeira visita. Orientou-me para trazer documentos pessoais e para fazer minha ficha de inscrição, deixando-me livre para fuçar as estantes à procura de algum título que me chamasse atenção. Eu realmente não sabia por onde começar. Uma estante de livros juvenis me chamou a atenção. Comecei com os livros sobre o personagem Tarzan, depois Cronin, depois Monteiro Lobato, e assim fui descobrindo toda uma riqueza literária nacional e internacional. Tínhamos direito de levar dois livros para casa, por quinze dias. Muitas vezes, com cinco dias ou uma semana, já estava devolvendo e levando outros. Os livros foram minhas companhias durante meses seguidos.

Essas lembranças estão presentes em toda minha vida, inclusive as visitas que fiz a outras bibliotecas, em todos os estados brasileiros e países que visitei.

Assim, fui conhecendo pessoas simples, que também consideravam aquele espaço cultural como um bom lugar para alimentar o intelecto. Um desses contatos que tive foi com um adolescente que morava numa comunidade pobre, a poucas quadras de minha casa. Voltávamos sempre juntos, conversando sobre o que tínhamos lido e as descobertas que tínhamos feito. Ele era também conhecido de um dos colegas do colégio São Luís, e sempre parávamos em sua casa para falar sobre vários assuntos. Um dia, meu pai assomou à nossa frente, interrogando o rapaz com tom agressivo. E o colega, em sua simplicidade, ficou mudo. Meu pai virou para mim e falou: "Você está proibido de ir à biblioteca". Fiquei com vergonha dessa abordagem de meu pai, e, na hora, não me dei conta de que meu pai pudesse estar ali, naquele período da tarde, e não no seu horário habitual de trabalho.

Descobri o Teatro de Santa Isabel através de um vizinho nosso, que me levou para assistir a um concerto. O primeiro da minha vida, com orquestra sinfônica. Ele me contou que, quando jovem, assistia a muitas operetas na parte que chamava de "gargarejo", porque não tinha dinheiro para comprar um lugar mais adequado para ouvir e olhar. E narrou o que era uma opereta e nomeou alguns cantores e cantoras que passaram pelo palco daquele teatro. Falou sobre a história do teatro e sua arquitetura, a importância daquele espaço em momentos difíceis do país, inclusive na luta abolicionista e republicana. Citou Castro Alves e seu amor por uma das cantoras.

A Orquestra Sinfônica, sob a batuta de Vicente Fittipaldi, tocou uma música de Beethoven. Na segunda parte, tocou peças de Guerra Peixe e Villa Lobos. Em cada concerto, havia um movimento de valorizar os compositores nacionais.

Quando podia, eu ia a esses concertos dominicais, à tarde. Ficava a admirar e via a presença de poucas pessoas em cada audição. Ocupavam geralmente um terço da plateia e das frisas e camarotes no primeiro andar. Essas pessoas faziam parte de uma associação musical, e suas contribuições promoviam a vinda de concertos musicais com a participação de grandes músicos e cantores, bailarinas e maestros. Esses artistas passavam pelo Recife, de onde seguiam para o Sul do país ou para a Argentina e Chile. Sempre estavam presentes também nos concertos os estudantes de música, seus professores, e uma presença firme da comunidade judaica.

Eleazar de Carvalho, com suas "aulas" antes de cada peça a ser tocada, tinha o cuidado de não deixar entrar ninguém no local, após o início da sua batuta, solicitando que fechassem as portas de entrada do teatro, para não prejudicar quem estava ouvindo e tocando. Isso foi motivo para os retardatários, cultura muito comum no Brasil, bater com todas as forças na madeira das portas, ecoando em todo o teatro. Fruto de um comportamento de má educação dos mais abastados, e que se diziam importantes dentro da sociedade da época: "Você não sabe com quem está falando".

Fiquei muito alegre quando recebi de meus tios, que moravam a poucos metros da Rádio Clube de Pernambuco, um convite para a inauguração do auditório, um dos maiores do nordeste, na época. Vi os irmãos Iturbi, Amparo e José, tocarem. Pela primeira vez, ouvi um dueto de pianos. Fiquei impressionado com as longas caudas daqueles pianos.

Estava sempre ligado na programação das rádios locais (com suas ondas curtas), para detectar programas com músicas clássicas. Em Recife, era mais difícil. Exceto quando falecia uma pessoa importante e toda a programação era suspensa, para só transmitir músicas clássicas. E, como os adultos de casa e os vizinhos não gostavam dessas músicas, eu tinha de baixar o volume e colocar meu ouvido bem perto do alto-falante. Lembro-me da morte de Agamenon Magalhães, que foi interventor de Pernambuco no período da ditadura Vargas, sendo depois eleito governador, quando aquele regime finalizou. A morte do presidente Getúlio Vargas provocou uma alegria esfuziante nas salas do Colégio Marista, porque as aulas foram interrompidas, para desespero do diretor, que tentava explicar por que não se devia, naquele momento traumático para o país, fazer tanta algazarra. Passei o dia e a noite ouvindo rádio.

Ouvia outras emissoras (também em ondas curtas). Mas somente nas horas em que os adultos não estavam por perto, no momento em que estavam a ouvir suas novelas, ou a escutar programas locais ligados à Rádio Nacional. No Brasil, tínhamos a rádio do Ministério da Educação. Mas com a programação exclusiva de clássicos, eu ouvia a BBC, a rádio de Praga, Moscou, da Escandinávia...

Em 1952, meu pai, com mais dois amigos, viajou para os EUA. Era a viagem dos seus sonhos, para ver o país no pós-guerra, em plena pujança econômica, e sentir sua liderança mundial *in loco*. Chegou cheio de histórias de sua passagem por Nova Iorque, contando todas as novidades arquitetônicas dessa megalópole. Seus passeios em carros conversíveis das melhores marcas. Eu ouvia tudo com muita curiosidade, nos mínimos detalhes. Ele trouxe para a família roupas confeccionadas com fios de nylon e outros tecidos que não conhecíamos. Trouxe um aparelho de som em alta fidelidade, e um gravador que ocupava um bom espaço em cima de uma mesa. Aprendi, em poucas horas, a ligá-los na sala, e, rodeado pelos irmãos menores, ouvimos músicas com um som muito especial e podemos adaptá-lo a nosso gosto, através de manuseio de botões graves e agudos. Os clássicos, como sempre, eu deixava para uma audição em hora conveniente, só para mim. Descobri a nona sinfonia de Beethoven, seu único concerto para violino e orquestra, e algumas obras de Chopin. Um disco de Lucho Gatica. Trouxe também muitos discos de *jazz*, e alguns de músicas clássicas e músicas de cantores mexicanos, com seus boleros românticos.

O luxo da moda, de se ter um piano em cada casa recifense, no século XIX, permaneceu até meados do século XX. Quem tinha esse instrumento, lutava para que ele tivesse o seu lugar ao lado da sanfona e do violão – instrumentos, na época, escolhidos pelos adolescentes homens. Então, meu pai nos presenteou com um piano novíssimo Essenfelder, vindo diretamente da fábrica, em Curitiba, cidade onde morava sua irmã com a família. Foi uma festa para nós a chegada desse instrumento, embalado num imenso caixote de madeira. Minha mãe foi convidada a inaugurá-lo. Ela tocou muito bem as valsas antigas, e conseguiu se lembrar de algum *jazz foxtrot*, herança recente americana no pós-guerra. Depois, raramente ela se aventurava a dedilhar nesse piano.

Uma professora que morava a alguns quarteirões, perto de minha casa, ministrava aulas particulares para mim e para minhas duas irmãs. Houve uma sintonia imediata entre nós, pois ela também veio de Garanhuns, e estudava no Conservatório de Música. Era aluna do professor de pele negra, Manoel Augusto, que estudou em Paris. Assisti a uma apresentação sua no Teatro de Santa Isabel e em tertúlias musicais ligadas ao movimento de Ação Católica.

Naquele tempo, não era comum um homem de cor preta sobressair na sociedade pernambucana. No interior do estado, as pessoas da etnia negra atuavam mais nas bandas de música, assim como na Banda da Escola dos Aprendizes de Marinheiros, em Olinda. Até hoje, meu corpo se movimenta quando ouço músicas de qualquer banda sinfônica. E, naquela época, havia diversos grupos de *Jazz-bands* na capital e em cidades do interior.

Aquelas aulas de piano, para mim, eram prazerosas. E eu as estendia por longas horas de estudos diários, através de intermináveis exercícios. Isso começou a trazer preocupação a minha mãe, que estava de olho no meu rendimento escolar, o que se somou a minha ida constante à biblioteca para buscar novas leituras. Por esse motivo, meu pai andava me observando. E, num início de noite, em um final de semana, quando ele estava bebendo um *whisky* com um amigo, minha professora passou pela frente de nossa casa, acompanhada por um rapaz. Os dois foram convidados a entrar e a participar da conversa dos adultos no terraço. Meu pai, depois de redesenhar a roda de conversa com novas cadeiras, convidou-os para sentar-se e ofereceu-lhes uma dose de *whisky*. A resposta veio rápida do rapaz: "Só bebo bebida de moças, guaraná, ou laranjada Crush!". Meu pai mandou servir o que tinha pedido e a conversa continuou solta.

No outro dia pela manhã, ele reuniu o trio que estudava piano e decretou: "A partir de hoje João não terá mais aulas de piano, e, se eu o enxergar abrindo este instrumento dentro da minha casa, eu irei vendê-lo". O silêncio dos três nesse momento foi uma ducha de água fria. A professora não veio mais à nossa casa.

Nas horas em que eu previa que seria impossível meu pai chegar do trabalho – na administração da empresa de meu tio – eu abria o piano, com a conivência de minha mãe, e voltava aos exercícios. Minha professora falou que daria aula na casa dela para mim, pois percebia que eu tinha um bom ouvido e era esforçado, progredindo sempre nos rudimentos musicais. Por medo de uma explosão paterna que poderia atingir a mim e a minhas irmãs, recusei com muita tristeza.

As férias na casa dos meus avós era motivo de muita alegria pra mim, porque eu tinha mais liberdade no interior. Lá, encontrei uma biblioteca particular e, por quantia irrisória, levava um livro emprestado para casa. Continuei minhas descobertas na literatura. As opções não eram tão ricas como as que eu encontrava na biblioteca do Recife.

Continuei a descortinar o mundo do circo. Eram muitos os que passavam temporadas em Garanhuns. Minha tia sempre me levava várias vezes com seus filhos para camarotes especiais. Voltávamos para casa mais de meia noite, e meus avós achavam uma atitude imprópria, um bando de crianças com uma mulher dentro de um circo até tarde da noite!

Os tempos mudaram. No mesmo descampado em que geralmente eram montados os circos, foi construída a nova sala de cinema que se chamou Cinema Jardim. Eram exibidos filmes quase todos os dias. Eles substituíram as novelas radiofônicas, com muito mais informação, pelo fato de ser audiovisual. E o velho cinema, numa esquina ao lado do açougue, no mercado público, ficou só com espetáculos de variedades, sessões de ilusionismo e apresentações de cantores itinerantes.

As duas férias anuais em Garanhuns eram um privilégio para mim. As feiras nas sextas e nos sábados, em particular, tinham um sabor especial. Nelas, eu encontrava muitas novidades de diferentes culturas que transitavam nos dois dias. Não era somente o momento de a população se abastecer de alimentos. Na feira, havia uma diversidade de vendedores que se estendiam até a rua central da cidade e nas circunvizinhas. As pessoas também faziam escambos diversos – não tinha semelhança alguma com meu mundo burguês urbano. A maioria dos feirantes morava em sítios ou em fazendolas. Eles também comercializavam em outros dias da semana, não só na minha cidade, como nos municípios vizinhos. Alguns comerciantes que tinham suas casas comerciais na cidade também montavam suas barracas na feira, para diminuir os estoques de panelas, pratos, talheres, utensílios de cozinha, e artigos de mesa e banho.

Minha atenção estava mais voltada para as pessoas que circulavam na feira, com as conversas quase em dialetos, sotaques diferentes dos que eu encontrava em outros dias da semana. Aprendi a me comunicar com eles. Sobretudo quando assistia, por longas horas, os poetas cantadores que vendiam seus folhetos com capas simples confeccionadas em técnica de xilogravura. Todos tinham suas plateias em lugares já predeterminados, de acordo com as preferências de estilo e assunto. Chamávamos de "matuto" o povo que ocupava esse imenso espaço. Uma gente reconhecida pelos citadinos, adultos, crianças ou adolescentes, a maioria constituída de negros e índios. No município de Garanhuns, havia não só comunidades indígenas, mas também comunidades negras que ocupavam a região de Mundaú.

Desde o Império, vem ocorrendo uma miscigenação entre essas etnias – talvez um modo de adquirir confiança e solidariedade, criar um cinturão de segurança para não invadirem seus espaços. As famílias mais próximas umas das outras estabeleciam uma melhor comunicação. Cada ano, acontece o Toré em Águas Belas, município próximo a Garanhuns. É uma reunião religiosa e de congraçamento, que ajuda a manter o tesouro cultural daquela população indígena cariri. Naquele tempo, a maioria das pessoas ia a pé para esse evento. Elas vinham de muito longe, onde trabalhavam e constituíam família. Os idosos que faziam essa peregrinação tinham a consciência de que estavam sendo bem protegidos nas estradas, com olheiros da mesma nação, assim como também os seres encantados que os acompanhariam durante todo o trajeto. Os indígenas acreditam que esses seres invisíveis dão proteção a sua integridade física e a sua saúde como um todo.

A feira de qualquer cidade do interior, até hoje, é o momento dos grandes encontros entre amigos, familiares e clientes que compram os produtos. Naquela época, lá em Garanhuns, em cada região do centro da cidade, a feira, às vezes, ocupava várias ruas. Cada uma tinha sua especialidade. Eu passava horas olhando a feira dos passarinhos e de outros animais, na Avenida Santo Antônio, na calçada do Fórum, quarteirão em que, anos depois, a família Ferreira Costa abriu sua casa de comércio mais espaçosa. Eram trinados e cantos dos mais diversos. Galinhas, perus e guinés estavam em outros espaços, perto das carnes bovinas e de porcos, bodes e caças.

O artesanato tinha um atrativo especial para as crianças, principalmente os tipos de apitos de madeira ou de lata, que imitavam cantos de pássaros e outros animais. Bois e bichos de barro, panelas e fogões em miniaturas para as meninas. Balões e leques de papel, bruxas de pano, calungas. Pinhão e papagaios-pipas para os meninos.

Cada barraca de comida tinha seu toldo, para proteger os vendedores do sol ou da chuva. Eram vendidos acepipes de peixe seco, arribaças ou avoantes, carne de sol, sarapatel, mão-de-vaca, feijoada, rubacão e tripas assadas, que eram servidos em pequenas porções aos fregueses matutos, que se sentavam em bancos toscos e comiam com a porção em pratos, em cima de uma tábua que lhes servia de mesa, ou no colo, enquanto conversavam. A maioria comia à mão ou de colher. Os dentes serviam de faca para cortar as carnes, ou era usada a peixeira pessoal. Poucas verduras em suas dietas, mas excesso de farinha. Na época das primeiras chuvas, as formigas tanajuras eram muito procuradas. Comíamos suas bundinhas assadas.

Caldo de cana ou outros gela-goelas eram servidos junto ao pão doce. Havia também muitos alfenins, de vários tipos, em formatos de flores, homens, mulheres, bichos, que faziam o encanto das crianças. Bolos de massa de puba, algodão doce, quebra-queixo, rapadura simples e rapadura batida[2]. Água que vinha de fonte e era armazenada em quartinhas e potes.

Era comum um padrinho matuto se encontrar com um afilhado em plena feira. Esse último pedia logo a "sua benção" e vinha logo a resposta: "Deus te bençoe". E logo o mais velho colocava a mão na sua bruaca, ou em um de seus bolsos bem fundos

---

[2] Essa rapadura possui uma textura macia, com adição de erva-doce. É feita a partir do caldo da cana, e seu processo de fabricação é quase todo artesanal.

e tirava uma maçaroca de cédulas. Suas mãos, com marcas da lavoura, escondiam do afilhado e dos passantes suas preciosidades, e, depois de muito escolher, vinha nos seus dedos uma cédula de pouco valor que dava ao afilhado.

O vestir do matuto, naquela época, era muito simples; quase todos usavam sandálias de arreata, a famosa "apragata", e os mais possuídos calçavam sapatos. Os mais simples vestiam calça e camisa de algodão; os mais abastados, terno de linho, todo amassado dos apertos da condução. Um casal de irmãos portugueses passou sessenta anos mercadejando em sua loja, na avenida principal, molduras, vidros e espelhos. Outros, de origem turca ou judia, comercializavam passamanarias ou tecidos. Um velho português, cujo filho já vendia sapatos industrializados, continuava com sua loja lotada em dias de feira, vendendo botas, sandálias, sapatos e outros artigos de couro de sua própria confecção. Italianos vendiam flores e, junto às famílias portuguesas, comercializavam frutos europeus adaptados à nova terra: uvas, maçãs, peras, figos e mel de abelha. Doces em compotas eram sobremesas especiais para os dias de domingo. Os licores, os mais diversos, eram comprados para serem oferecidos às visitas: de jenipapo, rosas, tamarindo, coco, chocolate, pequi, maracujá, ameixa e romã.

A moda dos ricos era beber *whisky* importado e vinho do porto. As cachaças raramente chegavam às suas casas. A aguardente era fabricada em alambiques, com muita variedade de sabor, de acordo com o tipo de barril de madeira que estocava a bebida. Em alguns tipos, era adicionado algum tipo de erva ou condimentos diversos e até mesmo cobras.

Presenciei muitas brigas de bêbados, arruaças e confrontos, fruto de inimizades antigas, algumas terminando em morte. Falava-se muito dos valentões de Quebrangulo, Palmeira dos Índios e Lagoa do Ouro. Presenciei uma querela entre dois matutos. Um assomou com um punhal de fio longo, semelhante ao de Lampião, e foi direto na barriga do adversário, em direção ao coração. O outro foi com uma peixeira com golpe dado de baixo para cima para que o braço do outro não amparasse o golpe. A ponta do artefato era afiada como um anzol, para fazer o estrago dentro e trazer restos de tripa para fora. Gente coisa-ruim.

Um dia, terminando minhas férias e tendo de voltar com mais algumas horas para Recife, e estando numa das casas de comércio que eram alugadas por meu avô, presenciei uma briga entre senhores de duas famílias conceituadas. Depois de muitos palavrões, vieram os tiros. Morreu um deles, a poucos metros de onde eu estava.

As férias passavam rapidamente por conta dos encontros com amigos que me chamavam para os passeios nos arredores da cidade, banhos de açude, participação nos festejos de São João e festas de final de ano. Com o domínio da bicicleta, eu passeava diariamente pela cidade. Fazia pegas com alguns amigos, exercitando os músculos nas proezas das subidas das ladeiras, assim como desenvolvia a habilidade no manejo dos freios, nas descidas. Descobrimos melhor os parques e jardins. Algumas vezes, aventuramos caminhadas até pequenas vilas nos arredores da cidade. Recordo-me de Santa Quitéria das Freixeiras, com poucas casas, quase um sítio. Inusitadamente, nesse lugar, havia peregrinações do povo bem matuto, de uma fé religiosa bem popular. Lá encontramos um santuário muito pequeno, dedicado à Virgem Maria, administrado por uma família protestante, motivada pelos ganhos que não eram poucos. Vivia às turras com o bispo.

Meus avós sempre mandavam confeccionar um terno novo para mim, para ser usado na festa natalina. O alfaiate escolhido era o Sr. Antônio, que o povo dizia, em boca pequena, que tinha sido preso no período da ditadura de Vargas, por ser comunista. Entendia vagamente que era algo ligado à política de uma época que não alcancei. Mas me lembro dos muros de Garanhuns, todos pichados com a frase: "O petróleo é nosso!" A mesma frase também pintada nas pedras, com letras brancas, em todas as estradas por onde eu passava.

Sempre que retornava a Garanhuns, visitava um amigo do primário, cuja família estava entre aquelas que sofreram uma carnificina entre famílias, uma hecatombe em Garanhuns. Foram mortas várias pessoas, inclusive seu pai. Estavam todos confinados na prisão da cidade, para, justamente, ter uma proteção das autoridades locais – o que não houve. Mataram todos, a tiros. Eu e esse amigo íamos às matinês dos cinemas aos domingos e, conforme o nível de censura do filme, por idade, também estaríamos gargarejando nas primeiras filas de cadeiras, para assistir às sessões da noite.

Um dos meus passatempos de criança era confeccionar, junto com amigos, uma lanterna mágica. Era feita com pequenos caixotes, ou caixa de papelão, com uma lente (quem não a tinha, colocava o bojo de uma lâmpada com água) e um furo circular no fundo da caixa, que projetava, através de uma pilha, ou luz acesa, a imagem em uma parede, em um espaço escuro. O negativo que jogava a imagem à parede vinha de filmes que assistíamos nos cinemas da cidade. O técnico que os projetava cortava pedaços da fita, jogando-as fora, para consertar o que a máquina tinha trincado durante a projeção. Tinha até um comércio entre nós para adquirir pedaços de filmes com Rin-Tin-Tin, Billy Eliot, Tarzan, o Homem Morcego, e personagens de outros seriados.

Havia um pacto profundo entre nós. Sempre ocupamos a mesma fila do cinema, para assistir ruidosamente o que se passava na tela. Havia um empregado do cinema, que era mudo e tinha acesso à sala de projeção. Ele pegava a maioria desses retalhos de fitas para distribuir entre nós. Nós o esperávamos e sempre deixávamos que ele bolinasse os nossos sexos. Algumas vezes, ele fazia simultaneamente com os que estavam sentados à direita e à esquerda. Outras vezes, poderia ser atrás da tela, através de uma entrada por trás do prédio, onde ele colocava bancos para os que não tinham dinheiro para assistir no telão, mesmo com os letreiros ao contrário. Bastava ver as imagens.

Fiquei muito atento aos famosos homossexuais da época em Garanhuns, todos pobres e motivo de risos e chacotas por parte dos homens, naquela sociedade. Uns trabalhavam no serviço de limpeza dos hotéis, outro era um excelente tipógrafo do jornal *O Monitor*. Lembro-me de um homossexual, famoso e respeitado na cidade, que foi acolhido por uma família proprietária de uma concessionária de carros, reconhecendo nele um bom profissional no setor de manutenção de veículos. Nas horas vagas, todos riam dele pela sua audácia de pegar as varetas de tricô e com elas fazer vários mimos para a família do patrão.

Os homossexuais que tinham maior poder aquisitivo eram guardados dentro de casa, ou iam morar no sul do país. Todos pagavam a adolescentes para fazerem sexo nos quartos vagos dos hotéis, pensões, ou nos becos escuros da cidade. Desde cedo, descobri que a diversão dos homens na cidade era o bilhar, o cinema e, depois das 22 horas, a ida às casas das prostitutas, ou uma visita às amantes.

Alguns suicídios chegavam a nossos ouvidos. Só de uma família, foram três irmãos que se suicidaram em ocasiões diferentes, com arma de fogo ou veneno. Outros se enforcavam. Tudo para mim era um mistério, porque as fofocas chegavam aos adultos, e as crianças não sabiam o verdadeiro motivo daquelas mortes. No caso de muitas mulheres, seus suicídios eram porque tinham perdido a virgindade durante o noivado e, muitas vezes, havia impedimento no casamento, devido a desentendimentos entre as famílias de ambos.

Eu não compreendia a política da época e não estava atento aos fatos. No período de eleições, meu avô comentava sobre os comícios que assistia como eleitor bem informado e crítico. Garanhuns não tinha coronelato. O poder era distribuído em consenso entre algumas autoridades locais, ou representantes do povo, nas assembleias estaduais e federais. Todo o interior tem um foco de briga entre famílias com compromissos políticos e o desejo de participar ativamente da administração municipal.

Os antigos adeptos do integralismo, já na minha fase infantil e pré-adolescente, tinham se afastado da militância e participavam de movimentos da igreja católica. Outros, afastados de qualquer religiosidade, alimentavam-se de uma cultura de leituras em suas bibliotecas particulares, ouvindo ou tocando música, dominando vários instrumentos, principalmente o violão e o bandolim.

O pai de um amigo meu passava as noites trabalhando no rádio amador. Anos depois, concluí que foi um dos instrumentos mais importantes dos militantes integralistas em todo o Brasil, para receber e enviar informações sobre o movimento. Não sei de nenhum trabalho científico ou tese de mestrado que tenha como tema o uso, nessa época, desse tipo de rádio na militância política.

A religião continuava, como sempre, seguindo o tradicional ritual romano da missa Tridentina[3] e com ecos do Concílio Vaticano I, que foi contra o modernismo. O Centro Operário, ao lado da Igreja Catedral, promovia sessões de cinema em bitola de 16 milímetros, com filmes sobre a Segunda Guerra Mundial, para seus fiéis, principalmente para as crianças e os jovens. Imagens que chegavam tardiamente: os lixos e as propagandas dos Estados Unidos, oferecidos aos países "irmãos".

Essa instituição tinha a finalidade de doutrinar operários católicos. E era incentivada por vários óbolos que ajudavam a construir suas sedes no Brasil inteiro. Era uma espécie, hoje, da organização não governamental europeia, ou braço do congresso americano em toda a América Latina, que servia de educação anticomunista, muito a gosto dos integralistas, que tinham sido expulsos da política brasileira pelo próprio ditador Getúlio Vargas. Vi antigos senhores militantes participarem das sessões oferecidas ao público da paróquia. Em Garanhuns, ajudados

---

[3] Chama-se Tridentina – gentílico de Trento, na Itália – porque é baseada numa revisão do Missal Romano, orientada pelo Concílio de Trento a toda a igreja romana, e aplicada pelo Papa São Pio V.

por seus pares, uma parte da direção nacional daquele momento passou uma temporada na nossa cidade com suas famílias.

Anos depois, identifiquei centros operários em quase todos os estados brasileiros, uma verdadeira rede de formação ligada a paróquias católicas e às ordens religiosas, os franciscanos em especial. E, na capital, sempre com uma bela sala de cinema ao lado da igreja.

Mas os movimentos da laicidade não tinham chegado à minha cidade natal. Exceto para os jovens que tinham amigos que militavam no antigo Partido Comunista, e, contrariando a elite dominante, tinham uma posição crítica ao que se aprendia no colégio, procurando enxergar o mundo de um modo mais científico. Na sua quase maioria, eles eram filhos – uma segunda ou terceira geração – dos que chegaram a Garanhuns como imigrantes europeus. Eles me abriram o caminho para ler os livros de Jorge Amado e de Graciliano Ramos.

Meus avós não dialogavam comigo; somente o trivial. Eu vivia na casa dos amigos que me acolhiam melhor. Lá, jogávamos cartas, gamão ou futebol. Ouvia conversas sobre política, fofocas da sociedade local, críticas a livros lidos ou a artigos de jornais, atiçando minha curiosidade.

Eu gostava de andar pela cidade, acompanhado por alguém. Mas, em outras horas, gostava de caminhar sozinho nos parques da cidade. Um dia, num terreno baldio que tinha algumas mangueiras, deparei-me com um grupo de adolescentes aproximadamente quatro anos mais velhos do que eu. Eles estavam voltando de uma "pelada" e resolveram tirar graça comigo. Pela primeira vez, ouvi a crítica de que eu era "mulherzinha", porque eu era criado com vó e não gostava de futebol.

Como castigo, o maior do grupo me obrigou a agarrar um galho de mangueira e ali fiquei pendurado naquela posição, enquanto saiam, às gargalhadas e gritavam: "Segure, porque quando cair vai quebrar o braço". Quando, já enfraquecido, quase caindo, talvez devido à falta de exercícios musculares, foi passando uma senhora, que abraçou as minhas pernas e me ajudou a pôr os pés em terra firme. Essas brincadeiras a respeito de gêneros eram corriqueiras nos recreios do Colégio São Luís. São comuns a qualquer geração de adolescentes. Comigo a mais frequente era com as minhas coxas. Às vezes, passavam a mão e eu ficava puto: "Você as tem muito gostosas..."

Ao falar para meu pai sobre esses fatos, ele, depois de criticar meu guarda-roupa, que só tinha calça curta, saiu comigo e comprou várias calças de jeans, uma moda que teve início na década de 1950.

Em 1953, eu já estava morando com meus pais em Recife. Um fato que marcou minha vida foi a grande viagem que a irmã de meu pai realizou com a família ao Paraná, no segundo semestre desse ano. Viajamos numa "sopa" – um dos veículos para transporte de passageiros, de propriedade de seu esposo, que fazia a linha Recife – Garanhuns. E eu tinha sido convidado por minha tia para participar daquela viagem. E o mais emocionante, para mim, foram os preparativos. Meu pai e minha mãe providenciaram um enxoval, sob medida, na loja Renner. Pela primeira vez, eu iria usar sapatos parecidos com os de meu pai. Toda a bagagem teria pequena quantidade de pertences, porque, afinal, seriam onze pessoas a participar daquela viagem. As malas foram acomodadas no bagageiro em cima do carro e bem cobertas com uma lona e amarradas com cordas, para que não entrassem muita poeira e água de chuva. Passaríamos o Natal e o Ano Novo em Curitiba.

Dois meses antes da viagem, assisti ao filme *Rashomon* que estava passando no Cine Art Palácio, num dia de domingo. Como estava lotado e, naquela época, permitiam entrar a qualquer hora da sessão, fiquei encostado numa grande divisória de madeira que havia nos dois lados do térreo da plateia principal. E eu, muito atento ao filme, pois era a primeira vez que assistia a uma produção japonesa. Uma bela película em preto e branco. Muita gente no recinto, o suficiente para provocar incômodos. De repente, senti uma mão nas minhas partes íntimas. A meu lado, um rapaz de uns dezoito ou dezenove, roçou em mim, seguramente encoberto pelos que estavam por trás da gente. Ele abriu minha braguilha e colocou meu sexo para fora e bolinou tanto que, pela primeira vez, senti uma sensação maravilhosa no meu corpo e logo um líquido espirrou com força, escorrendo na madeira. Ele passou um lenço para mim e limpei o móvel na minha frente. Fui ao banheiro e terminei de secar minha roupa.

Passei a semana toda pensando naquele fato inusitado. Sinais de que eu estava me tornando um rapaz. Minha consciência dizia que aquilo não tinha sido feito de maneira correta, no que toca ao ato entre duas pessoas do mesmo sexo ou de sexos diferentes, num espaço público. O meu lado erótico foi aguçado, e eu não gostaria de pensar que aquilo fosse um ato pecaminoso para um cristão. Não tinha a quem contar essa experiência, e esperei pelo domingo seguinte. Fui ao mesmo cinema e estava passando o filme *A Torre de Nesle*. E, como sempre, o cinema lotado. Fui para o mesmo lugar, em pé junto à murada de madeira que dava para a plateia, e, na mesma hora, o rapaz chegou e sorriu para mim, cumprimentando com a cabeça, e logo estávamos juntos e ele me tocando novamente.

O que mais me deixou tranquilo, e foi o motivo pelo qual eu consenti no jogo de toques, é que vi que a maioria das pessoas em pé, naquele lugar, juntinhas umas às outras, homens e mulheres, eram pessoas que também esperavam ser acariciadas.

As aulas terminaram, e os dias que antecederam a viagem ao sul do país passaram rápido. Novidade para todos os envolvidos. Nos primeiros dias de dezembro, sairíamos. Uma aventura. Minha tia e minha avó, a mãe de meu pai, que, para mim, era imensamente obesa, e nós a chamávamos de Vovó Gorda, minha prima Luzinete, que veio de Garanhuns para se juntar a nós, professora reconhecida e culta, meus primos e eu.

Um homem indígena foi o motorista responsável pela condução. Nascido na aldeia Fulniô de Águas Belas, de estatura baixa, magro e com os músculos todos no lugar, ativo a tudo o que fosse melhor para os passageiros e com as "oiças" boas para ouvir qualquer som daquele veículo. Ao perceber qualquer ruído estranho, logo parava o automóvel e ia ao local exato do som de "grilo", que era delicadamente avaliado por ele. Entendia bem de motor e de caixa de marchas, de freio e de todo o sistema elétrico de qualquer carro.

Vi muitos motoristas nas empresas de meu tio e meu pai, que só tiveram o estudo das primeiras letras, mas eram especialistas para socorrer um veículo quebrado, com um domínio que nem todo engenheiro tinha. Eles adquiriam os conhecimentos de lidar com os veículos nas estradas de areia ou de saibro. Aprendizado que era repassado oralmente uns aos outros, revelando os vários pequenos segredos, e, como se fossem médicos, auscultavam aquelas vias de engrenagens. Refiro-me à primeira geração de trabalhadores que tiveram sua infância nos primeiros anos da República. Os primeiros profissionais que aprenderam com os seus sentidos, e alguns pela passagem de, pelo menos, um ano, no Tiro de Guerra do exército brasileiro.

Saímos às cinco horas da manhã com destino à cidade de Paulo Afonso onde dormiríamos. A estrada toda de barro, com exceção de alguns quilômetros de Recife a Jaboatão, toda calçada de pedras, o que incomodava muito nossos ouvidos e o carro tremia todo. Passamos pela cidade de Vitória e pelas pedreiras que alimentavam toda aquela obra que o governo iniciou para alcançar os sertões. Antes de chegar à cidade de Pombos, e subir a ladeira da Russinha, um pneu do carro estourou. Seu Luís, o motorista, ajudado por meus sobrinhos adolescentes, colocou um pneu novo e continuamos a viagem.

Em Caruaru, almoçamos. E fomos dormir em Rio Branco, hoje Serra Talhada, pleno sertão. Noite fria. Pousada simples, mas acolhedora. Uma viagem muito cansativa para os primeiros embates já no primeiro dia do percurso. O Sr. Luís foi cuidar de consertar o pneu, enquanto tomávamos banho para a ceia. Cedinho saímos e almoçamos em Paulo Afonso.

Minha tia resolveu ficar por mais uma noite, para vermos parte da usina hidrelétrica, cuja obra estava sendo concluída, só inaugurada em 1955. Ela tinha um modo didático de passar as informações, chamando nossa atenção no momento certo. Pra dar uma ideia, um dia, eu vinha de carro com ela, depois de fazermos algumas compras no centro de Recife, passamos em frente à Faculdade de Economia recém-inaugurada, na Rua do Hospício, e ela falou para mim: "Aqui está uma faculdade que você vai ouvir falar muito na história desse país. Hoje, poucos vislumbram que é tão importante como a medicina ou a engenharia, ou o direito".

Já em Paulo Afonso, minha tia pediu licença para adentrarmos na imensa construção. Fomos até o fosso, onde as turbinas geram energia, não só para o Nordeste, como também para outras usinas. Até hoje, é a terceira maior usina do país.

No terceiro dia, ultrapassamos o Sertão da Bahia. Em todo esse percurso de estrada, víamos cobras, tatu, veado e outros bichos. Em Jeremoabo, na Bahia, na hora do almoço, procuramos uma casa para beber e comer. Não ficamos lá, porque a água oferecida era barrenta por conta da estiagem. Enganamos a fome com latadas de comida que minha tia trouxe, com charque, carne de sol e farinha. Chegamos à noite em Feira de Santana e dormimos num hotel que fica na praça principal, onde armavam a feira. No local, durante a semana, tinha sempre barracas de verduras, frutas e carnes. Era uma cidade encruzilhada como Caruaru, Campina Grande, Garanhuns e muitas do Brasil que, hoje, se transformaram em capitais em sua região. Não era uma cidade bonita. No outro dia, saímos cedo, almoçamos em Jequié e fomos dormir em Vitória da Conquista. O final de tarde era muito frio, e toda a noite e a manhã com cerração. Hotel novo, com acomodações boas.

O sexto dia passou rápido. Chegamos à cidade de Teófilo Otoni, onde almoçamos e dormimos em Governador Valadares, Minas Gerais. A paisagem tinha mudado. No meio de muito verde, serpenteava uma cadeia de montanhas. Nesse trecho, encontramos uma estrada toda em obras. O asfalto chegaria até o Rio de Janeiro. A partir de Governador Valadares, a estrada estava ótima. Usufruirmos melhor da paisagem de Minas Gerais até Três Rios, onde almoçamos e fomos dormir no Rio de Janeiro, em um Hotel que ficava na Rua Álvaro Alvim, na Cinelândia, hoje o Teatro Rival, que ocupa o térreo do prédio. Passamos três dias quase fechados nos apartamentos. Assim mesmo, fizemos, às escondidas, um tour pelo quarteirão e descobrimos o Teatro Municipal. Minha tia foi com minhas primas ao Canadá de Luxo, a melhor casa de roupas femininas da época, administrada por duas irmãs que eram de Petrópolis.

Chegando lá, segundo a história contada por elas, e que virou anedota junto aos parentes de Curitiba, nos dias que se sucederam à nossa chegada àquela capital, foram bem atendidas. Mas, além delas, havia três senhoras de São Paulo, que, ouvindo o sotaque daquelas pernambucanas que invadiram o recinto, começaram a falar em francês. Talvez tenham sido educadas no *Sion* ou *Des Oiseaux*, em São Paulo. E o pouco que minha tia e suas filhas sabiam do francês do Colégio das Damas de Garanhuns, deu para perceber que falavam muito mal delas. Diziam que eram jecas.

Minha tia saiu do hotel com joias e toda perfumada com *Fleur de Rocaille*, perfume preferido das senhoras da burguesia do Recife. Comprou vários vestidos para as saídas à noite; outros, para as cerimônias mais simples, como formaturas ou datas importantes da família, e fantasias para serem usadas no carnaval de 1954, no Clube Internacional de Recife. As senhoras ficaram admiradas com a ousadia no volume de compras, com itens que vinham dos figurinistas franceses. Alguns iriam ser usados em Curitiba e outros seriam enviados para Recife, por via aérea. No momento importante do pagamento, minha tia abriu a bolsa recheada e tirou pacotes de dinheiro e pagou na hora o valor total da compra, para espanto das régias paulistanas.

O último dia foi de espera no hotel para reajustar as medidas e finalizar algumas costuras do que tinha sido comprado. Viajamos a São Paulo e ficamos uma noite num pequeno hotel, no início da Rua São João, quase com a Rua Líbero Badaró. No outro dia, faríamos a última etapa da viagem. A estrada de barro nos deixou atolados perto de uma pousada, na cidade de Registro. Dormimos mal, mas chegamos a Curitiba para o almoço. Antevéspera de Natal. Todos nos aguardavam na Praça da Ordem, onde ficava a Casa das Fábricas, de meu tio Galvão e seu irmão. Minha tia morava no primeiro andar com os três filhos e um terceiro na barriga; no terceiro andar, eram abrigados os portugueses, rapazes que vieram da "terrinha" para ajudá-los na loja.

Por que eu detalhei tanto essa longa viagem de um pré-adolescente? Realmente foi uma aventura. Nunca me esqueci dos vários biomas por onde passei através de estradas precárias – Litoral, Zona da Mata, Agreste, Sertão de Pernambuco e Bahia. Depois, em Minas, com mudança de paisagem, adentramos numa região de montanhas famosas por suas minas de pedras preciosas, chegando a Três Rios, no limite de Minas com o Rio de Janeiro, e descendo a serra de Petrópolis, para começar a enxergar aquilo que já conhecíamos em fotografias das viagens da família, o Pão de Açúcar, o Corcovado. A viagem pela Rio–São Paulo, a primeira rodovia do Brasil, a Via Dutra, para homenagear o último presidente da república da época. Todas as vezes em que ele aparecia nos filmes de propaganda do governo, nas salas de cinema do Brasil, a população ria e galhofava de sua feiura. Uma cidade grandiosa em tudo. Foi como a cidade de São Paulo se desnudou para mim. Fiquei admirado. Não tinha muitas paisagens. Apenas o verde dos seus parques.

Foi essa experiência que me deu coragem para viajar sem ter minha família como companhia. Esse seria o roteiro principal da minha vida no futuro, a partir dos meus dezessete anos, a minha primeira aventura. Já se passaram mais de sessenta anos de idas e vindas. E me catapultou para viagens internacionais, sem medo de fazê-las sozinho, começando pela Europa, a partir do início da década de 1980.

Curitiba era uma cidade menor do que Recife. Elegante, mas, para mim, um pouco interiorana. O que me chamou a atenção, desde o primeiro momento, foi o modo de falar paranaense e a presença dos europeus, em especial de alemães e polacos. A pequena Praça da Ordem, perto de onde estávamos hospedados, em épocas passadas, tinha uma cacimba que fornecia água aos primeiros habitantes da cidade, e, em frente a ela, existia uma pequena igreja. Descendo para o lado comercial da cidade, a poucos metros, estava a grande praça da catedral. Mais dois quarteirões e já estávamos na Rua 15, onde, até hoje, é o ponto principal de encontro da cidade.

Fizemos dois passeios saindo da capital. Um deles foi para Ouro Fino, com estradas e veredas cheias de hortênsias azuis, onde fizemos um piquenique com toda a família e tomamos banho numa piscina de água corrente. O outro, a ida à praia de Paranaguá, onde descemos de carro a íngreme serra. Passamos dois dias em uma casa. Lembro-me de uma excelente sopa de carne de tartaruga. A água do mar não era tépida como a do Nordeste.

Um filho de alemão, contraparente de nossa família, chamava a atenção nos seus dezoito anos. Alto, elegante, e tinha seu charme. Uma noite, fomos jantar na casa de sua família, e, pela quantidade de pessoas, que chegava a duas dezenas na sala, não tinha lugar para todos. Os menores foram convidados a sentar no tapete. Eu fui puxado pelo rapaz para ficar em seu colo. Logo vi que ele tinha ficado excitado, e ficamos naquela situação por um bom tempo.

Depois de duas semanas, deixamos nossa Vó Gorda com um dos netos pernambucanos, e voltamos com mais espaço no pequeno ônibus. A viagem foi mais curta, vencida em menos dias, e fomos direto para Recife.

ADOLESCÊNCIA

O ano de 1954 começou com muita emoção. Passei o restante das férias em Garanhuns. Ocasião certa para fazer meus primeiros voos. Passava noites inteiras sem dormir. Acordado até o nascer do sol, nos encontros de amigos em um toldo de feira, comendo o melhor da comida sertaneja e bebendo cachaça. Eles sempre me recebiam, quase que cotidianamente, na casa de seus familiares. Conversávamos sobre literatura, política e muitas histórias vividas.

Com a mesma turma, fui pela primeira vez à rua onde as prostitutas reinavam. Fomos bem recebidos, pois meus amigos já eram fregueses habituais. Logo enxerguei vários pais de famílias conhecidas, motoristas dos ônibus de meu tio, e outras pessoas da cidade. Imediatamente a dona da pensão nos chamou para ajudá-la, porque uma das "meninas" estava morrendo.

A casa estava cheia de gente, a eletrola tocando alto. Algumas pessoas dançavam na sala. Entramos no quarto. A doente estava na cama, sofrendo. Havia um mau odor em todo o ambiente, por conta do estágio de putrefação de sua vagina. Fiquei estarrecido com aquela cena. O que fazer? Um dos meus amigos, o mais velho e experiente, pediu creolina, um produto de desinfecção que a dona da pensão logo providenciou. Meu amigo com voz firme ordenou, "Traga junto com uma panela de água bem morna!". Com um funil, ele colocou todo aquele líquido dentro da vagina da doente, aos urros e ranger de dentes.

Um líquido que saia de dentro da moça, era colhido com

panos e retirado do quarto. Pela manhã, depois de termos dormido algumas horas, demos um banho na doente, que já estava mais animada. Limpamos o quarto e trocamos os lençóis da cama. Voltamos para casa. Soube, através dos amigos, que ela se recuperou e ficou boa de saúde.

Despedi-me de Garanhuns num domingo, com um almoço num sítio dentro da cidade, perto de onde meus avós e o meu pai moravam, na Boa Vista. Buchada regada com boa cachaça. Já em Recife, me preparei para o último ano do antigo ginasial, hoje Ensino Fundamental. Muitas emoções estavam à minha espera. A classe tinha um número maior de alunos. Já entramos então no processo de mudança para o Curso Científico, hoje Ensino Médio. Tínhamos dois professores leigos. O Barkokebas, conhecido maestro na cidade, de uma família sefardita. Um bom mestre, que nos ensinou a ler partitura musical. Chegamos a transcrever para uma pauta aquilo que ele cantava. Fizemos parte de um movimento musical nacional direcionado ao aprendizado do canto, orientado pelo Ministério da Educação.

E o professor de história chamava-se Clodoaldo. Seus dois filhos eram meus companheiros de classe. A metodologia dele parecia com a dos outros professores maristas. Ditava a aula, para passarmos o texto para um caderno, e depois, em casa, teríamos de decorar tudo, para as provas semestrais. Todas as perguntas sairiam dali. A diferença é que ele não adotava os livros da editora FTD, que eram usados pelos Maristas. Tinha suas próprias leituras críticas aos livros da época, sobre a descoberta do Brasil e o primeiro século da colonização.

Nesse ano, fiz inscrição para participar das olimpíadas entre os colégios da capital, nas modalidades de natação e basquete. E passaram-se fatos interessantes, que só vim compreender mais de dez anos depois. Jogando basquete, os participantes não passavam a bola para mim e não me convidavam para os treinos, talvez porque isso exigiria uma melhor preparação física, e logo fui desanimando. Tinha mais esperança na natação.

Os treinos aconteciam na Escola de Aprendizes de Marinheiros, em Olinda, ou na piscina da Marinha, que ficava no prédio em frente à Torre Malakoff, no bairro do Recife.

Aos poucos, depois de umas oito idas, começaram a me avisar o dia e a hora do treino e, quando eu chegava ao local, depois de algum tempo de espera, ninguém aparecia. Eu dava algumas braçadas sem nenhuma orientação e voltava para casa. As desculpas eram as mais diversas por parte do religioso responsável pelos grupos de exercícios em cada modalidade. Fui abandonando aos poucos meu sonho de ser ginasta, substituindo por outras atividades.

Os irmãos maristas, responsáveis pelos treinos, só tinham interesse pelos alunos que, desde o começo do ano, tinham bolsa de estudos, ou aqueles que eram convidados por ter um bom histórico como atletas, e, por isso, eram escalados. E havia uma barreira para um iniciante como eu, que dificilmente teria, em poucos meses, uma preparação adequada para o êxito que eles desejavam. Todos faziam as comunicações de maneira paralela e consciente. Nunca me chamaram para falar ou decidir alguma coisa sobre minhas aptidões ou inaptidões. Fui enganado. E usaram da minha ingenuidade.

Minha saída para toda essa frustração foi o teatro. O teatrólogo Isaac Gondim Filho estava precisando de atores para uma de suas peças, e eu me inscrevi. De um grupo de treze pessoas, foram escolhidas oito pessoas. Um ator do Teatro de Amadores de Pernambuco (TAP) foi convidado para dirigir a peça. Tivemos a primeira leitura, sempre com a presença de dois irmãos maristas. Um deles, muito bom pintor, fazia o cenário à moda clássica de cada peça. Os ensaios iam até meia-noite. Perto da estreia, repetimos várias vezes algumas partes, ou a peça inteira. Eu voltava de madrugada para casa. Era uma luta pessoal chegar naquele horário em casa e enfrentar as aulas no turno da manhã.

Quando os irmãos maristas não estavam presentes nos ensaios, havia uma conversa entre Isaac Gondim e o diretor da peça. Talvez para aguçar a curiosidade dos jovens, falavam de sua juventude, de lugares que facilitavam situações eróticas na cidade. Pela primeira vez, ouvi falar sobre o que acontecia no Teatro do Parque. Ele tinha uma estrutura de ferro, toda importada. Por causa do clima, a plateia era rodeada de portas de madeira que, nas funções da noite, eram escancaradas para circular a brisa própria do verão, ou eram fechadas por ocasião de fortes chuvas.

No primeiro andar, uma dupla escadaria em curva conduzia aos camarotes, lugares mais nobres, e reservados. Nos espetáculos mais concorridos, ficava um público de pé no espaço entre os camarotes e as janelas abertas. Como os pais de família se preocupavam em trazer suas filhas para as cadeiras que davam para o palco, oferecendo para elas mais segurança em relação à aglomeração, deixavam um flanco aos rapazes, nos camarotes vizinhos e através da divisória com desenhos em ferros curvos. Essas aberturas facilitavam a passagem de suas mãos para encontrar, do outro lado, as mãos da sua dona, ou suas coxas, às vezes chegando até a alcançar seu colo. Quando Isaac Gondim e o diretor do espetáculo terminavam de narrar essas histórias, os atores adolescentes, que participavam dos ensaios, excitados, batiam palmas.

Fiquei curioso e com vontade de fazer uma expedição de reconhecimento ao local em que uma situação erótica era possível. Como eram raras as apresentações teatrais que faziam parte do programa desse teatro, as sessões de cinema dominavam. Aproveitei e fui ver como se comportavam os espectadores. Descobri que, como em outros cinemas, havia pessoas que esperavam nesses camarotes, com atitudes lascivas, oferecendo seu sexo, ou fazendo gestos para passar a mão nos sexos dos outros. Os militares que faziam a segurança do local também entravam nesses jogos eróticos. E os exercitei várias vezes.

Recife caminhava para ser uma grande metrópole, a terceira do Brasil, na época. O moralismo não permitia que esses jogos eróticos fossem aceitos por uma classe social dita distinta, a não ser que fossem exercitados debaixo de muitos segredos. Havia um dúbio comportamento, tanto do hétero, quanto do homo. As comunidades cristãs condenavam qualquer ato lascivo, exceto os que levassem à procriação, e com toda uma liturgia de sedução e desempenho na cama, dentro dos cânones religiosos. Encontro entre duas pessoas do mesmo sexo: jamais!

Ainda ouvi, durante os ensaios da peça teatral, algumas histórias eróticas sobre os religiosos católicos, nos internatos dos colégios masculinos e femininos. Em alguns casos, os envolvidos tentaram até suicídio.

Se, para mim, já era muito conflitante narrar esse meu comportamento em confissão a um sacerdote, passei a omitir algumas passagens por conta do mesmo estribilho que ouvia, ao terminar minhas ladainhas de atos eróticos não permitidos. Havia um conflito pessoal, e eu não era a única pessoa que vivia aquilo que não tinha nome, ou tinha vários. O preconceito e o moralismo da sociedade, como um todo, era um verdadeiro julgamento que acabava com a imagem e a reputação profissional da pessoa que se comportava daquela maneira.

Tive amigos que foram confinados pelos pais em hospitais psiquiátricos do Recife. Eles encaravam a homossexualidade como uma doença. Esses amigos passaram por sessões de choques elétricos e outras torturas, como prática normal na época. A medicina a serviço do preconceito social. E de normas autoritárias. Tive de lutar com doutores dessa mesma escola nos 100 anos de aniversário da Associação Médica de Pernambuco, quando fui chamado para fazer uma intervenção sobre a questão do HIV e o comportamento da área da saúde diante dessa nova doença.

A sociedade sempre fingia que não via os homossexuais, ou falava de oitivas e no resguardo dos ambientes fechados onde se reuniam. Aos mais pobres, permitiam que os machões os apalpassem publicamente e sofressem surras. Outros foram enviados à prisão. Excluíam-nos. Assim, tornavam-se marginais.

Restavam os locais de encontros a que já me referi e outros como o Bar *Savoy* e seu banheiro, outros bares do centro da cidade, os passeios em torno do rio Capiberibe, os banhos de mar em lugares mais afastados, os passeios na Rua da Concórdia, Rua Nova, na esquina da loja *Sloper* e nos parques. Algumas categorias de serviços ofertados à burguesia por pessoas como camiseiros, sapateiros, alfaiates, cabeleireiros, maquiadores, decoradores de ambientes, comerciantes de antiguidades, tinham seus amantes filhos da classe média, esportistas que eram ajudados no seu bem vestir, e com dinheiro para frequentar os clubes dos grã-finos. E por que não falar de alguns membros de congregações religiosas?

1954 foi um ano de passagem para o curso científico e, para mim, ocorreu como um susto. Em agosto, morreu Getúlio Vargas, e comecei a sentir que a política tem seu próprio ritmo e que, em ocasiões de crise, a população acompanha mais de perto o desenrolar dos fatos. Quanto à minha experiência como ator, participei em vários espetáculos teatrais. Também participei de filmes de cinema. Comecei a ser olhado com ruídos na minha passagem, até dentro do próprio meio homossexual.

No primeiro ano do Curso Científico, tivemos matérias mais técnicas. Havia um falso rigor no programa a ser alcançado, mas a metodologia de ensino continuava a mesma. O padre que veio ensinar filosofia foi uma exceção. Um grande mestre da língua portuguesa, no segundo ano do curso. Também tivemos um bom professor de biologia no terceiro ano. As outras cadeiras foram regidas ainda pela Congregação Marista. Foi um período de três anos em que tentei conhecer a mim mesmo, com aplicações de alguns testes da área de psicologia, que traçaram um esboço de meu temperamento. Eu tinha certa liderança na sala de aula, e meu desempenho no estudo foi considerado mediano.

A Ação Católica, em minha vida, foi uma nova e rica experiência que serviu para que eu saísse de minha visão infantil sobre Cristo e a instituição religiosa. Foram três anos de militância estudantil católica, com visitas a todos os colégios da capital, para descobrir lideranças jovens e realizar a formação de uma equipe de trabalho mais robusta, sob o acompanhamento de um sacerdote. Ele realizou com brilhantismo um diálogo com os jovens e, de modo bem aberto, deixou que trabalhássemos com nossas próprias decisões, ouvindo-nos, aconselhando-nos e, sobretudo, procurando abrir nossas mentes e corações para uma nova visão de mundo que era descortinada às novas gerações. Depois de deixar seu trabalho na Igreja, tornou-se um excelente psicanalista, com formação em Paris.

Bibliografias, cristãs ou não, circulavam em nossas mãos, principalmente a literária e a filosófica. A leitura do evangelho ainda não era um hábito comum entre os jovens, mas nossa presença nas missas dominicais, em lugares e horas específicas para a juventude, nos impulsionava a usar o missal dominical, que continha os textos bíblicos. Encarei esse trabalho com muita responsabilidade e, em pouco tempo, já era conhecido em algumas cidades importantes no interior e nas capitais vizinhas – Maceió e João Pessoa. Participei do Primeiro Encontro Nacional da Juventude Católica no Mosteiro do Rio de Janeiro, e saí com a responsabilidade de acompanhar todos os militantes secundaristas católicos do Nordeste.

Em paralelo, pesquisava a profissão que escolheria para mim. Ocorreu-me a ideia de fazer a Escola da Marinha, ou o Instituto Rio Branco, para diplomatas. Ambas foram vetadas por meu pai, com o argumento de que só família da elite social, e com pais na mesma profissão, teriam uma entrada mais fácil, devido, inclusive, à cultura vivida pelos filhos dentro da própria família. Compreendi que meu pai fazia um movimento de "abrir as cartas" para mim e depois "fechar". Parecia até que ele já sabia, antes de mim, os caminhos que eu faria nas pesquisas a esse respeito. Tentei também fazer a Escola de Agronomia em Recife ou em Alagoas. Ele também ficou irredutível no não. Disse que não tinha fazenda, nem terras, para que eu pudesse exercitar a minha profissão.

Por último, talvez porque era costume nas grandes famílias do Brasil, escolhi medicina. E, na minha cabeça, não tinha motivação alguma para esse mister, a não ser de modo muito ideal. Para chegar a essa ideia, talvez eu tivesse lido alguns artigos sobre esse assunto na época. Não me recordo bem. Após o curso, eu faria uma especialização em cirurgia no cérebro ou uma especialização em psiquiatria. Eu não tinha noção alguma do mundo da psicanálise até aquele momento. E já estávamos na segunda metade do século XX.

Meu compromisso como militante, junto às lideranças dos colégios de Recife e depois abrangendo os do Nordeste, ocupava bastante meu tempo. Juntou-se a isso o hábito da metodologia decoreba do colégio. Uma pessoa da minha idade já deveria ter bagagem suficiente para vencer, inteligentemente, uma prova de vestibular.

Foi desgastante aquele processo de estudo para fazer o vestibular. Passei noites inteiras em casa de colegas que faziam comigo o curso preparatório para medicina. As provas escritas, passo importante na época para vencer a barreira e chegar à faculdade, foram um desastre. Eu tinha a responsabilidade de "passar" e oferecer à minha família esse troféu. O pânico chegou quando entrei na sala para responder os quesitos específicos de cada matéria exigida, e não veio à minha memória absolutamente nada do que tinha estudado.

Entreguei praticamente a prova em branco. Um trauma que demorou muitos anos para ser vencido. Uma vergonha tomou conta de mim devido a esse verdadeiro desastre pessoal. Refugiei-me naquilo que eu mais gostava de fazer, que era coordenar os trabalhos junto aos estudantes católicos. Meu pai ficou em silêncio, procurando entender o que tinha acontecido e, sem diálogo, começou a articular, dentro do universo cultural e de educação de sua família, de que modo eu iria me inserir no campo profissional.

A partir da ideia de que, através de um namoro, seria alcançado o equilíbrio afetivo, então passei a cortejar uma garota adolescente que morava na Avenida Visconde de Suassuna, cujo pai iniciava seus primeiros passos como juiz em Recife. Não fui visto com bons olhos pela família dela para um relacionamento mais firme.

Um amor platônico que se iniciou com uma garota bem extrovertida, dentro das redes sociais, a partir dos seus quinze anos. Ela morava perto da Avenida Rosa e Silva. A paquera, com passagens frequentes por sua rua e algumas tentativas de conversas, não deu em nada.

Investi em algumas saídas nas noites de Recife, de modo muito espaçado, junto a meus primos e sua turma do Espinheiro, onde moravam. Não frequentava só os bailes e matinês dos clubes Náutico, Clube Internacional ou Clube Português, onde frequentava a elite pernambucana. Aquilo não fazia parte de meu quotidiano. Não tinha relação com minha militância católica. Mas tinha um peso muito grande na minha vaidade de adolescente jovem.

James Dean, Sal Mineo e Marlon Brando tornaram-se ídolos dos adolescentes na época. Algumas vezes, para meu constrangimento, e após surrupiar alguns veículos da família, saímos à noite para assistir o "sereno" de festas importantes da cidade, onde se faziam algumas estrepolias próprias de marginais, como estourar pneus, riscar e sujar vidros dos veículos. Hoje vejo que os filmes de James Dean tinham o clima que procurávamos. Roupa apertada, camisas vermelhas, topete na cabeça, saber dançar *rock*, e a prática de um machismo típico de alguns grupos jovens.

Durante as tardes, em nossas fugas dos exercícios colegiais, íamos nos juntar às hordas de jovens que assistiam aos filmes em grandes salas, como o cinema Art Palácio, levando papéis picados, galinhas e outros objetos para serem lançados do balcão para a plateia. Policiais eram chamados, alguns jovens presos. Todos em silêncio. De repente, um grito ecoava de algum recanto da sala. Mais correrias da gerência, acompanhada pelos policiais para detectar em que fila de cadeiras estavam sentados os baderneiros.

Voltamos às saídas noturnas para visitar as meninas prostitutas nos quarteirões ao redor do Mercado de São José. Subíamos para seus lupanares, que ficavam nos andares de cima. Éramos recebidos com desconfiança. Era incomum a entrada de vários rapazes, menores de idade e de "boa família", naquele recinto. Logo aprontávamos as badernas, soltando bombas caseiras naquele espaço. Precisávamos descer as escadas imediatamente, porque, na calçada, os mais atrasados sempre levavam chuvas de xixi jogadas pelas "meninas", com muita algazarra, para chamar a atenção dos transeuntes e da polícia.

Uma noite, saímos só os primos. Tivemos a conivência dos empregados que trabalhavam à noite na garagem da empresa de ônibus de meu tio, para tirar do local um dos veículos pesados – Jipão – que tinha sido usado pelos americanos em Recife, no período da Guerra. O tal veículo era grande e ocupava muito espaço na rua. Era barulhento, com uma caixa de marcha pesada, que não era para qualquer motorista manusear. Era também um bom veículo para socorrer os ônibus.

Fomos diretamente para o bairro do Pina, no início da praia de Boa Viagem, usando aquele jipe. Lá, havia casas de prostituição. Tudo era novidade para mim naquele local. Havia muito movimento ali. E entramos em uma daquelas residências que meus primos conheciam e eram bem recebidos. Fomos recebidos com olhares de curiosidade pelos frequentadores e pelas meninas. Havia uma distância silenciosa entre os que já estavam naquele espaço e nós.

No salão, meu primo mais velho se enrabichou com uma delas. Os dois já tinham ido para cama algumas vezes. Ela o olhava e não escondia a alegria por ser escolhida. Boa cama. Bom dinheiro. Ficamos então ao redor da casa para ver em que quarto estavam. Eles notaram nossa presença na janela, mas não foi motivo para acanhamento. E daí nos excitamos muito vendo os dois em pleno sexo.

Um primo, que me acompanhava, falou: "Por que você não

aproveita e tira sua virgindade agora?". Um frio atravessou o meu corpo, de alto a baixo, com aquele desafio. Fiquei calado. Ele insistiu. "Se não tiver dinheiro, eu te empresto. Vamos ao salão para escolher a que te chama mais atenção". Havia em mim um misto de excitação sexual, curiosidade e o desejo de mostrar que eu não era o donzelo como ele pensava. O medo me fez tremer um pouco até tomar a decisão de, com ele, voltar ao salão.

Eu já tinha visto, contrariando qualquer escolha dos primos, uma das meninas que tinha colocado olhares piongos para meu lado e eu tinha correspondido. Procurei-a, e a aceitação foi imediata. Fui acompanhado ao quarto por ela, como se fosse um bichinho, um menino desconfiado. As experiências anteriores foram com homens, e confesso que a excitação e o tônus erótico com eles eram maiores. O que me passava pela cabeça naquele curto espaço, andado até o quarto, era de como me comportar. Quem começaria o jogo dos toques, quem tomaria a iniciativa, eu não tinha nenhuma experiência naquele terreno.

Ela me deixou à vontade no quarto, tudo me indicava ser uma menina do interior que ainda tinha rasgos de ingenuidade. O cheiro de outros encontros estava presente e me incomodava, esperma, xixi, cama mal preparada. Tinha tudo para que eu brochasse. Esse era meu grande medo. O que falaria a meus primos? Com cuidado fechei a janela, apesar do calor recifense que exige janelas abertas para entrar a brisa marinha. Eles poderiam ficar nos olhando – o que seria um desastre.

O clima melhorou quando ela perguntou: "É a sua primeira vez? Tenho certeza de que tudo correrá bem. Mas não se preocupe. Minhas mãos comandarão seu sexo no meu corpo". Senti um alívio. Minha grande preocupação era em que porta meu sexo entraria? Ninguém tinha me ensinado. As conversas "sobre cama", com os parentes e amigos, sempre procuravam dourar a pílula para o lado de seu proprio pênis. Ele era o valente. Aquele que nenhuma mulher pode recusar. Perscrutador de pontos os mais eróticos, levando à parceira gozos múltiplos. E outras fanfarrices douravam o relato de cada um.

O tempo foi breve, levou menos de vinte minutos, creio. Mas foi prenhe de significados. Ela realmente sabia o segredo para que eu chegasse ao gozo como desejávamos. Enquanto ela usava uma bacia para, com água, fazer sua limpeza íntima, eu colocava minha roupa, após passar uma toalha no meu sexo. Paguei o preço combinado. E saí do quarto com a certeza de que tinha sido um rito de passagem.

Mas não houve tempo para carinhos, para curtir o cheiro da parceira, para explorar outras partes do corpo no caminho dos toques, para pesquisar cada filigrana daquela pele. Descobrir seus desejos mais recônditos. E ela os meus. Não foi uma relação representada, mas foi uma relação asséptica. Foi feito o básico e necessário. Essa era a finalidade. Confesso que cheguei a procurá-la mais vezes. Sozinho. Nunca mais a encontrei.

Essa noite foi exitosa. Gastei toda minha mesada, mas saí feliz. Meus primos passavam a mão no meu cabelo, davam murros no meu corpo, como se estivéssemos saindo de uma briga e sentindo os louros da vitória. Em casa, mergulhado no travesseiro, minha cabeça só pensava em um futuro gozoso.

Culturalmente, os anos 1956 e 1957 foram muito ricos. Descobri a Discoteca Municipal na Avenida Guararapes, que foi uma das grandes ações da Fundação de Cultura de Recife, na época dirigida por Rego Barros – possível parente do governador que mandou construir o Teatro de Santa Isabel no século anterior. Ela possuía uma pequena biblioteca com livros específicos sobre música, com predominância da música clássica. E apresentava também biografias sobre compositores mais famosos. Em uma estante menor, livros com temas de arquitetura e urbanismo. Foi nela que descobri um estudo completo sobre os jardins de Versailles, que me ocupava horas de leitura e apreciação de ilustrações.

Na entrada, havia uma recepção onde, com antecedência, seria escolhida a audição de concertos dos compositores que estivessem à disposição, com um limite de uma hora para cada usuário. Cabines estavam preparadas com uma cadeira e uma poltrona confortável à prova de som, para não interromper a audição das outras cabines. Os usuários que estavam na biblioteca, ou no pequeno auditório para umas 30 pessoas, ouviam concertos previamente programados e colocados em cartazes logo na entrada. Eu gostava de ir com um amigo que me indicava as grandes obras do acervo e ouvíamos juntos. Com ele, aprendi a ouvir Bach, sobretudo os concertos de *Brandenburg*.

Anos depois, reencontrei todo o acervo de livros numa sala do Teatro de Santa Isabel, mas a Discoteca Municipal tinha fechado suas portas.

Nessa segunda metade dos anos de 1950, assisti, nesse mesmo teatro, belos concertos e *shows* de pessoas famosas, como *Yehudi Menuhim*, ou da bailarina americana *Katherine Dunhan* e da cantora bailarina e vedete Josephine Baker, um ano antes de sua morte. Assisti com meus pais e um casal de amigos.

Além de ser pé de valsa nos clubes de Recife, gostava da orquestra de Nelson Ferreira, dos programas dominicais no auditório da Rádio Jornal do Commércio. Essa rádio tinha uma audição mundial, e cartas vinham de vários países e eram transcritas nas páginas do jornal homônimo impresso. Comecei a me corresponder, usando meus rudimentos de inglês e francês, com pessoas da Suécia, Dinamarca e de outros países nórdicos.

Dentro da militância secundarista viajei pelo interior de meu estado e por capitais nordestinas. Participei do Encontro Nacional da JEC (Juventude Estudantil Católica) em junho de 1956, no Mosteiro de São Bento do Rio de Janeiro, com todos os representantes dos estados brasileiros, incluindo os assistentes sacerdotes nomeados pelos bispos de cada diocese, especificamente para a Ação Católica. A maioria deles com formação em Roma, ou em outro país europeu, e, futuramente, alguns seriam nomeados para o episcopado nacional. Não era um movimento muito bem recebido pela geração católica mais antiga, de uma visão elitista e hierarquizada. Eles enxergavam perigo em dar voz aos leigos, principalmente aos mais críticos da pastoral e da teologia no Brasil. Isso abalava muito a hierarquia eclesiástica. Os novos bispos nomeados abriram inteiramente suas dioceses para essa militância.

Tiveram contato com essa especialização da Ação Católica, na igreja europeia, na qual estavam organizados os camponeses e os operários, os profissionais independentes, os estudantes secundaristas e os estudantes universitários. Em Recife, o arcebispo Dom Carlos Coelho abriu a pastoral na sua circunscrição para que todos os militantes católicos, dentro de suas especialidades, estivessem bem presentes na arquidiocese. Seu método simples de trabalhar, em cada setor especializado, estava baseado em três estágios – ver, julgar e agir – o que levava a um planejamento com objetivos claros para desenvolver uma ação.

Esse encontro em 1956, no Rio de Janeiro, nos trouxe uma troca de experiências muito rica, com a presença de militantes de quase todo o Brasil. Fiquei muito admirado com a abertura dos padres, na sua maioria bem jovens, acompanhados de alguns seminaristas que faziam uma imersão nessa nova onda pastoral no interior da Igreja Católica.

Os dominicanos tiveram uma presença marcante no movimento, em especial o Provincial Frei Mateus Rocha que, em 1963, assumiria a reitoria da nova Universidade de Brasília, e que, até hoje, a história oficial procura apagar a sua passagem por aquela universidade. Era muito inteligente, alegre, participativo e, junto ao Frei Chico, o recém-nomeado assistente do movimento em Belo Horizonte, representava bem sua comunidade religiosa.

O militante que organizou e representou o Brasil e a América do Sul foi Cosme Alves Neto, do Amazonas. Ele tinha terminado seu ciclo colegial no internato dos Maristas, no Bairro da Tijuca, no Rio de Janeiro. Fazia parte da equipe principal do arcebispo Dom Helder Câmara, que acompanhava os movimentos especializados da Igreja, e estava muito alegre pelos frutos que estava colhendo. O Dom, como era chamado, também tinha organizado, com outros bispos, os primeiros encontros da futura CNBB – Conferência Nacional dos Bispos do Brasil. Começo difícil, porque muitos bispos, também desconfiados com essa nova organização interna na Igreja do Brasil, achavam que ela iria contra o que eles já estavam acostumados: a centralização exercida por Roma, através de seus dicastérios.

Voltei ao Nordeste para continuar o trabalho de coordenação junto aos colégios e pesquisar e motivar as lideranças nas cidades importantes do interior. Passei o ano todo agendando encontros ou realizando acompanhamentos durante dois ou três dias, aproveitando os finais de semana e feriados. O movimento estudantil católico tinha as representações femininas e masculinas e, em vários momentos, trabalhávamos juntos – o que facilitava o namoro entre companheiros e companheiras. Muitos casaram e desenvolveram ações importantes não só nas pastorais familiares, como em movimentos da sociedade civil, nos anos posteriores. Dezenas dessas lideranças foram perseguidas ou presas durante a ditadura militar.

Dentro do ambiente de minha militância cristã, conheci uma das dirigentes da JEC (Juventude Estudantil Católica) em um colégio feminino católico, e passamos por uma fase de namoro, com todo um processo de paixão vivido na época. Um relacionamento com uma companheira que me levou a um compromisso mais equilibrado e de conhecimento mútuo. Estávamos cotidianamente juntos. Com muito carinho e paixão, chegamos a um maior aprofundamento na relação. Sua família, do interior, se afirmava, na metrópole, tendo como esteio uma mãe viúva que sabia compreender o mundo e nele vivê-lo com modéstia, repassando valores profundos para cada filho, motivando-os a se reconhecerem como cidadãos e a se inserirem naquela sociedade que passava por processos de mudança.

Gostávamos de ir ao cinema ou passear em nossos bairros. Muitas vezes, saímos com os nossos amigos, casais militantes.

Naquela época, raramente as famílias de classe média permitiam que suas filhas participassem de encontros abertos como aqueles, ou saíssem apenas na companhia de seus namorados. Havia, em qualquer capital brasileira, ainda com ares interioranos, certo rigor, exigindo uma presença familiar nos encontros dos casais jovens.

Como casal, começamos a participar do cineclube orientado pelos assistentes e militantes, aberto a toda a cidade. O primeiro filme curta-metragem a que assistimos foi *O Balão Vermelho*, e o primeiro longa-metragem foi *As Noites de Cabíria*, de Federico Fellini. Como em todo grupo de jovens, as discussões eram acaloradas depois da apresentação do filme e continuávamos com o tema em nossas conversas de casal.

Nossa geração, que nasceu na década de 1940, foi privilegiada, pois teve mais liberdade dentro da Igreja Católica. Desse modo, pudemos desenvolver o senso crítico com relação ao tipo de sociedade que queríamos construir. Naquela época, a palavra mais ouvida era laicato, referindo-se àqueles que não pertenciam à hierarquia da igreja. Eles começaram a ser ouvidos e a ter um papel importante na comunidade cristã. Foi iniciada, então, uma cisão, não em termos de doutrina, mas com relação aos diferentes comportamentos e ações dentro e fora da instituição religiosa. A Bíblia começava a ser mais consultada, passando a ser lida nos encontros dominicais, onde o Novo Testamento era mais destacado, através da leitura do Evangelho. A palavra seria "participação".

Havia uma participação comunitária, com uma postura mais ativa, na liturgia dos sacramentos, diferentemente da postura religiosa tradicional, que teve origem no século XVI, determinada no Concílio de Trento, numa reação à reforma protestante, e depois, referendada no concílio antimodernista, no final do século XIX. Era uma igreja popular por tradição da devoção, através de procissões, por ocasião das festas dos padroeiros das igrejas ou da cidade. Com associações dedicadas especificamente a algum santo, os fiéis marcavam presença nas funções litúrgicas, separados, ou por gênero, ou por idade. O mesmo ocorria para os participantes das ordens terceiras. Os atos religiosos eram realizados todos em latim, inalcançável ao público de fiéis. Todos os atos eram assistidos com participação passiva, sem acompanhamento algum da massa de católicos presente no templo. Até o sacerdote, o participante principal, estava sempre voltado para o altar principal, de costas para o povo.

Os sermões eram laudatórios e de cunho moralista, numa linguagem supostamente erudita e inacessível aos presentes. Os participantes, eram, em sua maioria, mulheres, porque os homens sempre ficavam nas portas do fundo ou do lado de fora, conversando. Existia um breviário com orações pias para todos os gostos, ladainhas e uma orientação de como se comportar, principalmente nas confissões.

Garanhuns, nessa época, recebeu duas exceções de religiosos com mentes mais abertas. Os redentoristas holandeses, que atuavam no bairro do Arraial, respeitando a tradição popular, mas com um trabalho específico junto aos adolescentes e jovens. Com diálogo constante, crítico e ousado, buscavam entender a cultura das famílias e os pontos principais que essa população criticava com relação ao universo religioso. Uma paróquia com ares novos, dirigida por uma comunidade de religiosos atentos às mudanças.

Os irmãos beneditinos constituíam a segunda exceção, com seu pequeno mosteiro implantado perto da estação ferroviária, no caminho do Colégio Diocesano. Era outro local em que se respirava com outros ares da vida espiritual, com ênfase numa reforma litúrgica pioneira, vinda do mosteiro belga de Maredsous, embrião de retorno a uma tradição litúrgica e leituras sagradas dos primeiros séculos do cristianismo.

A fundação dessa casa data do mesmo ano de meu nascimento, 1940. Não era uma paróquia, mas pouco a pouco, sob a orientação dos monges, um grupo de cristãos começou a mudar o seu olhar sobre os diversos aspectos da religiosidade e a adquirir novos modos de vivenciar os atos litúrgicos, não mais com a dominação do latim, mas com o uso de nossa língua. Uma nova bibliografia cristã, e mesmo literária não cristã, estavam à disposição dos leigos, ou à venda na biblioteca do próprio mosteiro.

Uma nova cultura, tão nova e tão antiga, como diria Agostinho, começou a produzir mudanças no pensamento dos fiéis da cidade. Os mais tradicionais faziam críticas severas, comparando essa nova descoberta de viver o cristianismo, principalmente no culto e na leitura assídua da Bíblia, aos sinais de vida protestante.

Nesta ocasião, perguntei a minha avó por que ela não lia a Bíblia e somente rezava as orações pias e melosas, como os cânticos que ouvíamos nas Igrejas, todos vindos do folclore europeu, em especial da Itália, da França e da Bélgica. Ela respondeu que a Bíblia, até a década de 1940, era interditada para a leitura às mulheres. O contato delas com a Bíblia era ouvir trechos em atos religiosos e, assim mesmo, em latim, durante alguns atos solenes comunitários. E cada sacerdote traduzia, sem deixar de ler antes o texto na língua do Lácio, no original.

Eu acredito que existiam alguns livros sagrados que a hierarquia religiosa se preocupava em não dar acesso às mulheres, porque elas poderiam acessar algum movimento lascivo, como no *Cântico dos Cânticos*, e isso poderia conduzi-las a pensamentos exclusivamente sexuais, assim como elas também poderiam acessar as contradições dos milhares textos escritos. Tudo isso poderia conduzir o fiel ao caminho da dúvida e da perdição.

O mundo todo buscava uma nova organização social no final dos anos de 1950, no pós-guerra. Várias mudanças e transformações estavam por vir, a começar pelo contexto internacional, com os dez anos de existência da ONU (Organização das Nações Unidas) e a promulgação dos direitos humanos, a fundação da comunidade econômica europeia entre seus vários estados e a ascensão do imperialismo americano. Começava uma revolução tecnológica em plena guerra fria, com uma corrida armamentista e atômica.

Todas as informações para mim vinham através do rádio e do jornal impresso. Ouvia as discussões em reuniões familiares. Eu não entendia tudo, mas existia uma curiosidade pelos diversos temas. A televisão já tinha chegado ao Rio de Janeiro e em São Paulo, mas eu não tinha ideia de toda a engrenagem tecnológica. O cinema ainda era a minha paixão. Estava sendo formado um público consumidor da produção americana, com um massivo sistema de distribuição das películas em toda a América Latina. Juscelino Kubitschek assumia a presidência do Brasil com sua proposta desenvolvimentista, que transferia a capital do país do Rio de Janeiro para Brasília. Surgiam mudanças culturais e comportamentais em diversos setores do Brasil.

Em 1957, aconteceu o lançamento da nave *Sputnik* I, bem como o primeiro ser vivo lançado em órbita da Terra (a cadela Laika), a bordo da *Sputnik* II.

Foi nessa década que surgiu o *rock'n'roll* nos Estados Unidos. A repercussão mundial esteve nas vozes de cantores como Elvis Presley, que começou a fazer sucesso em 1956, e outros, como Chuck Berry, Chubby Checker e Bill Haley. A geração de jovens que despontava vestia jeans apertados, sempre com camisa vermelha e topete na cabeça, cheio de brilhantina. As matinês dominicais nos clubes da cidade ficavam apinhadas de cultuadores dessa nova onda.

No Brasil, além da introdução do movimento do *rock*, surgia um estilo de música bem definido, a Bossa Nova, cantada nas vozes de Tom Jobim, Vinícius de Moraes e João Gilberto. Nos clubes que os jovens frequentavam aconteciam *shows* de Ângela Maria, Maysa Matarazzo, e também atrações regionais, como Luís Gonzaga e Jackson do Pandeiro.

Teve início a migração das pessoas do campo para a cidade, principalmente para São Paulo e Brasília. Recife já ultrapassava os seus 500 mil habitantes, a terceira cidade em população do Brasil. Alguns bairros começaram a ficar inchados com a chegada dos migrantes.

A capital pernambucana chegou a ter 63 por cento de palafitas e mocambos. Apareceram as primeiras invasões de terras nos altos dos morros que circundam a cidade, e novas comunidades foram nascendo, com moradores oriundos do interior e das beiras de rios e alagados. Em particular, perto de bairros onde estavam localizadas as pequenas indústrias, em especial as de tecidos ou outros produtos manufaturados, metalurgia, cimento e madeira, que iriam abastecer as construções da classe média em seus novos espaços na cidade.

No meu segundo vestibular, também não conquistei meu lugar na universidade. Mais um trauma nos exames. Então, usei meu tempo todo na militância junto aos jovens cristãos da minha idade. Viajei para o Rio de Janeiro, aceitando um convite para integrar uma nova equipe da Juventude Católica junto a companheiros que viriam de Belo Horizonte e São Paulo. Conversei com meus pais, que ficaram inseguros com relação à minha decisão, mas, ao mesmo tempo, vi que eles ficaram esperançosos de que aquela viagem poderia abrir novos horizontes profissionais para mim, já que a medicina tinha saído de meus planos.

Meu pai achou que eu deveria me despedir do meu avô paterno, que estava lutando contra um câncer na próstata, internado no Hospital Português. Com ele, nem com nenhum dos meus avós, mesmo os que me criaram, não havia abertura alguma para uma conversa mais profunda e íntima. Depois que o meu velho avô me deu a bênção, eu o ouvi dizer a meu pai: "Eu acho esse imberbe completamente imaturo para enfrentar uma cidade como o Rio de Janeiro!". Meu pai argumentou com ele que era um período de experiência para mim e também eu estaria bem acompanhado pela igreja local. Foi a última vez que vi meu avô. Ele faleceu após uma semana da minha visita.

Ao falar para minha namorada sobre a decisão de ir para o Rio de Janeiro, seu susto provocou uma tristeza repentina entre nós dois. Eu achava que ela, por participar do mesmo movimento de estudantes católicos, saberia reconhecer a importância do convite que recebi e da riqueza que seria para mim. O coração falou alto, mas o relacionamento teve de terminar.

Minhas irmãs, preocupadas com o período de vestibular, e meus irmãos, vencendo os cursos de alfabetização e primário, não tinham opinião sobre essa minha decisão. Mas eu fiquei frustrado por não ter escolhido uma faculdade que tivesse mais a ver com o que eu valorizava na minha idade. Era uma geração difícil, porque, além das famílias grandes constituídas, os pais, em geral, não estavam preparados para ajudar na decisão de seus filhos. As filhas não tinham muita opção, pois havia restrições com relação à inclusão das mulheres nas instituições de ensino superior. A maioria dos alunos era homem. Eu poderia afirmar que, mesmo para os rapazes, ainda continuava a escolha clássica, com a facilidade de ingresso de uma elite social nas faculdades de medicina, engenharia e direito.

Lembro-me de que titubeei muito na escolha do curso. Não havia orientação alguma da parte dos colégios – tanto os do estado, como os religiosos – junto aos adolescentes que começavam a vislumbrar uma caminhada após o término do curso secundário. Felizes os que tinham pais numa profissão liberal, ou tinham, em casa, o exemplo de um caminho mais ligado à universidade e às ciências, cujas faculdades estavam dando seus primeiros passos na cidade. As faculdades de ciências econômicas são um exemplo. De ciências biológicas também.

JUVENTUDE

Cheguei ao Rio de Janeiro no início de março de 1958, no Aeroporto Santos Dumont – o único existente na época. Havia uma movimentação de repórteres e fotógrafos pipocando seus *flashes* em certa direção. Era o jogador de futebol Pelé, aos seus dezessete anos, ainda arisco, calado e admirado com a recepção. Havia chegado provavelmente de São Paulo. Vestia farda verde oliva do exército, para iniciar seu período militar. O que chamou mais a atenção foi a quantidade de jornalistas, bem maior do que as pessoas filiadas aos jogos dos clubes esportivos.

Fui direto para a Rua Pinheiro Machado, número 50, num casarão típico da arquitetura do começo do século, e com certa presença burguesa, como todos os outros da rua que ainda não tinham sido demolidos. Desse modo, era avançada a verticalização da cidade com novos edifícios. Nessa mansão, atuavam as equipes nacionais da JEC (Juventude Estudantil Católica) e da JUC (Juventude Universitária Católica). Fui bem recebido pelas pessoas que estavam se despedindo dos demais militantes, para seguir seus rumos profissionais. Elas tinham finalizado seus cursos universitários ou secundários.

Também fomos recebidos por uma representação operária e uma representação de adultos independentes, esses últimos já nas carreiras de profissionais liberais na sociedade. Ali seria o meu espaço de trabalho, burocrático e de integração com todos, durante um ano. Em clima de festa, ouvimos as palavras de despedida de Cosme Alves Neto, Luiz Alberto Gomes de Souza e Zezé Brandão. Os dois últimos, da Juventude Universitária Católica. Alberto, gaúcho; Zezé, paulista; e Cosme, amazonense.

Cosme, eu o conheci no ano anterior, quando foi organizador do Encontro Nacional da JEC. Ele teria mais tempo para se dedicar à Cinemateca, com sede até hoje no Museu de Arte Moderna do Rio de Janeiro. Foi ele quem me levou a conhecer todas as dependências da casa. Demoramos na sala em que eu trabalharia, onde ele passou as informações sobre o material de cada gaveta e objetos existentes no local. Passou as chaves e a responsabilidade do espaço e da casa, de um modo geral.

Conheci o Padre Franz Victor Rudio, que tinha vindo do Espírito Santo para acompanhar nossa equipe masculina de secundaristas, no total de quatro rapazes. Eu, dois paulistas e um mineiro. Foi o Padre Franz quem me levou para o apartamento onde moraríamos, na Rua Benjamim Constant, perto do Palácio São Joaquim, onde residia Dom Helder Câmara, o bispo responsável pelo nosso movimento de ação católica no Brasil. Nessa rua, estava localizado o templo da Igreja Positivista do Brasil. Uma igreja ligada à obra e à comunidade do filósofo e político francês Benjamin Constant, muito atuante no período do imperador Pedro II, continuando com sua filosofia na Primeira República. Instituição cara à primeira geração dos militares do nosso país, tinha um pensamento dito liberal.

O Rio de Janeiro ainda era a capital da República, porém o presidente Juscelino Kubitschek vivia mais em Brasília, comandando a construção da nova capital do Brasil. Imprimia, com seu plano de governo, uma nova fase de industrialização para o país, decidindo abrir estradas para escoar toda a nossa produção, deixando os portos e ferrovias em segundo plano – o que levaria a um problema sério de infraestrutura e de logística nas próximas décadas. Com essa brecha, entraram todas as multinacionais de produção de veículos para as mais diversas finalidades que a economia exigia em prol de seu crescimento.

A classe média era muito ativa, encastelada em vários bairros da zona sul e pulsante também no bairro da Tijuca. A seu redor, o Meier, Bangu e novos bairros, surgidos perto de favelas onde residiam os pobres, desde o final da escravidão e começo da nova República, no final do século XIX. O funcionalismo público, conforme o seu lugar na hierarquia e seu poder aquisitivo, morava nos bairros mais ricos. Também a classe operária nascente, somada a um número de habitantes significativos, que trabalhavam no comércio e na área de serviços os mais diversos, foi povoando esses novos bairros com uma rapidez impressionante.

Havia, no ar, uma insatisfação com a construção de Brasília, porque o Rio de Janeiro deixaria de ser um polo estratégico político da nação. Alguns críticos ao governo previam uma crise em várias áreas que impulsionaram o nascimento de novos empregos e novos empreendimentos na cidade. O funcionalismo público, com sua morosidade e burocracia, demonstrou má vontade em migrar para o centro do país, e perder o contato com suas praias e belas paisagens, com seu charme de saber viver, mesmo passando por várias fases de crises políticas e econômicas. Sabiam onde pisar e tinham total domínio de seu espaço. Ser carioca sempre foi uma maneira de viver com graça, alegria, e humor frente aos momentos difíceis. A cidade, como qualquer outra, através de jornais, rádios, e televisão elegem certos bairros como os mais perigosos, locais com maior número de mortes por assassinatos, roubos e brigas. Além da cachaça e da cerveja, a droga maior era a maconha. Aos ricos eram reservadas a cocaína e a anfetamina, que eram consumidas em boates e bares dos seus bairros, ou dos bairros que visitavam.

Nosso endereço estava a poucos quarteirões da Lapa, local em que eu passava com medo, mesmo durante o dia, e nunca circulava durante a noite. Era local de alta periculosidade e de "maus costumes", com inferninhos e casas de prostituição. Na região do mangue, a Avenida Presidente Vargas, também famosa no período imperial e até a década de 1940, estava sendo revitalizada urbanisticamente. Era a Zona Norte, o caminho do turista para visitar o Estádio do Maracanã, ícone da Copa do Mundo de 1950. Ao lado, o Maracanãzinho, famoso como espaço de grandes jogos de basquete, vôlei, e *shows* espetaculares. Nele assisti à apresentação, com o espaço lotado, de Nat King Cole, e a final do Concurso de Miss Brasil.

Uma cidade com grande força cultural. Reservei minhas horas livres, nos finais de semana e feriados, para conhecer melhor a cidade. O fato de ter passado por ela quatro anos antes enchia-me de coragem para passear, porque minha memória tinha gravado todo o espaço do centro da cidade, a partir do edifício do Senado, que depois foi demolido, e toda a região do Teatro Municipal e a Avenida Rio Branco. Comecei os passeios a partir do Parque do Flamengo, recém-construído na época, e a Marina da Glória, localizada no aterro do Flamengo, no bairro da Glória.

Fiquei assíduo frequentador da Cinemateca Brasileira, dirigida pelo Cosme Alves Neto, e o Museu de Arte Moderna. Havia sedes específicas para as reuniões com os militantes católicos do Rio, secundaristas e universitários, na Rua São José, num edifício moderno que pertencia à arquidiocese. Ficava perto do Tabuleiro da Baiana, onde as linhas de bondes da cidade se encontravam. A maioria dos teatros estava nessa região ou na Cinelândia, onde as grandes e confortáveis salas de cinema sempre estavam lotadas com milhares de cinéfilos. Assisti a filmes como o premiado *Orfeu do Carnaval*, produção franco-brasileira, com músicas de Tom Jobim e Luís Bonfá, precursores da Bossa Nova.

Assisti à apresentação da atriz Eva Tudor no Teatro Serrador, e o espetáculo *Vestido de Noiva* no Teatro Brasileiro de Comédia. Visitei a Biblioteca Nacional, tive reuniões com diretores do Ministério da Educação, para mostrar a importância do movimento estudantil brasileiro e de que modo poderíamos participar dos programas extracurriculares do Ministério.

Numa das minhas idas à Cinelândia, ao passar pelo Teatro Municipal, vi uma carreata protegida por motocicletas da polícia. Em carro aberto, estava uma moça em pé, no banco traseiro. Era a Maria Ester Bueno, que acenava para os transeuntes. A tenista tinha recebido o Prêmio do Torneio de Wimbledon daquele ano. Pessoas nas calçadas a reconheciam e batiam palmas e gritavam seu nome. Também recordo de ter visto o presidente Juscelino Kubitschek, com todo aquele aparato de segurança, cujas motocicletas chamavam muito a atenção.

Os três companheiros que faziam parte de minha equipe estudavam pela manhã e, ao término do secundário, se preparavam para as provas de vestibular, tentando entrar para os cursos de arquitetura, filosofia e psicologia. Não tínhamos muito tempo para usufruir das noites do Rio de Janeiro, a não ser durante o período em que moramos na cidade. Nós, os quatro companheiros, vivíamos no trabalho contínuo de acompanhamento das atividades nas regiões do país, no movimento e na preparação do Congresso Nacional, com participação em reuniões intersetoriais da Ação Católica. Como eu dispunha de mais algum tempo, fiquei responsável por toda a região Norte e Nordeste. Comecei fazendo umas viagens a cada capital dos estados que cobriam essa região para ver o desenvolvimento dos trabalhos da militância e sentir as necessidades de cada local. Essas viagens também geraram temas que foram desenvolvidos no Boletim Nacional, sob a minha responsabilidade, que era lançado trimestralmente.

Acompanhei algumas vezes Dom Helder em seu café da manhã no bar onde se reuniam os operários que tomavam, como desjejum, um cálice de conhaque, acompanhado de uma gema batida na bebida, para aguentar a lida diária. Depois da efusiva e habitual recepção entre Dom Helder e os fregueses daquele bar, todas as manhãs, Dom sempre tinha algumas palavras de conforto para todos. Sentávamos ao redor de uma mesa, e ele passava as notícias que tinham saído no jornal mais popular da cidade, sempre com manchetes sobre a violência do centro da cidade e de alguns bairros periféricos. Falava que, cedinho, já lia esse jornal e orava para os que estavam sofrendo alguma dor física ou moral, ou algum tipo de injustiça.

Certa vez, pediu-me que conhecesse e acompanhasse o Monsenhor *Larraín*, Bispo de Talca, no Chile, durante a Eucaristia. Esse Prelado ia presidir a cerimônia na acolhedora Capela do Palácio São Joaquim. Os dois passaram alguns dias em reunião, preparando a fundação da CELAM (Conferência Episcopal Latino Americana), com anuência e beneplácito do Cardeal de Lima, que foi o primeiro presidente a dirigir a assembleia latino-americana, que abria uma nova era para a Igreja.

O nosso assessor nacional, Padre Franz Rudio, sempre estava presente nos almoços no apartamento onde vivíamos – motivo para conversarmos sobre algum assunto pontual de interesse e responsabilidade para o andamento dos nossos trabalhos como representantes das regiões brasileiras.

Tínhamos poucas reuniões no apartamento sobre o nosso movimento, e muito menos na sala que nos foi designada na Rua Pinheiro Machado, em Laranjeiras. Essa sala era meu local de trabalho quotidiano, onde também poderia acontecer congraçamento entre os demais membros que representavam cada segmento da Ação Católica Brasileira e Latino-Americana. Outros assessores sempre estavam presentes, como Frei Romeu Dale, dominicano da Juventude Universitária Católica.

A Igreja Católica enfrentou mudanças, a partir da primeira metade do século XX, com a valorização do trabalho leigo. A Ação Católica esperava o testemunho dessas lideranças. No Brasil, como em outras dioceses do mundo católico, havia uma dificuldade por parte dos prelados de aceitarem essa participação do leigo dentro de um pensamento crítico no comando de algumas ações na sociedade, antes dominada pelo clericalismo fortemente hierarquizado, a partir dos comandos de Roma.

Os bispos, há quase dois milênios, estavam acostumados a dar a última palavra não só nas questões relacionadas à fé, em suas dioceses, como também estavam junto ao poder das elites para manter a posição sobre problemas laicos, no campo político, social e moral. A hierarquia clerical tinha uma desconfiança em relação à presença laica dentro da Igreja Católica. Em muitos países como o nosso, já havia uma separação entre Igreja e Estado, embora a prática ainda tivesse um ranço de que certas decisões tenderiam a passar pelas consultas aos representantes do poder da igreja.

A cisão de Lutero, no século XVI, conduziu a instituição católica a se reorganizar de um modo mais dogmático no concílio de Trento. O iluminismo, como filosofia laica, e a ciência, com seu racionalismo, levaram o catolicismo a uma posição fundamentalista. Isso originou a organização de movimentos antirreligiosos em vários países. Em todo o século XIX, esse movimento foi iniciado pela Revolução Francesa, com o cidadão se afastando da religião católica e definindo melhor sua posição no mundo.

No Brasil, apesar de a República lançar suas bases políticas e jurídicas com as mesmas orientações da Europa e da América do Norte, o catolicismo continuava presente em suas ações. O Cardeal Leme teve participação muito forte nas principais decisões nacionais diante de conflitos políticos gerados perto de seu palácio, na cercania do Palácio do Catete, tendo atuado, até pouco tempo, como um poder moderador. O Rio de Janeiro, por ser capital da República, mantinha um poder religioso máximo fora de Roma, com a presença desse cardeal.

Na primeira metade do século XX, esta República dava seus primeiros passos. Os partidos políticos se organizavam e se dividiam. Uma história iniciada com a prática recente de uma política avessa à religião, mas travestida de bons católicos.

O cardeal liderou, na década de 1920, junto a um grupo de intelectuais, a formação do Centro Dom Vital. Faziam parte da instituição, em sua maioria, eruditos, com boa formação europeia, mas muito combativos e com pensamentos muito tradicionalistas, lutando pela presença da Igreja Católica na sociedade brasileira. Como grupo de elite e pertencentes às famílias tradicionais, tinham um currículo invejável, numa sociedade em que a universidade brasileira dava seus primeiros passos. Dom Leme desejava que eles se engajassem em algumas repartições ou ministérios, para atuar contra a onda laicista dentro das instituições brasileiras. A presença de Gustavo Corção no Ministério da Educação, principalmente no Conselho de Educação, assegurava aos tradicionalistas a oposição ao grande educador baiano Anísio Teixeira.

Outra ação dos tradicionalistas, dentro da sociedade, seria a formação de um partido político, chancelado pelo cardeal, que teria suas bandeiras de salvaguarda e luta dentro da doutrina da Igreja romana. Nascia o Partido Democrático Cristão, com a participação de poucos políticos que contribuíram significativamente para o nosso país. Depois de alguns decênios, tornou-se um organismo político híbrido, sem definição, cabide das mazelas de nossa politicagem governamental.

Então essa foi a primeira fase da Ação Católica, também mal vista pelos poderes romanos católicos, chancelada por Pio XII, controlada e observada continuamente. Seus participantes não só eram tidos como filhos necessários, assim como todo o rebento. Queriam ter a certeza de que dariam bons frutos. Havia um medo latente, por parte dos poderes da igreja, a partir da experiência dos padres operários, principalmente na França, que resultou no abandono do estado sacerdotal. E mesmo alguns deles passaram a fazer parte do Partido Comunista, ou ficaram abertos a uma posição marxista na sociedade.

Nos anos de 1950, um padre aberto à realidade de sua comunidade, chamado *Cardjin*, compartilhou a experiência da presença laica dentro da sociedade, seguindo as especialidades ou estamentos e atribuiu a ela o nome de ação católica especializada. A primeira ação foi na Juventude Operária Católica. Depois vieram a Estudantil, a Universitária, a Independente (das classes médias liberais) e, por último, a Agrária. Essa experiência foi levada a Roma, local onde atuam seminários importantes da maioria dos países, e onde se prepara, até hoje, uma elite do clero. Muitos são preparados para reitoria dos seminários, em suas dioceses, e chegam mesmo a ser nomeados para o episcopado.

No caso brasileiro, os que passaram pelo Pio Brasileiro trouxeram essa especialização laica, principalmente para as dioceses sediadas nas capitais e em algumas cidades importantes do Brasil. Com a chegada desses sacerdotes, o movimento cresceu e teve, desde o primeiro momento, o aval de bispos, como Dom Helder Câmara e Dom Carlos Coelho, em Recife, na década de 1950. A extensão do Brasil, a quantidade de dioceses, a complexidade de cada região, até mesmo suas diversidades culturais, levaram a Igreja Católica a formar equipes regionais, e depois nacionais, de cada um desses movimentos especializados.

Politicamente, até o início do ano de 1960, todos estavam voltados para a expansão interna do movimento, usando a metodologia do VER, JULGAR e AGIR nos seus trabalhos de militância, dentro da nossa sociedade – o que era motivo de críticas acirradas do cristianismo popular, que vinha do século XVI, com o ranço de Idade Média, como no caso da Tradição Família e Propriedade (TFP), ou das associações religiosas e ordens terceiras que valorizavam mais as ações fechadas em suas igrejas, sem o mínimo de acompanhamento de uma sociedade que estava em estado de ebulição, com mudanças sociais, econômicas e religiosas, com o aumento progressivo da presença kardecista, umbandista e o início da entrada da classe média nos centros religiosos afros. Isso depois da época de perseguição religiosa do Estado, em que a polícia civil fiscalizava esses espaços e tinha atitudes repressivas, através dos seus delegados, em cada bairro das cidades maiores. As igrejas cristãs protestantes históricas se organizaram em toda a América Latina e começaram a ter uma atuação maior junto à população mais pobre atendida por elas.

A Ação Católica – com exceção da JOC, Juventude Operária Católica, nascida no movimento operário, que tinha uma consciência sindical e uma visão mais realista sobre a necessidade de se provocar mudanças sociais – e suas outras especializações continuavam a expandir o movimento sem ter nenhuma visão política.

Na minha ida constante ao Palácio São Joaquim, sede da arquidiocese, soube das preocupações do presidente Juscelino Kubitschek em relação às ações para apoiar greves de seu vice-presidente, Jango Goulart, no campo sindicalista. A situação chegou a ficar tensa. O presidente Juscelino pediu aconselhamento a Dom Helder e, logo depois, vi instalado, em cima da mesa de trabalho do nosso prelado, um telefone que servia de comunicação imediata entre o estado e a igreja, e vice-versa.

Minha maior participação no movimento católico no Rio de Janeiro foi nas paraliturgias populares de Dom Helder, ocupando espaços nas grandes participações populares, exigindo uma boa produção para que tudo desse certo. Cheguei a participar de um coral falado, sob a regência de um maestro paulistano, em um espetáculo no Teatro Municipal, com texto e presença do próprio Dom Helder.

Um evento marcante de que participei ocorreu num final de semana, junto a Dom Helder. Dom anualmente fazia um movimento para arrecadar dinheiro, móveis, instrumentos, joias e roupas. Tudo o que era recolhido era compartilhado com os moradores de favelas do Rio de Janeiro. Era uma ação de grande porte e, devido a nossa pouca experiência com relação à logística, necessitamos de um suporte para garantir que não ocorressem atropelos durante a realização do projeto. E, então, a Marinha Brasileira foi solicitada para nos dar esse suporte.

Tivemos reuniões prévias com empresas de transportes (priorizando as de caminhões), indústria e comércio. Foram formadas equipes de militantes católicos de várias paróquias para o trabalho voluntário de organização de alimentação para centenas de pessoas. Para mim, foi reservado um caminhão para apanhar peças de arte, móveis assinados e joias, nos endereços da classe mais abastada da cidade. Havia reuniões também com a imprensa, jornais, rádios e televisões, para garantir as informações e o bom andamento de todo aquele final de semana de maratona em prol dos necessitados. Não existia a palavra mídia nessa época.

No segundo semestre do ano de 1958, Dom Helder convidou-me para acompanhá-lo à inauguração de um conjunto habitacional que foi construído a partir de uma ideia sua, diante da precária situação habitacional das favelas do Rio de Janeiro. Ele acompanhou toda a construção através de sua equipe e usou uma quantia bem significativa do dinheiro que arrecadou. Seria um caminho para obtenção de uma moradia mais digna por parte daqueles que moravam na favela, o que, então, poderia facilitar uma presença mais efetiva do Estado no acompanhamento da saúde e da educação. Alguns anos depois, tivemos as experiências nacionais com a mesma finalidade, dirigida pelo estado brasileiro, através do Banco Nacional de Habitação.

A alegria era muito grande no local da inauguração do complexo habitacional, situado entre a avenida canal, que saía da Lagoa Rodrigo de Freitas e dividia os bairros de Ipanema e Leme. Havia a presença de autoridades, lideranças, da imprensa e rádios que sempre acompanhavam o Dom.

Os apartamentos já estavam com seus moradores há dias. Deixei a comitiva e fui andar pelos prédios. Na volta, encontrei o Dom sozinho, no terceiro andar de um dos prédios e achei que ele estava bastante emocionado, porque seus olhos estavam marejados de lágrimas. Descemos as escadas e entramos no carro que tinha nos levado ao evento. O carro já estava a postos.

Perguntei: "Dom, ficou emocionado?" Ele me respondeu: "Hoje, vendo um buraco numa das paredes da sala que dava para outro apartamento conjugado, percebi que fizeram aquilo para haver comunicação entre famílias. Eu errei. Seria melhor ter gastado todo o dinheiro em melhorias em suas casas no morro onde moravam. Não devia tê-los tirado do seu espaço".

De passagem para o Norte do Brasil, com escala em Recife, tive uma conversa mais profunda com minha namorada e com meus pais, sobre a decisão de ingressar na vida religiosa. Minha mãe, silenciosa. Meu pai tentou, em alguns momentos, colocar alguns argumentos para que eu declinasse dessa ideia, pois, para ele, soava maluca, porque nunca havia pensado que eu poderia ter uma escolha dessa profissão para ocupar o meu lugar no mundo.

Algumas semanas depois, já de volta ao Rio de Janeiro, vi meu pai apanhar um bonde junto ao Hotel Serrador. E eu, intrigado, voltei para casa e esperei que ele viesse me visitar. Coisa que não aconteceu. No outro dia, ele me telefonou dizendo que eu passasse no Hotel, para termos uma conversa. Preocupado com o andamento de minhas decisões, meu pai falou a respeito de um deputado de Sergipe que era seu amigo. Esse político poderia ver a possibilidade de um trabalho para mim em seu escritório político, ou na Assembleia Legislativa. Fomos, então, ao escritório do tal deputado. Meu pai e eu ficamos constrangidos com a quantidade de pessoas nos dois ambientes. As pessoas que estavam ao lado do deputado só faltavam lamber suas botas. E haja elogios dirigidos a uma só pessoa! Uma espécie da cerimônia do beija-mão, que Dom João VI, no século passado, oferecia aos mais simples. Não ficamos muito tempo naquele local, e meu pai não falou mais no assunto.

Dois dias depois, Dom Hélder perguntou por que eu estava querendo ser religioso e eu lhe respondi: "Pelos mesmos motivos que o senhor quis ser padre!". Ele, depois de um tempo de silêncio, respondeu: "Hoje, nossa sociedade precisa mais de leigos, fazendo o mesmo trabalho que você faz". Rimos e voltei para casa, pensando com uma certeza em meu coração de que o meu pai poderia tê-lo procurado. Algum diálogo deveria ter acontecido. Fiquei silencioso. Nunca interroguei nenhum dos dois sobre esse possível encontro.

Na mesma época, fui visitado pelo dominicano Frei Romeu, na minha sala de trabalho. Entre uma conversa e outra, perguntou: "Você não acha que essa decisão sua está muito apressada? Valeria a pena você repensar por mais um ano e meio. Teríamos sua presença periodicamente no nosso convento aqui no Leme para nos conhecer melhor". Respondi: "A minha juventude não me deixa esperar mais tempo e seus superiores já estão acompanhando o meu caminhar há um ano. Ficar aqui no Rio não é só perder um ano, como ter de procurar trabalho e, ao mesmo tempo, começar o CPOR (Centro de Operação de Oficiais de Reserva), serviço militar que me dispensará do engajamento se eu entrar na vida religiosa. Seria mais uma pendência que eu resolveria. O tempo de um ano que passarei com vocês, o noviciado, já é o suficiente como ensaio probatório".

Mudamos de conversa e fiquei pensando se meu pai também não teria passado pelo convento dos dominicanos e tido uma conversa a respeito da minha decisão. Frei Romeu teve alguma motivação para ter essa conversa comigo? Não era do seu perfil e tampouco tínhamos a intimidade para uma conversa dessa, tão particular.

O ano passou rápido e aproveitamos um feriado, para passar o final de semana em Belo Horizonte, com o Franz e os três companheiros, membros da equipe. Faltavam algumas semanas para finalizar nosso trabalho na equipe nacional da JEC.

Voltei a Recife a tempo de participar da festa de minha irmã mais nova, que comemorava o término do seu curso secundário. Participei de todos os eventos e dancei muito, não só com as mulheres de minha família, mas com as amigas que estavam na festa. Houve várias despedidas, com toda a militância da Ação Católica comemorando minha decisão.

Notei que havia um sussurro nascido em um colégio religioso de Recife, cujos alunos, na sua maioria, pertenciam a bairros de elite da capital, Casa Forte e Parnamirim. E notei também os mesmos sussurros no interior de Pernambuco. "João é homossexual"! E, por mais que eu procurasse saber as fontes dos rumores, não conseguia. Cheguei a procurar algumas pessoas até no interior; não abriram as portas para mim, sempre afirmando que não estavam em casa. Os padres e religiosos que tinham um compromisso com o movimento católico se esquivavam e não enfrentavam essa realidade, a partir de algum fato ocorrido comigo fora dos limites do meu trabalho.

Sabia que existiam religiosos que tinham uma prática sexual usual. Em um dos nossos encontros com uns vinte adolescentes e rapazes no Seminário de Olinda, certa noite, eu acordei com um escândalo que envolvia o assédio de um monge a um rapaz estudante daquele colégio e que, possivelmente, era menor de idade. O religioso tinha a condição de professor e assessor. Foi motivo para que os pais do rapaz fossem chamados para conversar com nosso assistente, que dirigia o movimento em toda a cidade de Recife e Olinda. O rapaz saiu do recinto com seus pais. Não houve nenhuma explicação para os demais participantes, tampouco aproveitaram a ocasião para conversar sobre o fato e propor uma reflexão coletiva sobre nossa educação sexual.

Durante o período em que passamos no Rio de Janeiro, não tivemos nenhuma conversa sobre a prática sexual de cada um da equipe. E todos nós tínhamos dezoito anos. Acredito que a presença do Padre Franz poderia abrir nossas interrogações a respeito do nosso corpo, nossas emoções, nossas experiências. Mas estávamos todos largados em relação a essa questão. Vez ou outra, uma brincadeira aqui ou acolá sobre o tema. Mas nunca na presença de Franz.

Minha despedida de Recife, da família e dos amigos mais íntimos, principalmente os de militância estudantil, foi rápida. Alguns eventos, como as festas de fim de ano, me trouxeram muita alegria. Meu encontro com minha ex-namorada trouxe algumas tensões, porque ela não estava entendendo minha escolha vocacional. Ela, aos prantos, falava para mim que esse Cristo era gaiato, porque levava as pessoas ao sofrimento. A partir daquela época, ela rompeu com aquele modelo cristão que até então tinha seguido. Ela, assim como um grupo significativo da Ação Católica, escolheu um novo caminho, o dos focolarinos, instituição religiosa recém-chegada a Recife, que acompanhei em seus primeiros passos. Para mim, na época, era centrada numa mariologia com pontos teologicamente equivocados, e com um modelo de igreja ainda centrado num catolicismo bem fechado, apesar do chamamento do Papa João XXIII ser de *"aggiornamento"*.

VIDA RELIGIOSA

Passei o ano de provação ou noviciado em Belo Horizonte. Cheguei ao Convento dos Dominicanos no dia 27 de janeiro de 1959. Um dia antes de meu aniversário. O Convento estava localizado no bairro da Serra, na Rua do Ouro. Fui bem recebido pelo Provincial e Padre Mestre. O pessoal da Juventude Estudantil Católica organizou um passeio de despedida pelas ruas de Belo Horizonte. Um congraçamento com os companheiros candidatos à vida religiosa, que também militaram nesse grupo católico, inclusive eu, representando o Norte e Nordeste.

Foram horas de alegria com o nosso reencontro. Um lanche foi oferecido em um dos bares mais agitados da noite de Belo Horizonte e, logo depois, fizemos uma ronda pelo Parque Municipal e passeamos por várias quadras, passando pelo Palácio do Governo e Praça da Liberdade. Terminamos a noite batizando o Obelisco da Praça Sete com fortes risadas dos participantes e a urina de todos escorrendo pela Avenida Afonso Pena.

Cheguei ao convento com uma pequena mala, poucas roupas e objetos. Não me lembro de cada peça. Minhas malas e as dos outros candidatos foram levadas para a rouparia e lá colocadas para o uso comum de toda a comunidade, exceto roupas íntimas.

A cerimônia para receber o hábito e receber um novo nome fazia dessa liturgia um acontecimento na cidade. A capela estava repleta de familiares e amigos, e foi realmente um momento emocionante na nossa entrada na vida religiosa. Éramos treze.

Contando com novas entradas e saídas de candidatos, chegamos ao final do ano com onze pessoas que fizeram a profissão simples.

A arquitetura do convento era simples, e a ala onde ficaríamos tinha acabado de ser inaugurada. No decorrer do ano, tivemos uma bela obra de Emeric Marcier na entrada, representando São Domingos, tecnicamente baseada em um mural renascentista, pesquisado exaustivamente por ele. Na sala do refeitório, onde ficava a antiga capela, o mesmo artista pintou a Santa Ceia, também num grande mural, com a mesma técnica, na parede dos fundos.

Durante o ano, Frei Martinho Burnier dirigia um programa com ótima audiência na TV local. Esse frei tinha sensibilidade do ponto de vista estético na nossa comunidade. Ele deu um novo visual à nova capela que ocupava todo o térreo da ala onde estávamos, implantando uma rampa de entrada para o público fiel que vinha às cerimônias litúrgicas. Atrás do altar, o centro de todos os olhares, o Frei colocou um Cristo feito pelo Mestre Aleijadinho, depois de ter sido restaurado pelo Patrimônio Histórico e Artístico de Minas Gerais. Uma joia religiosa nacional, até hoje presente na Capela do Convento Dominicano nos arrabaldes da cidade, após mudança de endereço a partir da década de 1970.

Esse ano passou rápido. O mineiro Juscelino Kubitschek, presidente da República na época, tinha a aceitação do povo brasileiro e do convento em particular. Todos os olhos estavam voltados para Brasília, onde estava sendo construída a nova capital do Brasil.

Belo Horizonte estava, como todas as capitais brasileiras, num ritmo de expansão e contava com mais de 350 mil habitantes. No final da década de 1950, a Avenida Contorno já estava com metade de sua ampliação construída e com trânsito livre. No bairro da Serra, morava uma classe média em ascensão, e a Rua do Ouro era margeada por uma favela que chegava perto das portas do convento e da entrada para o parque, onde estava situada a residência de verão do governador.

A capital mineira tinha uma vida cultural muito forte, e presenteou o país com toda uma geração de escritores e bons jornalistas que atuavam no Rio de Janeiro. Possuía bons jornais e uma TV que fazia poucos anos de inaugurada. Os religiosos tinham uma ação muito forte naquela sociedade e faziam jus ao ideal e à ação do seu fundador, através da pregação.

Até nas recônditas missões, nos rincões mineiros e goianos, suas palavras, proferidas em diversos púlpitos, alimentavam o catolicismo popular. E sua erudição era sempre bem-vinda nas várias classes da sociedade belo-horizontina, principalmente dentro dos grupos intelectuais e estudantis. E, na sua bagagem, uma autoridade cristã, através do que exprimia em palavras e em seu testemunho de vida. Sua influência filosófica e teológica descia a Serra, espraiando-se nos vários bairros.

O governador Bias Fortes, da velha geração de políticos mineiros da Primeira República, estava sempre presente nas cerimônias dominicais, com a sua esposa, apelidada por ele próprio de "Queridinha".

O país não só entrava numa nova era. A ida da capital para o centro do Brasil, com um alto custo financeiro, gerou impacto em toda a população, provocando crises econômicas sucessivas. Herança deixada para os outros presidentes que viriam. Uma das palavras mais ouvidas em toda a imprensa, naquela época, foi *desenvolvimento*. Plano de desenvolvimento. Dois anos depois, vi que o termo tinha sua origem nos grupos latino-americanos que estudavam e planejavam uma nova economia para países em desenvolvimento. A Comissão Econômica para a América Latina e o Caribe (CEPAL), no Chile, teve uma importância na formação de toda uma elite econômica e política na América Latina.

Para nós, religiosos, guardados dentro de uma torre e alienados de tudo que se passava no próprio convento, no bairro, na cidade, no país e no mundo, tínhamos de passar por aquela "provação": a suspensão do mundo comum, para uma imersão total na vida espiritual. Éramos guardados do mundo, no sentido de "abstraídos". Deveríamos retirar os excessos pelos quais passamos em nossa trajetória, na cultura familiar, na cultura social e também na religiosa. Uma imersão através da leitura dos salmos, na tradição, de rezar em coro as horas canônicas, de fazer a leitura da Bíblia algumas vezes ao dia, de mergulhar nos textos da tradição cristã dos primeiros séculos da igreja, do conhecimento da trajetória da vida dos Santos, através de biografias (sérias, do ponto de vista histórico, com fontes primárias) e de hagiografias, para quem gosta desse estilo. E ainda de fundamentações históricas da teologia, principalmente dos autores mais místicos e espiritualizados. Esse período de iniciação teve origem na tradição de quase dois milênios de educação para uma vida religiosa.

Naquela torre, só tínhamos contatos diários, e a qualquer hora, com o Padre Mestre, que é um guru oficial, com a responsabilidade de nos informar sobre a tradição da Ordem Dominicana. Todos os dias, menos aos domingos, tínhamos conferências dadas por ele, com ênfase sobre a história dominicana, o saltério, o canto litúrgico, principalmente o canto gregoriano. Ele nos orientava sobre como nos vestir e nos comportar naquela comunidade religiosa. Ele também falava sobre os padres e irmãos que viviam na outra ala do convento, como era a hierarquia naquela comunidade, e como deveria ser nossa relação com os companheiros durante as 24 horas do dia. "Lembrem-se de que estamos num período pré-conciliar no Vaticano II". Não tínhamos nenhuma ideia da revolução pela qual passaria a igreja na década de 1960.

Semanalmente, tínhamos uma conversa em particular na sala do Mestre. Ficava na entrada da ala do noviciado, para guardar melhor o seu pequeno rebanho. A porta estava sempre trancada. A qualquer hora que a sineta tocasse, ele ficava atento a quem estava do outro lado da porta. Nós, os noviços, tínhamos a incumbência de abri-la, sempre quando necessário, atuando como porteiros. Também cada um de nós, por um tempo determinado – a cada trimestre – num sistema de rodízio, assumia a responsabilidade de realizar trabalhos de limpeza, arrumação, preparação de equipamentos esportivos, de escrever no livro de atas daquele ano sobre o que acontecia naquele espaço, diariamente, preparar as cerimônias litúrgicas e fazer alguns trabalhos técnicos, como o de barbearia e enfermagem.

Os noviços vinham de lugares diferentes. Alguns da Escola Apostólica da Província Brasileira, há quatro anos separada da Província Francesa, com sede em Toulouse, na França. Apostólicos também vinham da Vice-província Italiana, e tinham suas casas no Paraná, em São Paulo e Goiás, todos eles com estudos, contatos diários e educação com os dominicanos anteriormente, cuja cultura religiosa já tinha sido vivenciada, embora cada província preservasse sua cultura. A maioria do meu grupo veio da Ação Católica, principalmente de Minas Gerais. Excepcionalmente, participava do grupo um sacerdote ligado a alguma diocese. Um religioso de outra ordem ou congregação. Também participavam pessoas que tinham vocação sacerdotal, advindas do meio universitário e ainda profissionais liberais, operários e camponeses.

Apesar da riqueza da formação de uma nova comunidade de iniciantes a cada ano, não era fácil ficar "trancado" com um grupo de jovens com essa diversidade de culturas e de personalidades. O Mestre tinha o papel de dar o equilíbrio, apaziguar, acompanhar as dificuldades de cada um, educar respeitando cada personalidade para inseri-la, do melhor modo, na nova vida que cada noviço estava buscando. Com poucas semanas de convívio, apareciam os primeiros embates, crises, comportamento antissocial e oposição às normas.

Certa noite, o Mestre abriu abruptamente a porta de minha cela conventual e se deparou comigo lendo um livro sobre história religiosa. Orientou-me a não ler até tarde da noite, pois eu tinha de adquirir novos hábitos, para que o sono chegasse antes das dez horas. A cada manhã, todos acordavam cedo para ir ao Ofício Divino na capela e rezar a Oração de Laudes com toda a comunidade. Nos dois últimos anos, antes de chegar ao mosteiro, eu estava habituado a dormir perto de meia-noite – uma vida muito solta com os horários. Mas, com poucas semanas, fui me adequando ao novo horário.

De outra feita, o Mestre adentrou em minha cela, também à noite, com um monte de cinturões de arames e cilícios, perguntando se eu desejava usar um daqueles instrumentos no meu caminho de mortificação contra meus hábitos mundanos. Eu respondi que de modo algum e que eu compreendia e respeitava a prática no século XVI, desse tipo de austeridade na vida religiosa, dando o exemplo de Teresa d´Ávila e João da Cruz, e de vários outros. Ele silenciou e saiu de meu quarto. Nunca mais tentou novamente.

A vida religiosa está embasada em três votos: castidade, pobreza e obediência. Quanto à obediência, a figura do Padre Mestre é realmente de um pai, e, muitas vezes, ao usar de autoridade junto a seus pupilos, tem rasgos de autoritarismo. E meu comportamento foi sempre de confrontar, opondo-me a isso. Pior ainda quando a autoridade fazia referência à "obediência cega", muito comum nas ordens de comando aos religiosos.

Fui escalado, algumas vezes, para lavar a piscina que usávamos de inverno a verão – um espaço muito agradável entre as jabuticabeiras e outras árvores frutíferas. As escovas de piaçava estavam desgastadas e isso dificultava a retirada do lodo e da sujeira. Falei duas vezes ao Padre Mestre para pedir novas escovas. Ele fazia ouvidos de mercador e, na outra semana, ficávamos com a mesma dificuldade para realizar a limpeza. Não tive dúvidas, peguei um serrote e eliminei todas as cerdas das vassouras. Ele pediu explicações para aquele ato, e eu falei: "Já que o meu pedido não foi atendido, este meu ato chamaria a atenção para que fossem providenciadas novas vassouras". Passei alguns dias de castigo no refeitório sem poder fazer refeições. Histórias como essa dariam um capítulo à parte.

O outro voto seria o da pobreza. Tínhamos de seguir Jesus na sua pobreza, para sermos iguais aos pobres. E sempre fui muito radical e muito ligado à lei, onde eu estivesse. Embora discordasse, denunciava o que eu achava incorreto e lutava para que primeiro ela fosse mudada.

Eu achava que Jesus, diferentemente de mim, nunca seguiu rigidamente a lei de sua época, traduzida pelo comportamento e pela cultura dos fariseus e publicanos, dois grupos ligados ao templo de Jerusalém. Ele sempre infringiu a lei sabática. E justamente no sábado, realizou seus melhores milagres, ou foi à casa dos pecadores. Pois bem, passei o ano todo preocupado e procurando entender como eu me sairia dessa. A teoria é uma, e a prática é outra.

Eu via pobreza nos gestos da pequena comunidade à qual eu pertencia, e no Padre Mestre, em particular, mas não via na grande comunidade do Convento Dominicano. Exceto o comportamento do Irmão Marcolino, que comia pouco, rezava muito, era despojado das vestes como as dos noviços. Corriqueiramente, ele tinha gestos de solidariedade para com as pessoas fora da comunidade religiosa. Passava discretamente com lanches para os motoristas e cobradores que faziam uma horinha de descanso ao chegar ao terminal de ônibus da Serra do Ouro, em frente ao nosso convento. O Irmão Marcolino também abria o sanitário para aqueles profissionais, recebia o povão da favela no convento e ia pessoalmente realizar visitas naquelas comunidades para atrair novos cristãos.

O terceiro voto foi o espinho na minha carne, a castidade. Eu estava fazendo um exercício diário para que não voltasse a ter relações sexuais como antes. Tivemos algumas conferências do Mestre a respeito. Todos calados durante aquelas conferências. Um ou outro trazia questões singelas. E para sexo não existe nada singelo.

Resolvi peitar o problema, conversando com o Mestre, fazendo um tour peripatético pelas trilhas que começavam atrás do convento e subiam o morro até a Serra do Curral. Passeio coletivo às quintas feiras, não só prazeroso, mas servia para papos menos formais, levando uma hora para chegar ao cume, ou franja das Mangabeiras, com paradas nos inúmeros olhos d´água encontrados no caminho. Falei para ele de toda a minha vida sexual, desde a fase infantil, até a entrada no convento. Ele ouviu tudo. Não fez nenhuma interrupção ou pergunta. Consolou-me em alguns momentos intensos de choros. Ao final do relato, ele me disse: "Maurício – que era meu nome de frade – quando você estiver exercendo o seu sacerdócio no confessionário, ou no parlatório, com as pessoas que necessitam ser ouvidas e já perdoadas por Deus, mas necessitando de um sinal de que foram aceitas, principalmente pelas suas práticas homossexuais, terá em você não só um bom ouvinte, como também um bom conselheiro. Mesmo com seu passado sexual, muitos irão dizer que você é um santo, porque não irão saber que você já fez esse caminho."

Apaziguei-me com aquela conversa e continuei a caminhar na vida conventual dominicana. Ele nunca mais conversou comigo sobre o assunto.

Logo que começamos o ano de "provação" no noviciado, passamos por uma psicóloga em Belo Horizonte e fizemos vários testes, inclusive o Rorschach. Acredito que o Mestre já tinha bem antes conhecimento do perfil de cada um de nós. Algumas possíveis tendências de cada personalidade. A síntese dos testes era dada sucintamente pela psicóloga, quando pessoalmente íamos buscá-la, e, ao final do atendimento, ela falava que qualquer aprofundamento o Padre Mestre estaria atento. Finalizando a consulta, entregava um envelope para levarmos ao Mestre.

Cada um de nós reagia de modo diferente às várias situações vividas naquele ambiente. No meu caso em particular, eu estava vivenciando, por um ano, o afastamento da família. Eu pensava que, na prática, aqueles que vieram das escolas apostólicas da Ordem Dominicana poderiam ter um controle maior das emoções. Mas muitos deles desistiram durante o ano. Havia um descontrole emocional com situações de depressão profunda e alterações de comportamento naquele convívio social bem restrito. Tivemos um vocacionado de origem indígena, miscigenado com caboclo. Ele apresentava certa dificuldade de adaptação à cultura da cidade.

O Mestre me procurou certa vez para ouvir a minha opinião a respeito de dois rapazes argentinos levados por um dos frades da Ordem. Eles logo assumiram os serviços gerais mais pesados do convento. A ideia era de que eles assumissem essa tarefa por algum tempo e, posteriormente, poderiam ir para outra comunidade, em sistema de rodízio. Os dois rapazes argentinos tinham uma feminilidade bem exposta, e não a escondiam. Mas o Mestre queria a minha opinião, depois de me liberar a passar dois dias observando o comportamento deles no serviço braçal da casa, na limpeza do espaço e nos cuidados com o jardim. O Mestre levaria minha opinião para a próxima reunião do conselho conventual.

Fui taxativo. Afirmei que a presença deles naquele espaço religioso tinha como único fim realizar um assalto às nossas dependências, aproveitando-se do frade que lhes permitiu o acesso ao convento. O Mestre não precisou esperar pela reunião do conselho. Eles fugiram com dinheiro e objetos do frade acolhedor e de outros que facilitaram a ação, ao deixarem as portas de suas celas abertas. Nunca, naquele ambiente, tinha ocorrido uma história parecida. A confiança era total nos que ali habitavam.

Tivemos momentos muito marcantes nas nossas duas saídas por alguns dias durante este ano de reconhecimentos mútuos entre nós e a comunidade. O primeiro, foi a nossa ida à Serra da Piedade que já era conhecida pelos dois belo-horizontinos que faziam parte de nossa turma. Chegamos ao pé da serra no final de tarde e atingimos o cume já à noitinha. Não tinha estrada para carros. Toda a carga era levada por animais. O caminho era muito íngreme. O esforço valeu a pena. Nuvens cobriam nosso grupo e não víamos quem estava a poucos metros de distância. Para mim, era uma verdadeira excursão nunca vivida antes. Ventava forte e fazia muito frio. Lá em cima, Frei Rosário Joffily, um paraibano, comandava uma pequena comunidade de homens rústicos e acostumados com a vida de campo, e uma única mulher cozinheira, que tinha um revólver escondido em sua roupa para se precaver de alguma abordagem que violasse sua intimidade.

Ficamos em quartos bem simples. Nossas camas tinham quatro a cinco mantas pesadas, bem mineiras, tecidas com lã ou em *patchwork*. Tive logo a recordação da casa de minha família em Garanhuns e São Bento do Una. Pelo telhado, entrava neblina e fazia muito frio. Frei Rosário, na maior parte da noite, ficava no quentinho da cozinha, onde o fogo à lenha nunca apagava no período mais frio.

O sol chegava cedo diariamente, para nossa alegria e, depois do café, íamos à esplanada, em frente da igreja e da casa comum, onde, no meio das grandes pedras que rodeavam as fraldas da montanha, víamos majestosamente sua sombra cobrir Belo Horizonte. Alguns diziam: "Todos os dias Nossa Senhora da Piedade cobre com seu manto Belo Horizonte."

Passeio singelo, mas cheio de significados. Visualizamos quilômetros de paisagens das cidades mineiras por todo o caminho que fizemos. O local era propício para fazer as orações litúrgicas a céu aberto. E tínhamos mais horas para leitura e meditação, circunscritos àquele cume maravilhoso. Anos após, o Patrimônio Histórico cedeu ao pedido para construir um observatório astronômico nessas alturas, e o Frei, aos poucos, restaurou a capela, assim como sua morada. Uma estrada pavimentada serpenteou a serra até a frente da capela. Construções com hospedarias e restaurantes foram engastadas no cume da montanha por arquitetos e paisagistas mineiros, para não interferir na paisagem.

A outra saída comunitária foi para a cidade de Juiz de Fora, na Escola Apostólica no meio do morro, que levava ao Monumento do Cristo. Era um belíssimo terreno e um edifício que era visto por quem estava na parte de baixo da cidade naquela época. Chegamos num período de férias escolares e conhecemos pouquíssimos freis e apostólicos (os secundaristas que desejavam entrar na Ordem Dominicana), mas houve muito movimento, com a presença de vários intelectuais cristãos e pais de alguns noviços.

Naquela época, o direito canônico, conjunto de leis que felizmente não está presente na vida da Igreja Católica como antes, era muito rigoroso e tudo era regido por ele: "O espírito era a Lei."

Os noviços tinham quinze dias durante o ano para se ausentar da comunidade, por algum motivo justificável. Normas canônicas da Igreja Católica. Poucos dias para aqueles que tivessem alguma doença que exigisse uma internação, ou necessitassem de ir a um enterro de um parente próximo em sua cidade natal, ou visitar algum lugar em que viviam antes do internato.

Eu tive de me ausentar por duas noites do convento. Desejava ir de ônibus, e o Mestre falou que tinha de ir e voltar de avião, para não esgotar os dias que me foram liberados e, assim, poder zelar pelo direito canônico de permanecer no noviciado durante um ano. Obedeci. Fui acolhido no Convento do Leme, no Rio de Janeiro. A viagem tinha como objetivo solicitar minha liberação do engajamento militar. Apresentei-me no regimento de cavalaria no quartel do CPOR (Centro de Preparação de Oficiais da Reserva) da Quinta da Boa Vista. Fui direto ao Ministério do Exército e conversei com o coronel que coordenava, em todo o Brasil, a incorporação de novos militares. Não passei quinze minutos em sua sala e já saí com o documento que me dispensava de servir à corporação. No almoço conventual, os frades perguntaram o motivo pelo qual eu fui de avião e não de ônibus. Aquilo me intrigou. Pensei no voto de pobreza. E tomei a decisão de voltar de ônibus, ao invés de tomar o rumo do aeroporto. Ganharia uma noite e um dia. Ao chegar a Belo Horizonte, o Mestre, admirado, pediu para que eu narrasse toda a minha viagem. E não gostou da minha decisão de voltar por via rodoviária. Novamente fui para o castigo.

Os nossos dias eram bem preenchidos com seis horas de orações e estudos comunitários, quatro horas dentro da cela, com mais liberdade na agenda pessoal, inclusive mais tempo de leituras espirituais, ou descanso na hora da sesta. Ouvíamos a respeito do êxito de Guimarães Rosa com *Grande Sertão Veredas*, Clarice Lispector e outros literatos, durante as refeições, com toda a comunidade presente. Depois ouvíamos a leitura das regras dominicanas, e um trecho dos Padres da Igreja, os primeiros teólogos depois da geração dos apóstolos que fundaram os prolegômenos da teologia cristã.

Passávamos mais tempo lendo livros de literatura. Lembro-me de um livro do escritor mineiro Mário Palmério que, discorrendo sobre os costumes do sertão, narrava a "pescaria de bundada". Em uma situação especial da presença de cardume, os sertanejos batiam com a bunda no rio e os peixes, assustados, pulavam para dentro da canoa. Ri muito e fui chamado à atenção por essa manifestação.

Quatro vezes por mês, à noite, tínhamos uma audição de música clássica, o que foi muito importante para mim como educação musical. Na maioria das vezes, ouvíamos o canto gregoriano, a base da nossa liturgia, tanto a eucarística, em torno da mesa ou altar, na capela, ou o ofício, chamado Divino, e dividido em várias horas em que a comunidade se reunia para rezar os salmos. Essas audições ajudaram muito as nossas aulas de introdução e ensaio do roteiro musical que iríamos cantar na capela.

A grande descoberta, desde a minha primeira audição, foi Vivaldi. No começo, meu ouvido não estava acostumado ao concerto chamado *Grosso*, com vários instrumentos tocando ao mesmo tempo e, aparentemente, confuso e difícil de ouvi-los harmoniosamente. A época desse compositor veneziano data do final do maneirismo e do barroco. *Händel, Albinoni* e *Corelli*. O "harmonioso", para meus ouvidos, estava em Mozart, Beethoven e outros compositores românticos. Faltava uma audição mais completa dos compositores do início do século XVIII, porque, logo depois, nasceu Bach e, com ele, as bases do classicismo.

Nosso corpo era bem cuidado, diferentemente da prática religiosa na Idade Média e no começo do Renascimento. O Mestre observava a nossa educação e a nossa higiene pessoal. Cada noviço trazia a cultura de cada região do país ou de cada família de origem. Usávamos o básico, como sabonete, creme dental, escova; e nossa roupa suja era toda escaldada, inclusive lençóis e toalhas. Nossos sapatos eram observados para ver se tínhamos deixado de fazer sua limpeza. Nossos exercícios corporais eram realizados através da limpeza da ala em que vivíamos, piscina, jardim e quintal. Momentos em que usufruímos daquele lugar, colhendo as frutas, especialmente as jaboticabas.

Uma vez por semana, fazíamos uma caminhada. Nos nossos bornais, o necessário de alimento para um dia inteiro. Na maioria das vezes subíamos a Serra do Curral, no tempo em que não era proibido andar pelo seu cume dentado de ferro quase puro, exibindo suas pedras. Em poucos anos, a indústria extrativa proibiu a população de passar por esse espaço, o que nos dava um imenso prazer, ao olhar, de um lado, o vislumbre de Belo Horizonte e, do outro, uma pradaria entremeada de minérios. A seus pés, todo o bairro da Serra e a seu redor, até perder de vista, a cadeia de montanhas, sobressaindo, à direita, a Serra da Piedade.

O jogo de futebol era obrigatório e jogávamos todos os dias. A não ser nos dias de vôlei ou basquete. E ali estava meu problema, pois não era chegado a uma "pelada". Passei quase que o ano todo treinando em todas as posições, inclusive na de goleiro. Levei bomba em todas elas. No final da temporada, desistiram de me escalar e fiquei mais livre para participar como espectador.

As festas de final de ano chegaram e, com elas, a preparação de um retiro que antecipava a cerimônia de compromisso dos votos por três anos. Fiz uma revisão pessoal daquele ano e entrei em pânico com relação a meu preparo para o ato de compromisso comigo mesmo e com a comunidade. Aquele era o período em que nos preparávamos para subir mais um degrau da vida religiosa; com mais três anos, teríamos a base filosófica para o estudo da teologia. O provincial, com muita sabedoria, me chamou para conversar e falei com ele sobre minhas dúvidas. Ele falou que eu não vivenciasse os votos como definitivos, porque teria ainda três anos de estudo e convivência, e novas experiências no convento de São Paulo, para chegar aos votos solenes. Aceitei o desafio.

Chegamos como novos frades estudantes ao Convento de Estudos Santo Alberto Magno, que fica em Perdizes, São Paulo. Normalmente, as ordens religiosas que chegaram ao Brasil ou tiveram uma onda de crescimento no começo do século XX, escolheram bairros de classe média em ascensão ou bairros operários, que logo sofreram uma transformação para a chegada da classe mais abastada. Eram espaços religiosos privilegiados de um ou meio quarteirão. No Brasil, na segunda década do século XX, alguns mosteiros e conventos tiveram de se afastar dessas moradias, devido ao crescimento desordenado, o barulho e outros pontos negativos dos bairros. Escolheram lugares afastados da grande cidade, construindo novas casas com projetos arquitetônicos mais modernos.

Os dominicanos tinham comprado, no bairro de Perdizes, o que, no século XIX, tinha sido o sítio de Cardoso de Almeida, cuja sede da família passou a ser uma casa em estilo *art nouveau*, um bangalô muito agradável, com muitas portas e janelas de vidro, com terraço em U para área social. Na nossa época, havia dois espaços pequenos à direita e à esquerda, na porta de entrada, que, provavelmente, foram quartos para o casal que davam para um pequeno corredor, com acesso a uma sala de dois ambientes para refeições e recepção ou estar. A área de serviço era num piso inferior, e as refeições subiam através de um pequeno elevador que dava acesso à sala, onde a família e amigos faziam as refeições. O jardim era encantador, e foi uma das nossas responsabilidades de trabalho no período como estudantes. Os antigos quartos serviram de sapataria e encadernação de livros, assim como eram usados para guardar os instrumentos musicais que alguns frades tocavam nos recreios e nos dias festivos. De um armário saiam todos os instrumentos necessários para um salão de barbeiro, que servia, no final das tardes, em horário próprio, para aparar as nossas cabeleiras juvenis.

A Igreja de São Domingos, bem moderna, estava com seus alicerces quase prontos. Na entrada principal do convento, havia uma imensa porta de madeira e vidro à direita que dava entrada a uma capela bem simples e aconchegante, destacando-se, em torno do altar, os bancos, nos quais a comunidade rezava o Ofício Divino durante várias horas. Idas e vindas dos frades para orar o Ofício, anunciadas pelo sino, dia e noite, para que todos, sem pressa, de onde estivessem, parassem o que estavam fazendo e se direcionassem ao local do culto. Comunidade grande, na época. Chegava a um total de 30 até 70 pessoas que ali habitavam.

A nossa chegada foi muito festiva, e alguns frades já estavam nos esperando. Principalmente os que tinham passado pela Ação Católica e os da Vice-Província Italiana. Foi um dia muito ensolarado e alegre para todos nós. Isso nos motivou a exteriorizar os nossos sentimentos de fraternidade. Fomos conduzidos pelas largas escadas até o terceiro andar, que passou por uma transformação no espaço do telhado antigo.

Um arquiteto criou um longo corredor central, onde, nos dois lados, ficavam as celas dos frades. Todo o conjunto em madeira e vidro, destoando da parte mais antiga nos andares abaixo. Logo na entrada, um pequeno hall, com armários embutidos, que tinham três portas. Uma delas dava acesso à capela de onde se avistava todo o bairro do Pacaembu, Higienópolis e parte da Avenida Paulista. Simples, despojada e um bom lugar de acolhimento. Era lá que, em período de vendaval, eu corria, a qualquer hora da noite, para ver os relâmpagos e trovões, e ficava encantado com toda a magia desse tempo em ebulição, tempo instável, revoltado. Outra porta dava para o corredor e, de frente, estava a biblioteca muito bem equipada – um dos espaços que todos nós usávamos para nossas pesquisas. Outra porta dava acesso à a sala do Padre Mestre. Tínhamos, como no noviciado, um Mestre que nos ouvia, nos orientava nas atividades diárias de orações, e decidia conosco os nossos passos dentro e fora do convento. Era ele quem aprofundava conosco a cultura dominicana de ser e a vivê-la comunitariamente.

Depois, fomos apresentados ao Regente dos Estudos, que administrava a vida universitária das novas gerações, acompanhava a programação das aulas para cada semestre, as provas de cada disciplina e dispunha de alguns frades para ajudá-lo nesse mister. A princípio, ele estava aberto a ouvir cada estudante, desde que agendasse um horário, porque ele tinha aulas de teologia para preparar, traduções de livros, conferências e pregações a fazer. Muitas vezes, acumulou o cargo de prior.

Não tinha começado ainda o Concílio Vaticano II, e Roma (representada pela Casa Mãe da Ordem, na Basílica e Convento de Santa Sabina), pelo dicastério ligado ao Papa, especificamente sobre o estudo, ainda imprimia sua fiscalização, com leis e regulamentos para serem colocados em prática em qualquer seminário ou faculdade católica. Muitas vezes, isso se dava com ares de costumes medievais, com o acréscimo de um medo de novas teorias modernistas cristãs e de escolas filosóficas, partindo de Descartes no século XVI. Ainda tínhamos enlaces e pesos nascidos no concílio de Trento e no Concílio Vaticano I, e procurávamos reagir, em nossas leituras e pensamentos, às respostas relativas dos autores com corrente antimodernista.

Nesse clima, queriam exigir que todas as aulas fossem em

latim, com leitura das obras de Santo Tomás, chamado de tomismo, e que seria o veio central de toda a nossa teologia. Continuava a proibição da leitura de determinadas obras teológicas. As provas seriam clássicas e pesadas e com algumas discussões em classe, tipicamente medievais.

A cultura da geração anterior à nossa, educada em Toulouse, na França, a partir do final dos anos de 1950, foi pouco a pouco mudada por aqueles que assumiram os cargos principais da Província do Brasil. Não deixaram que aquele tipo de mentalidade e de estudo entrasse na nossa vida. Não tive nenhuma aula em latim, nunca presenciei ou tomei parte de nenhuma discussão teológica em sala de aula com cheiro de medievo. Tínhamos entrada a qualquer hora do dia na sala da biblioteca, aberta aos estudantes, e chegavam às nossas mãos as melhores informações, na sua maioria, colhidas dos livros ainda em francês e espanhol, inglês e latim – obras de filósofos e teólogos, desde a Grécia Antiga até a década de 1960. E se alguém quisesse enveredar pela leitura pesada e antiga, na edição comentada, da Suma de São Tomás, escrita pelo cardeal Caetano, que viveu nos séculos XV e XVI, tinha de imediato em suas mãos. Não havia censura alguma.

Tivemos o mesmo acesso, em menor escala, a qualquer tempo, à grande biblioteca do convento, que tinha um acervo na área de filosofia, teologia, estudos bíblicos, sociologia, economia, literatura, línguas e história. Esse acervo era também consultado por professores e alunos da USP e da Universidade Católica. Nele, havia uma Brasiliana quase completa, e toda a obra de *Migne*, com textos dos primeiros padres da Igreja, traduzidos do grego, latim e copta, composta de centenas de livros do século XIX. Mandamos buscar na Inglaterra os últimos exemplares que faltavam, por um preço alto para a época. Tive a sorte de trabalhar nas duas bibliotecas. E foi um prazer para mim acompanhar nas livrarias, principalmente na *Duas Cidades*, a compra para o acervo do que havia de melhor em títulos nos vários saberes. Às vezes, eu acompanhava o andamento de negociação com famílias que dispunham de acervos antigos pertencentes a ex-sacerdotes brasileiros. Eles tinham, em suas bibliotecas particulares, preciosos exemplares.

Ainda não tínhamos computador. Atuando como bibliotecário, todo o serviço era feito manualmente ou datilografado. Tínhamos de ler parte do livro, ou revista, para saber qual a melhor classificação decimal universal (CDU) para aquele item. Anos depois é que a Biblioteca Nacional exigiu que, nas primeiras páginas de qualquer livro publicado no Brasil, teria de haver um *fac-símile* de uma ficha de biblioteca com todos os dados daquele livro e com a classificação decimal. Eu e Romero, meu companheiro de empreitada, sabíamos qual o mesmo exemplar que havia nas duas bibliotecas, e o local em que cada um ocupava nas estantes. Se um frade nos consultava para um trabalho, não só o livro era indicado presencialmente, assim como, mesmo longe do espaço dos livros, dizíamos exatamente o local da estante onde o livro estaria. Uma simples caminhada minha por entre as estantes fazia com que eu desse falta de livros que alguns frades, por negligência, não tinham anotado a saída. Motivo para colocar no quadro de aviso comunitário o nome da obra, e logo recuperava o exemplar, que voltava à estante.

Um fato merece ser narrado. Eu estava querendo ler uma obra do filósofo inglês do século XVIII, David Hume. Algo ligado à visão social e política em sua época, e saber mais sobre o empirismo atrelado ao conhecimento adquirido através dos sentidos humanos e, portanto, de acordo com o pensamento de Aristóteles. Fui ao Regente dos Estudos para pedir a devida licença para ir consultar na biblioteca da Universidade Católica, que distava algumas quadras do convento, para fazer empréstimo de algumas obras do autor. Nessa época, em qualquer consulta fora da comunidade, o estudante tinha de falar para o Mestre, que vinha geralmente com a pergunta: "Por qual motivo está querendo ler esta obra?"

E então, na Universidade Católica, procurei o bibliotecário que, com modos muito monacais, falou que não poderia emprestar o livro solicitado por mim, porque não admitia que um filósofo cristão e frade pudesse ler aquela obra. Fiquei abismado com sua estreiteza de visão de mundo e ideias tão arcaicas. Falei que era bibliotecário, sabia o que estava fazendo e que iria a seus superiores para acabar com essa censura. Ele, embirrento, fez minha ficha de empréstimo e me deu a obra principal do autor filósofo empirista escocês, David Hume, *O Tratado da Natureza Humana*. Chegando ao convento, o Regente mandou me chamar, "Maurício, o bibliotecário já telefonou para mim, perguntando se eu tinha dado licença para que você lesse a obra de Hume. Não se preocupe. Ele trabalha no jornal *O Estado de São Paulo*, é bem conservador e tem um pé no movimento católico Tradição Família e Propriedade".

Durante o sacerdócio, deparei-me com alguns rapazes que passaram por uma lavagem cerebral no tal movimento. Desenvolveram depressão e distúrbio de comportamento. Sugeri que fizessem uma terapia para voltar mais rápido ao convívio social.

Minha permanência no Convento de Estudo, em 1960, não foi fácil. Não tanto quanto a uma adaptação da vida que tinha vivido no noviciado, comparada àquela vivenciada em São Paulo. Havia uma integração nas horas de oração do Ofício Divino com toda a comunidade, integração com os frades estudantes, mas, no dia a dia, havia ainda certa barreira de comunicação em horas comuns com os frades já sacerdotes, que, em sua maioria, eram nossos professores. E como tínhamos paróquia ligada ao arcebispado, um pároco frade era nomeado e tinha seus assessores também.

Outros estavam com trabalhos de inserção no mundo intelectual ou no movimento operário de São Paulo. Alguns, pelo seu trabalho e estudo, eram ligados às universidades. Nós formávamos um grupo à parte, sob a orientação do Padre Mestre. Tínhamos uma obrigação maior de estar presente às orações, porque nosso compromisso com a comunidade era interno. Saíamos do convento apenas para as necessidades esporádicas: ir ao médico, ao dentista, a terapias e compras.

Mas eu não estava preparado para o estudo da filosofia. Sabia o que era, tinha lido pouquíssimos livros sobre o tema, mas não tinha o contínuo exercício filosófico. Durante o ano em que passei com a equipe de JEC (Juventude Estudantil Católica) Nacional no Rio de Janeiro, um dos meus dois companheiros paulistas se preparava para o vestibular de filosofia, e os temas discutidos entre nós, à mesa de refeição, eram muito árduos.

Começamos, no primeiro ano de estudos no convento, com aulas de lógica aristotélica, psicologia e línguas: latim, grego e hebraico. Não tinha acompanhamento nem orientação alguma por parte dos regentes e professores, e as aulas eram "dormitivas", com exceção das aulas de grego, ministradas por uma professora da USP (Universidade de São Paulo), e de hebraico, ministradas por um judeu russo, que depois descobri ter sido *spalla* da orquestra sinfônica de Moscou. Toda vez que ele se sentava na cadeira em sala de aula, era como se estivesse vestindo um fraque. Pegava a ponta do inexistente traje com as duas mãos e finalizava o gesto, colocando um suposto tecido por cima de suas coxas.

Um professor que, durante toda sua vida, foi exemplo para a Ordem Dominicana, em São Paulo, principalmente por ser reconhecido por sua liderança silenciosa junto às comunidades dos jovens e dos idosos, morreu dez anos depois, agraciado pelos frades e ex-frades que conviveram com ele. Mas não teve o dom de transmitir, em sala de aula, o que sabia com um maior aprofundamento sobre a obra de Aristóteles em assuntos de psicologia. Sabia ouvir bem o outro e sabia indicar possíveis caminhos. Seus aconselhamentos eram exemplares e acolhidos por quem o procurava.

O frade francês que ensinava lógica trazia as aulas escritas em sua língua materna, proferidas para nosso grupo iniciante.

Enfrentou uma difícil adaptação por parte de seus alunos. Eles não conseguiam ouvi-lo. Passei por isso também, quando estudei francês em Recife, na Aliança Francesa. Eu não tinha a prática da audição. Tinha a prática da leitura.

Mas o professor não nos indicava livros mais acessíveis de lógica. Isso poderia facilitar nosso entendimento da matéria. Mas com esforço, aos poucos, fui entendendo o conteúdo de cada aula. O tal frade ficava mais entusiasmado quando dava aula de cosmologia física, e pulava a visão científica de Aristóteles, da ciência no mundo grego, para uma visão de ponta do século XX, russa e americana, sobre os satélites. O homem ainda não tinha chegado à lua, mas tinha ousado colocar uma macaca para dar um passeio pelo cosmo. O fato positivo foi que senti, nessa época, que nenhuma síntese ou pensamento filosófico pode estar separado da visão científica de sua época. Hoje, século XXI, a ciência tem a mesma petulância da filosofia em muitos momentos da história; as duas nem sempre andam juntas, como companheiras, para sentir e conhecer o universo.

O segundo ano foi o mais difícil. Outro frade francês chegou para nos dar aulas de ética. Com minha experiência de bibliotecário, percebi que ele dava uma extensa bibliografia que seria útil para nosso estudo durante o curso naquele ano, mas tinha se esquecido de mencionar o nome do livro principal, publicado recentemente em seu país de origem. Nele, poderíamos encontrar todos os esboços das suas aulas. Ousadamente, no final do curso, sabendo que ele recebia a listagem de todos os livros de ética publicados na Europa, eu fiz um trabalho com todo o esquema de um livro saído recentemente em Paris. Levei um imenso zero, e foi necessário explicar, junto ao Conselho de Estudos, a minha atitude e pedir desculpas ao professor. Só assim, consegui obter nota suficiente para chegar ao terceiro ano.

Outro curso extremamente árido e muito penoso para a minha inteligência foi o de metafísica. O que me lembro dessa época era a dificuldade que tive em refletir sobre a realidade do mundo numa outra esfera de pensamento. A palavra *abstração* foi um deus nos acuda. Lia textos e textos de clássicos gregos e medievais e não tinha a segurança intelectual para vencer essa etapa.

    Comecei a mudar meu comportamento, com atitudes mais agressivas em relação à comunidade estudantil. Até então, desde criança, fui uma pessoa alegre e sociável. O sorriso seria uma das entradas para me relacionar com o mundo. Cheguei a conversar com o Mestre sobre esse distúrbio de comportamento, traduzido em ironias com os companheiros na comunidade e uma interlocução raivosa em alguns momentos de conversa com terceiros. Aquilo me dava um ar de ressaca pela agressão ao outro. O Mestre, então, me encaminhou para uma bateria de testes e novamente entrou o Rorschach e um novo teste que indicaria meu QI. Foi complementado com um teste vocacional.

    Conversei com o psicólogo no ato da entrega dos testes, após ler sua síntese, sempre chamando a atenção de que existia uma relatividade no que se revelava através dos sinais da minha personalidade. Levei o envelope ao Mestre e conversamos longamente. Em nenhum momento me pareceu que ele tinha em mãos meu teste feito no período de noviciado em Belo Horizonte, mas me referi a esse teste por várias vezes, no nosso diálogo. O fato de ter um QI médio, de cento e vinte, dava indicações de que eu só venceria com um esforço maior as ciências que exigiam de mim um tipo específico de abstração, como a matemática e a metafísica. Meu universo estava na área de humanas, formando um leque extenso.

    Mostrei para ele uma dubiedade de escolhas a partir da minha adolescência e achava que sua gênese estava nas idas e vindas da casa de meus avós, para a casa de meus pais e vice-versa. O afeto, em mim, estava muito dividido. Tudo o que eu decidia, tinha um pé em cada lado. Um comportamento que traduzia minha insegurança.

    Solicitei um tratamento na área psíquica analítica, e o Frade Mestre me mostrou o grande problema de ter vários estudantes fazendo análise. Argumentou que Roma poderia exigir a vinda de uma autoridade com ações de intervenção direta em toda nossa educação. Argumentei que a questão seria um tratamento que me levasse a um equilíbrio pessoal e comunitário, com satisfações para ambos os lados, porque meus esforços não achavam uma resposta que, por si, apresentasse um avanço.

Com poucos dias, ele me deu uma resposta positiva e me mostrou o caminho para a terapia, onde fui assistido durante dois anos. Nesse tempo, o Mestre começou a reunir nossa comunidade de estudantes, usando as horas da noite e da madrugada, para que, em grupos de cinco ou seis pessoas, sob sua coordenação, fizéssemos uma revisão de nossas vidas, ajudados pelos participantes, para que eles tivessem mais informações uns sobre os outros, sobre como se comportavam, como se colocavam na comunidade, e como achavam que a pessoa poderia se socializar.

Para mim, foram sessões muito produtivas. Eu me via nos espelhos dos outros e vice-versa. Caminhava para a noitada com a motivação de falar sem peias. Tive a lucidez de perceber que um ou outro estudante tinha uma dificuldade maior de se expor. Ouvi muitas coisas importantes da experiência de vida de cada um dos companheiros frades. Também ganhei com seus silêncios. Acredito que poucas comunidades religiosas tiveram, naquela época, a coragem de se expor desse modo.

Perigos chegaram. A grande comunidade conventual não participava da evolução dos grupos de frades mais jovens, em especial os adultos de mais idade. E isso criou uma diferença no ponto de vista do agir comunitariamente, que veio estourar cinco anos depois, em toda a Província, na reunião anual realizada em Mendes, Rio de Janeiro.

Nesse período, fui eleito para presidente da Associação dos Seminaristas do Estado de São Paulo. A urgência de mudança de olhar com relação à juventude, em especial com relação aos seminários de várias dioceses e congregações religiosas, fez com que fossem abertas as portas para as reuniões com os seminaristas. Pessoalmente, visitava-os em suas comunidades de formação, mas eu não era bem-visto pela minha missão. Para os seus superiores que viviam atrelados às ordens de Roma, havia um perigo no ar. Eu utilizava a velha metodologia – ver, julgar e agir –, abolida no período do papado de João Paulo II, mas que era mal vista anteriormente nos dicastérios romanos, no período pós-conciliar.

Meus irmãos de hábito me ajudaram muito nessa caminhada de um ano na coordenação junto aos jovens religiosos, na preparação de dias de estudos e retiros em Aparecida, São Paulo. Os seminários que visitei ainda estavam trancados e cheios de mistérios e normas restritivas, tanto para os que nele viviam quanto para os que participavam na condição de visitantes.

Lembro-me de um seminarista que, ao acordar em um dormitório coletivo, preparando-se para os primeiros atos do dia, deparou-se com um colega ao lado de sua cama com o pênis ereto, finalizando com uma boa ejaculação. Pediu para agendar uma hora com o arcebispo. Quando foi recebido, descreveu o ocorrido. O arcebispo levantou-se de sua cadeira, foi ao telefone e falou com o reitor do seminário: "A partir de amanhã o acordar dos rapazes será uma hora mais cedo..."

Como se isso pudesse impedir a ejaculação de todos os seminaristas, em plena idade juvenil, evitando que os colegas de dormitório os vissem "armados".

Percebi que a comunidade conventual em que vivíamos teria de estar aberta ao mundo e não deveria ter trava alguma para atuar na sociedade. O mundo burguês estava a nos ajudar e participava de nossa intimidade, principalmente os intelectuais e as famílias que moravam em Perdizes e em outros bairros.

Os Dominicanos, nessa época, tinham uma fama de ser bem preparados intelectualmente e eram bastante requisitados para vários eventos. Tínhamos também uma participação no meio operário, não só através da Ação Católica, mas também nos sindicatos. Éramos chamados para conferências e para dar o testemunho junto a dioceses, cujos novos bispos tinham um perfil próximo ao clima conciliador do Vaticano II.

A televisão estava abrindo os seus canais, e os jornais também se ampliaram. Em breve, esses canais estariam fechados, com uma mídia voltada para o lado dos que fizeram o golpe e implantaram a ditadura. Mesmo nesse governo autoritário, conseguimos abrir as nossas portas para acolher novos tipos de hóspedes que nos enriqueceram com sua presença. Foram migrantes de alguns estados brasileiros que fugiram das perseguições políticas. Também alguns visitantes de outros países, que acolhemos com muita alegria.

Foi marcante a passagem de Paulo Freire, reconhecido internacionalmente na área da educação. Lembro-me de Lauro de Oliveira Lima e esposa – grande educador cearense. João Capiberibe e esposa, R. *Panikar*, teólogo catalão, que fez uma conferência sobre o universo religioso indiano e o cristianismo ocidental, cuja obra principal eu já tinha lido.

Alguns intelectuais importantes nos visitaram, como Alceu Amoroso Lima, o cientista nuclear de origem pernambucana Mário Schemberg, Paulo Duarte, um dos fundadores da USP, Padre Henrique, assassinado em Pernambuco durante a ditadura, Santos Dias, que era militante operário em São Paulo e foi assassinado pela ditadura, o ator Walmor Chagas e outros atores, economistas, sociólogos, sindicalistas, professores, religiosos, políticos, jornalistas...

Recordações ainda do padre *Loew*, dominicano e fundador de uma organização de padres operários, que vivia numa tensão com os superiores de Roma, porque eles não viam com bons olhos essa sua iniciativa de criar uma fundação. Roma tinha perdido, na década seguinte à II Guerra Mundial, muitos sacerdotes franceses que, além de viverem como operários, a maioria se casou, e muitos passaram a militar no Partido Comunista Francês. Alguns dominicanos tinham feito estágio com

Loew, inclusive nosso Mestre de Noviços e Frei João Batista que fundou a UNILABOR, uma experiência de cooperativa operária no bairro do Ipiranga, onde exerci meu sacerdócio.

A Província Dominicana Brasileira sempre esteve atenta à cultura e aos movimentos sociais. Eu ainda estava focado no meu cotidiano religioso, com toda a responsabilidade de um estudante de filosofia e depois de teologia. E preenchia bem os meus dias, não sobrando muito tempo para saber o que estava acontecendo extramuros. Mas sempre a vinda de convidados ao refeitório, que se estendia ao recreio após o almoço, era um eco forte do que acontecia na cidade, no Brasil e no mundo. Não entendia muito a dança dos partidos políticos, principalmente no período de Jânio Quadros, até a data de sua renúncia. Era algo que não entrava no meu mundo. E não entendia os primeiros sinais de uma divisão interna na nossa comunidade, por questões políticas.

No convento, em São Paulo, o máximo das nossas saídas continuava a ser para algumas compras, principalmente de livros, para acompanhamento na nossa área de saúde, e uma equipe saía uma vez por semana para o Centro de Abastecimento da Cidade de São Paulo, para passar toda a madrugada fazendo as compras do que a comunidade comeria na semana. Saí muitas vezes, sempre acompanhado de mais um frade, para alugar em distribuidoras, na região da Rua Aurora, no bairro de Santa Efigênia, alguns filmes de títulos em bitola de 16 milímetros. Tínhamos um cineclube para os nossos estudantes, com uma boa audiência, mas nem sempre havia empenho para uma discussão sobre o filme depois de sua exibição.

Ainda continuávamos usando o hábito para qualquer saída. O *clergyman* só era usado pelos frades que saíam a trabalho pastoral.

Então, era uma festa quando passávamos pela rua principal de Santa Efigênia, onde as prostitutas estavam nas calçadas dia e noite. Usavam códigos que avisavam sobre nossa passagem, e logo a rua se enchia de vozes, chamando-nos para fazer sexo, e algumas ousadas, chegavam a puxar nossos hábitos para que subíssemos as escadas. Elas puxavam meu escapulário para um lado e eu puxava para o outro. Nada de agressão nos nossos movimentos, e logo nos deixavam continuar. Eu ficava com minhas faces coradas, denunciando que passava certo vexame. Mas nunca deixamos de fazer o mesmo caminho.

Com os meses, a crise política foi aumentando, e o convento recebia visitas de políticos e cientistas sociais para conversar com os padres que estavam mais inseridos nos movimentos populares, na periferia de São Paulo. De longe, eu observava, sem me aprofundar sobre o que acontecia. Mas, na condição de estudante, eu tinha em mãos os jornais da cidade, que eu lia avidamente para estar em dia com os acontecimentos, principalmente na área cultural.

Quando saí de Pernambuco e fui para o Rio de Janeiro, havia ficado uma gestão socialista na prefeitura do Recife, com Pelópidas Silveira, que teve continuidade com Miguel Arraes. Meu compromisso com o próximo, na época, à luz do Evangelho, não tinha propriamente uma abertura e um diálogo pessoal com os socialistas e comunistas.

Eu estava completamente por fora da política em Pernambuco e no Nordeste como um todo. Não tinha acompanhado a chegada de Miguel Arraes ao governo do estado. E tinha notícias muito esparsas do movimento social e político no campo, as famosas ligas camponesas. Desconhecia a importância dessa região estratégica para o governo dos EUA, e a decisão daquele país de fazer um campo de experiência para obstaculizar a chegada de ideias e ações da esquerda e possivelmente formar uma nova Cuba na América Latina. No laboratório da CIA (Central Intelligence Agency) e da diplomacia americana, estava sendo preparada a Aliança para o Progresso.

Veio o golpe de Estado, os militares tomaram o poder, e a ditadura começou a agir com o primeiro ato institucional. Os políticos do PDC (Partido Democrático Cristão), como Plínio de Arruda Sampaio, André Franco Montoro, representando o seu estado em Brasília, e outros presentes na legislatura estadual, eram assíduos no convento de Perdizes para arquitetar a participação do partido na oposição aos militares. Todos foram expulsos através de um ato institucional que dissolveu o Congresso Nacional. E o Convento Dominicano foi usado como um dos únicos espaços de reuniões livres e confiáveis, não só na cidade de São Paulo, como nos conventos de Belo Horizonte e do Rio de Janeiro, abertos a várias reuniões e assembleias.

Havia uma unanimidade de todos os frades na formação da frente contra a ditadura dentro das sociedades brasileiras. Os militares, já em suas primeiras ações, cometeram injustiças, indo contra a verdade e contra tudo que as últimas encíclicas sociais da Igreja Católica condenavam. Começamos a abrir os salões dos conventos às reuniões dos artistas que lutavam contra a censura às obras de arte, filmes, peças de teatro e jornais de oposição. Os congressos estaduais e o congresso nacional da UNE (União Nacional dos Estudantes) tinham, nos conventos dominicanos, um espaço de reunião e liberdade – o que ocasionou invasões e prisões dentro do recinto conventual por parte da repressão. Para aumentar o clima no nosso dia a dia, a Ordem Dominicana foi abandonada por uma burguesia que sempre esteve presente com ajuda monetária, e estava irada com o conteúdo das pregações nas igrejas conventuais contra a ditadura. Os frades começaram a intensificar o seu trabalho externo para trazer o dinheiro que começava a faltar para os gastos cotidianos.

A Igreja São Domingos estava com sua nave pronta para ser consagrada, com o incentivo, a anuência e a presença, desde o primeiro evento, do Cardeal Motta, nas Noites Dominicanas, que lotavam semanalmente com o comparecimento de pessoas conhecidas nacionalmente, opositoras ao regime. Na segunda noite, falou o Alceu Amoroso Lima, na terceira noite, Francisco Julião.

Um jornal chamado *Brasil Urgente* nasceu incentivado por todo esse movimento, e o nosso Regente de Estudos, que estava inteiramente comprometido com o projeto, logo teve seu nome vilipendiado na imprensa reacionária que pedia a sua cabeça. Sua saída para a Suíça, sob o pretexto de um doutoramento, foi forçada por Roma.

Presente em todos esses atos, consegui entender, me informar e me interrogar sobre a alienação ou desinformação que vivi com minha família, e nos primeiros anos depois que entrei na Ordem Dominicana, e ainda no ano em que passei trabalhando na Ação Católica.

Minhas leituras mudaram. Como já estava na teologia, tinha mais liberdade para sair e acompanhar as passeatas de estudantes nas ruas de São Paulo. Passei a participar das assembleias do CRUSP (Conjunto Residencial da USP) recém-inaugurado no *campus* do Butantã. Era acompanhado por outros frades que estudavam na Universidade. Foi um passo para conhecer as organizações que nasciam do trabalho dos leigos de várias denominações cristãs, principalmente porque eles, anualmente faziam parte da preparação da Semana Ecumênica junto à liderança jovem das igrejas cristãs, principalmente metodistas, presbiterianas, batistas, ortodoxas e as luteranas. E também da JUC (Juventude Universitária Católica) até impedida de atuar pela CNBB (Conferência Nacional dos Bispos do Brasil), a pedido do cardeal do Rio de Janeiro Dom Eugênio, ligado à cúpula militar.

 Os militantes contrários ao regime político fundaram a Ação Popular, com Betinho (Herbert de Souza) na liderança. Foi através deles que tive conhecimento de jovens que já vinham se reunindo na América Latina para uma atuação dessas igrejas junto aos pobres e oprimidos. Foi através da Ação Popular que comecei a ler textos maoístas e marxistas, dentre eles, o livro lançado na França de Althusser, *Pour Marx*, e revistas como a *New Left*.

Esse clima foi se desenhando e fui programando todo o curso de teologia, no primeiro ano, em 1963, longe ainda de um despertar para a situação política, e o segundo ano muito agitado com o golpe e o início da ditadura no Brasil. Minha participação era constante nas ações que ocorriam nos espaços do convento. O salão da antiga capela se transformou num espaço para a formação de grupos contra a ditadura, sob a coordenação e responsabilidade de setores da sociedade, como os jornalistas ou pessoas de teatro, música e dos professores secundaristas.

No terceiro ano de teologia, dividi minha agenda com a presença nas aulas de teologia e a atuação na rede formada por leigos ligados aos dominicanos, que ajudavam na logística das ações de oposição à escalada ditatorial. Abrimos as portas cada vez mais aos primeiros grupos marxistas, que não tinham espaço confiável para se reunir na cidade. Eu estava sempre presente no parlatório do convento, ao lado da entrada e da portaria, onde recebia muitas pessoas para conversar. O convento cedia as diversas salas aos grupos de discussões, com agendamento prévio.

Parte da oposição foi se formando dentro do Convento da Província Brasileira de São Tomás de Aquino. Mas a experiência de abertura dos espaços teve seu preço: as prisões dos leigos e de alguns frades. Diariamente, éramos visados pelo serviço de informação.

Mudou muito a rotina intramuros dos frades. Uma nova geração tinha chegado para estudar filosofia, e vinha com mais experiência da mesma Ação Católica, de onde uns dez ou mais frades tinham vindo anteriormente, inclusive eu. Eram mais ousados, críticos e não aceitavam mais o período de provação de um ano fechado logo na chegada. A filosofia estava sendo repensada, e alguns preferiram fazê-la na USP ou na Universidade Católica, com algumas aulas no convento de estudo.

Eu vivi intensamente tudo isso em 1965, ano de minha ordenação sacerdotal, que se realizou em dezembro. Terceiro ano de teologia. O segundo semestre foi todo para a preparação da cerimônia, que foi presidida pelo Bispo Dom Cândido Padim.

O tempo passou rápido no período de estudo teológico. A partir do ano anterior (1964), tínhamos escolhido como o melhor, o curso liderado pelo nosso "rabino" Frei Gorgulho. Ele era mineiro, de quatro costados, de rolar fumo de corda e tudo. Ele tinha toda uma metodologia de aprendizado na Escola Bíblica de Jerusalém, poliglota, dominava as línguas bíblicas, tinha leitura do árabe. Nos anos anteriores, tinha ministrado um curso sobre Mateus e o Pentateuco (em especial Gênese e Deuteronômio).

No ano da minha ordenação, Gorgulho escolheu três profetas para seu curso: Isaías, Oséias e Jeremias. Foi a partir desse rabino dominicano, sempre com o texto sagrado aberto na língua original, e com textos em várias línguas para confrontá-los entre si, que eu mudei minha maneira de pensar a Teologia, o modo de pensar sobre Deus e como vivenciá-lo. Eu entendi a importância de Tomás de Aquino para a Idade Média, cujas obras são perenes. Mas não tanto acessível para a maioria daqueles que estudavam no mundo cristão de qualquer comunidade em pleno século XX.

Com o estudo a partir do século XVI do livro sagrado, e com a crítica do novo pensamento sobre o texto bíblico, a teologia não era mais a mesma, e Roma tentou segurar com normas e leis autoritárias. Não adiantou. A filosofia dos livres pensadores ajudou a ler, de modo mais científico, qualquer texto que chegasse aos olhos dos mais estudiosos. Curiosamente, descobri há pouco tempo que, no início do século XXI, Karl Marx, em seu estágio na universidade alemã, cujos cursos eram dados com um currículo mais livre, estudou e fez um trabalho digno de qualquer estudioso bíblico sobre o Profeta Isaías. E, para isso, estudou mais o hebraico.

Foi justamente nesse ano de minha ordenação e terceiro ano de estudos teológicos que descobri os grandes exegetas e teólogos protestantes alemães e ingleses, através de traduções de seus livros para a língua francesa.

Todo o trabalho de Gorgulho para a tradução da Bíblia de Jerusalém, com a ajuda de seus alunos, estava sendo publicado em fascículos pela Editora Abril Cultural. Trabalho de formiguinha, de domínio total do texto escrito, aparato crítico com as várias inserções de centenas ou milhares de mãos durante séculos. Aí foi que eu compreendi a importância da tradução da Bíblia para o latim por Jerônimo, no século IV da nossa era. E do Cardeal Cisneiros que, na Espanha do século XVI, traduziu e publicou a Bíblia, confrontando-a em cada página com o latim, o grego e o hebraico. Essa tradução para o nosso português, da Bíblia de Jerusalém, foi o texto que serviu de base para todas as traduções pós-conciliares no Brasil. Apesar de apresentada em um português de exigente correção, algumas das novas edições, inclusive a da Conferência dos Bispos do Brasil, apresenta a tradução com uma linguagem mais próxima do nosso povo. Os homens e as mulheres, católicos do nosso tempo, já podiam lê-la sem as restrições que existiam no Brasil até metade do século XX.

MINHA ORDENAÇÃO E O EXERCÍCIO DO SACERDÓCIO

Em dezembro de 1965, fui ordenado sacerdote, juntamente com um frade que fez o noviciado comigo e o retiro preparatório para a cerimônia da ordenação, em um convento de religiosas afastado de São Paulo.

Encontrei, nesse convento de freiras, a Irmã Inês, que me preparou para a primeira comunhão, em Recife (1946), no Colégio Jesus Crucificado, no bairro de Campo Grande. Não foi um encontro feliz. Havia uma aura de tristeza em sua fisionomia, e hoje acredito que, possivelmente, ela estaria num quadro de depressão. Falamos pouco. Ela não reagiu pela coincidência desse encontro. Foram oito dias de muita paz, num local agradável, e não tínhamos nenhum pregador de retiro que nos guiasse com um tema. O Mestre dos estudantes estava presente, mas ficamos livres. Como na ocasião da profissão simples e da profissão solene, eu também tive uma forte consciência de minha responsabilidade, dando meu sim ao trabalho e a minha vida sacerdotal. Passei três dias sem dormir. Não conseguia. Fiquei paralisado. E conversava diariamente com o Mestre sobre essa situação, e não me parecia que estivesse em dúvida ou atribulado. Estava incrivelmente calmo. Somente no final da terceira noite dei o sim para mim mesmo e descansei depois, com um sono reparador.

Meus pais representaram nossa família na cerimônia e também compareceram alguns primos da família Caldas, e ainda a minha prima Irene. O almoço, num pequeno espaço junto ao refeitório principal dos frades, foi animado, mas num clima de apreensão de minha parte. Tinha sido proibido pelo Mestre de fazer a refeição com eles, porque, naquele momento, minha casa e família eram o Convento. Minha família respeitou a decisão, sem deixar de fazer antes algumas críticas àquela situação. O que me deixou mais aliviado foi que, com mais dois dias, estava viajando com eles para Recife.

Chegamos ao aeroporto da capital pernambucana, onde estavam meus avós maternos, que me criaram até dez anos, e todos os meus irmãos que vieram nos receber. Uma alegria só. Minha primeira missa em Recife foi celebrada na Igreja do Espinheiro, com a nave lotada de amigos e familiares. Foi uma cerimônia muito alegre, e eu fiquei muito tímido com a presença daquelas pessoas que foram importantes na minha vida social e educacional.

No final do ano, celebrei em Garanhuns, em homenagem a meus avós. Com a chegada às vésperas da cerimônia, não houve tempo para visitas preliminares às autoridades eclesiásticas, sobretudo ao Bispo Dom José Adelino Dantas. E não sabia que toda a comunidade cristã da diocese tinha sido avisada através das rádios. Igreja lotada. Ninguém para me receber dentro da igreja, para dar algum incentivo. Apenas as minhas roupas litúrgicas na porta de entrada, e não na sacristia, como de costume. Entrei ao som de um hino e fui sozinho, percorrendo toda a nave central, até o altar principal, onde estavam presentes todos os sacerdotes mais idosos que acompanharam minha trajetória de vida desde meu nascimento.

Olhei lá do altar para meus avós, para algumas pessoas da família e para os muitos idosos que eu conhecia. Imediatamente começou o cerimonial da missa com alguns auxiliares. Meu latim saia firme e compassado. Roma ainda não tinha liberado as cerimônias no vernáculo de cada país. Proclamei o Evangelho como tinha de ser, com tom elevado e com vida. Sentindo o que estava lendo. Mas tudo o que eu tinha preparado para a pregação ficou paralisado dentro de mim. Um medo me fez imediatamente voltar ao altar e entrar na parte do Credo e dar início ao rito sacramental com o Ofertório.

Todos os sacerdotes ali presentes e toda a comunidade reunida ficaram em silêncio. Eu não tinha ousado avançar, pregando o evangelho do dia, com medo das críticas às palavras pessoais a serem proferidas. Terminada a Bênção Final, fui orientado para a saída, fazendo o mesmo caminho da entrada. Agradeci às autoridades religiosas presentes e a toda a comunidade e segui sozinho de volta à porta de saída, onde me desnudei das vestes talares. Segui para casa com meus avós. Nenhuma pessoa se aproximou. Mesmo os antigos amigos que estavam presentes. Eu estava numa redoma. Diferente da cerimônia de Recife, muito mais participativa e exteriorizando as emoções e alegrias de cada um que me abraçava. Meus avós não me falaram nada sobre o que presenciaram. E fomos conversando sobre outros assuntos.

No outro dia, eu telefonei para o Bispo Dom José Adelino Dantas, e ele me atendeu com muita simplicidade e foi direto ao assunto. Desculpou-se por sua ausência, porque tinha uma cerimônia perto de Garanhuns pré-agendada. Mas que tinha ouvido toda a missa pelo rádio. Que tinha gostado do meu latim, o que nem sempre tinha prazer em ouvir esta bendita língua litúrgica. Sentiu falta da minha pregação. E disse que a maioria dos presentes estava ali para ouvir o que o novo sacerdote iria falar. Principalmente vindo de uma ordem de pregadores.

Como pastor de todo aquele rebanho, pedi desculpas a ele pela decepção que tinha causado ao seu povo. E que poderia remediar a minha imaturidade do não uso da palavra no culto, voltando à diocese e à mesma igreja paroquial da minha infância e adolescência. Não foi possível, em sua agenda, marcar um encontro presencial.

De modo algum podia falar para ele que meu pai, antes de eu viajar para Garanhuns, me chamou e me pediu que tivesse cuidado com o que eu ia proferir na missa, porque tinha acompanhado todas as ousadias dos dominicanos, seu modo de pensar e agir, inclusive politicamente.

A mesma situação aconteceu um ano depois, quando eu fui celebrante no casamento de meu irmão na Igreja Matriz Madre de Deus, em Recife. Eu também emudeci e não houve pregação. A cerimônia da bênção dos anéis e ao casal foi muito breve. Fiquei paralisado.

Durante o curto período, após a primeira missa em Garanhuns, tentei me aproximar de algumas religiosas, propondo celebrar a missa em suas comunidades e elas recuaram, com a desculpa de que tinham um capelão que ia lá cotidianamente para exercer essa função. Uma porta foi aberta na comunidade das Mercedárias. Lá eu estava presente diariamente, e o dom da palavra voltou, na hora da missa proferida.

Três dias depois de ter conversado com o bispo, recebi um recado para passar pela Cúria Diocesana, porque um sacerdote da geração jovem queria me ver. Marcamos o encontro. Ele foi muito aberto, educado e foi direto ao assunto. "Gostaríamos de tê-lo na nossa diocese e o nosso bispo faria um contato imediato com a Ordem Dominicana para você exercer o sacerdócio na sua cidade de nascença". Fiquei assustado, como se estivesse participando de um acontecimento inusitado.

Depois de ter respirado e procurado palavras para me explicar e decidir, enfim, agradeci ao convite honroso. Mas eu tinha escolhido a vida religiosa pelos ritos e ritmos completamente diferentes do dia a dia de uma diocese, com suas paróquias e pastorais, o que exigia mais dedicação e outro tipo de perfil vocacional. Despedimo-nos rapidamente e, voltando para casa, pensei no *modus operandi* de abordagem num caso desses, na década de 1960, com o mesmo protocolo de séculos vividos por uma instituição milenar, como a Igreja Católica.

Fechei minha estadia na minha terra como sacerdote, às vésperas do Ano Novo, com um presente recebido em um envelope por um velho português, que tinha comprado a casa de tecidos e a moradia de meus bisavós, que ficava na avenida principal. Nele, uma mensagem singela com chancela de um português, de vida simples e camponesa, tradição que trouxera de Portugal. Acompanhava uma soma em dinheiro muito alto para a época e aquilo me assustou. Eu não o levaria para a caixa comum da minha comunidade. Tinha de ficar na minha terra. Agradeci com uma carta ao Sr. Antônio e imediatamente, ajudado por minha prima, procurei um asilo, onde deixei dois terços da quantia. Voltei cheio de interrogações sobre os fatos inesperados que aconteceram em Garanhuns. Hoje, quando 55 anos se passaram, sinto que deveria ter rompido com a barreira pessoal e ter pregado o querigma para os cristãos católicos presentes naquela catedral e para os que estavam me ouvindo através da rádio. Inclusive o Bispo local. Mas não existe volta.

Em Recife, minhas pregações dominicais eram na Igreja de Santo Antônio, na parte antiga da cidade. Não adiantava procurar onde a militância de Ação Católica se reunia. Estavam todos dispersos, muitos com medo dos agentes da ditadura. Uma parte trabalhava na Cúria, com Dom Hélder. Minha memória fala em três pregações proferidas. Igreja cheia. Era o povo mais simples que morava no entorno, que era fiel ao santo casamenteiro e fazia parte da comunidade paroquial, cujo sacerdote tinha uma presença nos meios intelectuais tradicionais de Recife, como membro da Fundação do Patrimônio Histórico e Geográfico da cidade.

Completava o número dos fiéis presentes na missa um grupo de católicos tradicionais e bem conservadores, na mesma linha do grupo do Rio de Janeiro, liderado por Gustavo Corção, no Centro Dom Vital, fundado pelo cardeal Leme. Pensei em preparar uma pregação saindo um pouco da tradição de oratória da elite e tentar exprimir a alegria do tempo pós-natalino, celebrando a chegada da boa nova, com textos da música popular brasileira, intensamente cantada pelos jovens, como

Chico Buarque, Caetano Veloso, Geraldo Vandré, entre outros compositores.

Fui ouvido com espanto pelos presentes. Suas faces esboçaram críticas. Acredito também que o pároco, que ansiosamente acompanhava a minha pregação discretamente, no corredor da sacristia, também fazia parte daquele grupo. Foram poucas as pessoas que vieram dar um toque de agradecimento sobre o que eu tinha expressado na liturgia da palavra, ao me referir ao momento que a igreja estava vivendo em relação à situação real e cultural do país, através das letras das músicas. Mas ali não era o lugar de oposição à ditadura, como eu estava vivendo cotidianamente em São Paulo.

Minha primeira missa no Colégio Marista, onde estudei, me foi familiar. A comunidade estudantil estava recebendo um sacerdote ex-aluno. Um grande dia! Via isso expresso na fisionomia de todos. O órgão alemão, de cuja sonoridade nunca me esqueci, desde sua inauguração naquela capela, dedilhado pelo irmão Afonso Haus, estava anunciando o início da eucaristia, que estava sendo celebrada por mim. Na comunidade reunida, a presença de alguns ex-professores.

Na hora da pregação, agradeci a todos por minha formação durante seis anos de estudos naquele colégio, mas que, respeitando o evangelho do dia, faria alguma digressão sobre a educação de modo geral e os vícios na minha formação, de uma metodologia de ensino ultrapassada. Um estrondoso riso coletivo encheu a capela e eu também, gargalhei de onde estava. E continuei mostrando as consequências para minha vida. Notei que se quebrou o rito solene de que geralmente a comunidade se reveste nessas datas especiais. E todos, relaxados, permaneceram com um humor que regeu o resto da liturgia. O que eu tinha expressado já era passado. O colégio era outro, com uma forte presença feminina, e não mais exclusivamente masculina. Professores leigos traziam bons ventos àquela casa.

Voltando para São Paulo, logo me preparei para o último ano

de teologia, que seria muito tenso. Os professores estavam sob a ameaça de Roma, que aumentava suas diretivas ao conduzir, de modo tradicional, o ensino nos seminários. Já começava, através dos dicastérios e das sedes dos seminários no Vaticano, uma oposição velada ao Concílio, que só se tornaria mais efetiva no governo autoritário de João Paulo II.

Absolutamente ninguém, em minha comunidade dominicana, perguntou como foi minha passagem pelo Nordeste naquele momento tão importante de minha vida. Nem meus superiores, nem meus irmãos de minha geração. Nunca tive motivação para descrever meus sentimentos de cada dia durante esse período, se não fosse perguntado. Também nunca fui acompanhado, antes da ordenação, para rabiscar alguns pontos a serem ressaltados em minhas pregações. Tampouco como deveria me comportar quando chegasse a uma diocese, longe daquele tipo de vida que tínhamos no convento.

As aulas de exegese, aplicadas pelo nosso rabino frei Gorgulho, continuavam com as exigências sérias nas pesquisas a serem feitas pelos alunos. Ensinava-nos a ter respeito ao texto e saber como penetrá-lo todas as vezes que abríssemos a Bíblia. Preparava-nos para nossas futuras pregações e, sobretudo, para a fidelidade que teríamos de ter em sua leitura diária.

O Curso de Direito Canônico era uma pândega. O professor, com título de doutor e com domínio profundo na matéria, não via necessidade de um rigor igual ao que tinha vivenciado em Roma. É assunto até hoje colocado, na maioria das vezes, como mais importante do que a teologia e o estudo bíblico. Ríamos muito nos primeiros minutos de cada aula, porque ele dava o essencial em latim. Após essa introdução, levantávamos muitas questões de práticas jurídicas e ganhávamos uma aula viva, completamente fora da letra morta que mumifica o texto.

Fui designado, não oficialmente, para estar presente nos finais de semana na comunidade da capela do Vergueiro e ajudar no trabalho pastoral do Frei João Batista, junto aos adultos e às crianças do bairro. Era uma comunidade bem animada, sustentada pela presença de famílias muito amigas entre si, que foram as primeiras habitantes da região, constituídas de operários que trabalhavam nas fábricas de chocolate ou nas fábricas de veículos que chegaram a São Paulo, incentivadas pelo presidente Juscelino Kubitschek. Indústrias mais antigas estavam em outros espaços do bairro de Ipiranga ou Mooca. A segunda geração dessa comunidade cristã já era adolescente e bem presente em nosso trabalho. Já se preparava para a universidade. Outros começaram a trabalhar no setor secundário e terciário do nosso mercado.

A presença de Frei João Batista foi muito importante em minha vida, embora o tenha encontrado bastante fragilizado. Na juventude, ele teve a experiência como padre operário, junto a um grupo de operários cristãos ingleses, cujo objetivo seria o de que assumissem a gestão de sua própria empresa. Recebeu incentivo e uma quantia em libras e fundou, então, uma cooperativa com trabalhadores do setor de móveis, entre 1954 e 1967. Tinha a ajuda de nomes importantes nas artes plásticas e no design: Geraldo Barros, Yolanda Mohali, Burle Marx, Rubem Martins, Volpi. O nome era UNILABOR. Imediatamente, o mercado acolheu essa experiência, que teve seu momento de reconhecimento por alguns anos, com uma boa venda de móveis ao mercado da capital. Com o decorrer do tempo, aconteceram algumas crises, devido a duas situações de desfalque.

Frei João Batista fazia parte de um grupo de religiosos, na história da Igreja, e temos alguns exemplos dominicanos aqui no Brasil, que passaram parte de sua vida vivendo fora da comunidade, mas continuavam com seus laços com a Ordem, geralmente para melhor dirigir um empreendimento, uma fundação, ou realizando trabalhos comunitários especiais.

Quando eu cheguei, não foi para o trabalho da UNILABOR, mas para a continuidade da pastoral junto ao Vergueiro, em especial na vila Brasílio Machado, cuja estrada do Vergueiro, onde morávamos, cortava o bairro de ponta a ponta. Frei João Batista morava na casa maior, porque se prestava a armazenar mais objetos, livros e histórias vividas. Eu habitava a casa menor, de dois quartos, sala e cozinha. Nela, sempre estávamos presentes em uma das refeições. Ele sofria muito de depressão, e suas noites eram mal dormidas. Eu o ouvia o tempo todo. Narrava sua história de vida, a história da UNILABOR e seu final, justamente na época da ditadura, cuja escolha de novo modelo econômico para o Brasil, colocado em prática pelo ministro Roberto de Oliveira Campos, acabou com as pequenas e médias empresas de vários setores da economia.

Frei João Batista estava mais atuante na pastoral junto às crianças e pré-adolescentes, ajudado por excelentes catequistas jovens. Eles ficavam mais sob minha responsabilidade. Nós assumimos as missas do domingo. Eu fiquei admirado com o modo como ele falava para aquela comunidade. Tinha um dom especial de ter a mesma linguagem daquele povo, enquanto eu procurava, junto aos jovens e a seus pais, ouvi-los durante a semana, visitando-os à procura de uma linguagem que estivesse mais no cotidiano daquele bairro. De certo modo, consegui passar isso para as pregações.

Nos finais de semana eu os acompanhava no lazer, dando continuidade a uma formação cultural, com a criação de um cine clube, acompanhado, em seus primeiros passos, pelo cineasta Luís Sérgio Person, que morava relativamente perto da capela. Chegou com seu filme *São Paulo Sociedade Anônima* e apresentou aos jovens. Depois, apresentou o amigo cineasta, Maurice Capovilla. Após o filme, motivou uma conversa com os presentes. Os personagens tinham a ver com a vida da plateia que estava presente. Os pais trabalhavam nas fábricas de automóveis daquela região. Também encenamos novamente a peça de Ariano Suassuna, *Auto da Compadecida*, que fora dirigida por Walmor Chagas e Cacilda Becker, uns anos antes.

Sempre tive orgulho dessa comunidade, do modo como viviam seu cristianismo e de como Frei João Batista a acompanhou por anos. Durante todo o tempo em que vivi nesse espaço, nunca entrei no prédio de dois andares da UNILABOR, que jazia numa parte do terreno. E pelo trauma e dor que Frei João sofria por causa dessa experiência, nunca ousei pedir que abrisse aquele espaço para ver onde os cooperados trabalharam.

Em minha casa, eu recebia não só as pessoas do bairro, como os meus amigos universitários, intelectuais, artistas plásticos e operários. Pessoas que tinham um compromisso com a luta contra a ditadura, em especial os operários que tiveram a confiança de fazer várias reuniões em minha sala, para ver se reiniciavam o trabalho da Central Geral dos Trabalhadores. Principalmente com a presença das lideranças sindicais de Osasco e do ABC Paulista (Santo André, São Bernardo e São Caetano do Sul) que desejavam estar mais unidos à liderança dos sindicatos ligados ao setor automobilístico e metalúrgico.

Meu pai veio com seu sócio a São Paulo e pediu uma reunião comigo, na qual me ofereceram um cargo de gerência na empresa de ônibus que eles tinham entre Recife-Rio e Recife-São Paulo. Aceitei o desafio e permaneci por um ano, o que foi muito desgastante para mim: um sacerdote e religioso, comandar uma empresa familiar de ônibus na cidade de São Paulo. O primeiro desafio foi o de, diariamente, preparar o caixa para ser enviado ao Recife. O segundo foi o de exercer esse trabalho em pleno bairro nordestino do Brás, bastante decadente, não mais com o movimento da chegada dos migrantes europeus, que tiveram, em seu entorno, acolhimento para suas primeiras moradias e organizações sociais e culturais, as associações, paróquias, cinemas, teatros.

A ida diária à antiga rodoviária, que ficava em frente à estação da Sorocabana, era quase um martírio, por conta do movimento de pessoas, sons com altos decibéis no ambiente a qualquer hora do dia. Minha jornada naquele local era para acompanhar as vendas de passagens e manter contatos que interessavam diretamente à administração e acompanhar todo o planejamento estratégico. Uma longa história...

Um dia, me deparo com Dom Padim, o bispo beneditino que me ordenou sacerdote. "O que está fazendo aqui?" – perguntou ele. E eu expliquei meu trabalho ali e minha inserção na capela de Cristo Operário, no Vergueiro. Ele ficou espantado. Não estava entendendo como fui aceitar esse trabalho e como tive o beneplácito da própria Ordem Dominicana. Resolvi não aprofundar o assunto.

Os meses passaram. Eu já estava pertencendo a uma organização política, junto a alguns frades, para ajudar logisticamente as ações que eram desenvolvidas contra a ditadura. Parte do meu dinheiro era depositado numa caixa comum para as viagens.

Minha atuação na empresa familiar, naquele período, não atendeu às exigências normais de qualquer empresa. Entrei em confronto com o sócio de meu pai e resolvi sair. O que foi um alívio, pois eu estava com três núcleos de responsabilidades: a comunidade conventual, o trabalho civil e a vida sacerdotal no Vergueiro. Para coroar, algumas reuniões políticas no meio da agenda pessoal.

Passei a trabalhar na Editora e Livraria *Duas Cidades*, com Frei Fernando e Frei Benevenuto de Santa Cruz. Mergulhei, durante quase um ano, nesse mundo editorial e passei alguns meses, durante algumas horas diárias, acompanhando planilhas de custos da produção da Editora Brasiliense, que tinha no comando desse setor o ex- dominicano Anselmo. Com essa experiência, foi possível dar um salto mais qualitativo no estoque da Editora Duas Cidades e melhorar o custo das novas edições.

CRISE PESSOAL E CRISE NA PROVÍNCIA

No começo de 1969, tivemos uma reunião da Província em Mendes, Rio de Janeiro, durante uma semana, com várias reivindicações do grupo jovem que estava mais engajado no entorno universitário e estudando nas universidades de São Paulo. Houve uma ruptura de pensamento na educação integral daqueles que passariam da filosofia para a teologia, com consequências graves na vivência comunitária. Uma das solicitações era que os frades estudantes saíssem em pequenos grupos, para morar em casas ou apartamentos, em vários bairros da capital, e então trabalhar e se sustentar.

Havia uma tensão muito grande nas assembleias com a reação da geração mais velha da Província Brasileira, desejosa de que continuassem as mesmas recomendações tradicionais de uma vida conventual, com poucas mudanças. O modelo apresentado para as novas e pequenas comunidades já era vivido por algumas comunidades jesuíticas espalhadas pelo Brasil. Principalmente as que tinham uma presença forte dos canadenses e de outros migrantes religiosos, com pensamento muito diferente dos que viviam e tinham influência do lado ibérico europeu – esses, mais tradicionalistas.

No terceiro dia de reunião, já todos esgotados, e os argumentos dos dois lados indo para uma polarização, foi necessária a intervenção dos que tinham a responsabilidade do trabalho junto aos jovens frades, para uma proposta mais factível. Como os votos da maioria confirmariam novos caminhos da constituição provincial, os jovens tinham um peso e domínio total. E venceriam em todas as votações. O regente, os professores e o Mestre dos Estudantes chegaram a uma redação mais próxima do que os jovens desejavam e, apressadamente, todos concordaram. E o que seria um trabalho de sete dias finalizou em quatro. Quanto mais depressa saíssem daquele espaço, mais confrontos seriam evitados. Em mim, havia a certeza de uma rachadura pessoal diante do que eu tinha vivido naqueles dias, apesar de minha participação nas assembleias ter sido muito ativa.

Foi quando atuava na Capela do Cristo Operário do Vergueiro, durante o momento de tensão política nacional, que estourou o Ato Institucional Número Cinco, AI-5, no dia 13 de dezembro de 1968. Em todo o país, o medo e o pavor tomaram conta das pessoas, ao andar pelas cidades. Com aquele ato inconstitucional, chegamos ao ponto mais severo do regime militar.

E nós, um pequeno grupo de frades, no meio do furacão, tendo de atuar na logística da ALN (Aliança Libertadora Nacional), para acompanhar a chegada de militantes que precisavam de acolhimento, enquanto eram organizadas as fugas de alguns deles, via Uruguai. Teríamos de conseguir também casas ou apartamentos para atender às demandas e fazer viagens de reconhecimento em toda a região de Conceição do Araguaia – na época, pertencente ao estado de Goiás – prelazia que sempre esteve sob a responsabilidade dos dominicanos.

Outros frades estavam cobrindo as ações de outras organizações, que tiveram origem na Ação Católica, impossibilitadas de atuar na Igreja pelo cardeal do Rio de Janeiro, que entrou em conflito com a Juventude Universitária Católica e com alguns setores da Juventude Operária.

Continuávamos abrindo as portas do convento para a chegada de casais que pediam ajuda em suas fugas, vindos de várias regiões do Brasil, como o casal Lauro de Oliveira Lima – ele, grande educador cearense – e o casal Marcos Arruda. Somava-se a tudo isso a necessidade de procurar trabalhos, como o de tradução e de ensino, para a maioria dos militantes que chegavam de outros estados à procura de acolhimento.

RECRUDESCIMENTO DA LUTA POLÍTICA E MINHA SAÍDA DOS DOMINICANOS

O certo é que estávamos perto dos dissidentes do Partido Comunista, que tinham feito escolhas pessoais de participar de agrupamentos com organizações diferentes entre si, na sua maioria, fundadas por eles. Havia a atuação de alguns frades da geração jovem junto a essas pessoas, e, no final, tínhamos feito uma opção, e a maioria estava unida no trabalho de apoio a Carlos Marighella.

Havia uma elite no Brasil, representando a classe intelectual, estudantil e operária, que estava mais atuante nessa oposição ao regime. A população, como um todo, continuava na sua luta do dia a dia, sem nenhuma participação efetiva. Ao contrário, tinha medo de ser atingida pela truculência no acirramento do processo, pois havia sinais evidentes de assassinatos em plena luz do dia, prisões por pequenos indícios... Tinha medo de perder o emprego, tinha medo de perder suas conquistas, medo de a violência da ditadura atingir sua família.

Cheguei a perceber pessoas infiltradas nos sindicatos dos professores, pedindo favores e, ao mesmo tempo, rondando o convento. Eram muito questionadores. Tudo isso para colher informações sobre as organizações que combatiam a ditadura.

Recebi também, no parlatório, uma pessoa que se apresentou como diretor do DEOPS (Departamento Estadual de Ordem Política e Social de São Paulo). Essa pessoa falou com todos os detalhes sobre um padre que foi preso e que, para ele, o padre estava traindo a Igreja como ele imaginava. E perguntou o que eu faria com esse sacerdote. Eu respondi que não cabia a mim a decisão sobre aquilo, como se fosse um agente do estado tal qual aquele elemento que me questionava era. E que o melhor seria seguir a Constituição e as Leis do país. Disse-lhe que o sacerdote tinha os mesmos deveres e direitos como qualquer cidadão. A justiça seria o melhor caminho para uma decisão. Como sacerdote, meu parâmetro seria ficar ao lado dos que sofrem por injustiça. E citei as bem-aventuranças.

Saiu calado.

Depois eu o vi nas salas do DEOPS, no momento de nossas prisões.

Diante desse clima, resolvi não conversar sobre meus movimentos políticos junto à comunidade da Capela do Vergueiro, embora eles vissem muita gente se hospedando por alguns dias, e outros chegando para as reuniões. Possivelmente, a comunidade tinha consciência do que se passava. Para Frei João, comuniquei o motivo daquela movimentação no local, e quem eram aquelas pessoas. Ele, por sua vez, esclareceu que estaria fora desse tipo de militância. Ele procurou abrir meus olhos para as pessoas suspeitas dentro do movimento ecumênico entre as igrejas cristãs da cidade de São Paulo. Dentre elas, um pastor que estava intimamente ligado ao consulado americano, que dava indícios de ser um informante contrário ao nosso movimento.

Um pouco antes de minha prisão e da prisão de Frei Fernando, ao sair apressado numa noite para minhas aulas na universidade de Bauru, onde eu estudava para validar meu diploma de filosofia, precisei pegar um táxi para me levar à Estação da Luz. E notei que o mesmo táxi sempre estava parado na porta da Editora e Livraria Duas Cidades.

Dias antes de sermos presos, recebi a visita do pastor americano que tinha participado da organização da marcha à Washington e foi preso logo depois da sua realização. Falou que estava na cidade, preparando a passagem da viúva de Luther King. E que já tinha passado por Recife e conversado com Dom Helder. Falei claramente com ele que não confiava mais em sua pessoa, porque tinha sido noticiado, em um jornal de esquerda, numa lista, que ele era uma das pessoas enviadas pela CIA (Central Intelligence Agency) para América Latina. Ele falou que já sabia da lista e que não poderia provar nada, cabendo a quem tomou conhecimento daquelas informações deduzir o que quisesse. Depois disso, despedi-me dele. Definitivamente.

Participei de três encontros com Marighella. Em um deles, mais ou menos nessa época do relato acima. Coloquei para o "baiano", como nós o chamávamos, minha experiência junto aos militantes da ALN (Ação Libertadora Nacional), tanto os que eu tinha recebido para hospedar no Vergueiro, quanto os que tinham passado para a clandestinidade e eram hospedados em casas de amigos. Todos passavam por dificuldades, as mais variadas, físicas, psicológicas, emocionais, afetivas, sexuais, ideológicas... Inclusive, uma das maiores dificuldades, foi a de assumir outra vida, com outro nome e outra documentação. Falei do comportamento de alguns, durante a clandestinidade, que não condizia com o de um militante.

Dei o exemplo de um militante indicado por mim para passar algumas semanas na casa de um amigo empresário, em Santos. Esse militante ficaria lá até conseguir um modo de chegar até a fronteira do Uruguai. Gostando da vida da família rica de Santos, começou a acompanhá-la no dia a dia, inclusive passeando nos iates. Tivemos ainda de interceptar um casal em certo ponto de fuga para fora do país, para que devolvesse objetos retirados da residência em que havia sido hospedado.

Mergulhado em toda essa atividade, o desejo sexual começou a gritar. Mais do que em todo o período em que fiquei "guardado" no Convento das Perdizes. Procurei o Mestre e pedi para refazer os testes com a mesma psicóloga de sete anos antes. Em síntese, veio a bomba: eu não tinha conseguido sublimar minha sexualidade durante o período de quase dez anos. Se insistisse, me arrebentaria, com possibilidades de apresentar comportamentos sexuais mais agressivos.

Narrei ao Prior[4] o resultado. E tomei a decisão de que não passaria mais de vinte e quatro horas no convento. "Não consigo ter duas vidas, porque ficarei muito dividido". E a resposta dele veio rápida: "Seu mal é não saber representar!" E eu respondi: "Passei quase dez anos na vida religiosa. Está na hora da despedida!"

Tudo caiu como um raio na minha cabeça. Fiquei muito mal a noite toda. O sofrimento era muito grande. Lembrei que, com o mesmo sentimento, vim trazer a carta que recebi de Paris, do Frei Chico, que tinha sido nosso prior, endereçada a mim, nomeando-me como seu intermediário para anunciar aos superiores sua saída da Ordem. No outro dia, arrumei minha mala. Avisei aos amigos mais íntimos minha decisão. O casal "Ribeiro Penna", que sempre esteve presente em minha vida e eu sempre acompanhei sua vida familiar, ofereceu hospedagem em sua casa, até que eu pudesse alugar um apartamento.

No dia seguinte, esperei a noite chegar. Era o dia 20 de julho de 1969. Todos os frades estavam ansiosos e vibrando com o anúncio da NASA de que o homem iria pisar na Lua. Assisti com a comunidade dominicana os primeiros passos do astronauta no nosso satélite. Peguei minha mala e saí de mansinho, quando já passava da meia noite. Fui em direção à porta de entrada principal do convento. A mesma em que entrei. Ali, acompanhado de ninguém. Pesado. Triste. Passado e presente passaram como um filme em minha mente. Despedi-me da vida religiosa. Futuro incerto. Um táxi me levou para a casa dos que iriam me acolher, não por motivos políticos, como a maioria que era recebida naquele endereço.

Dar as mãos numa hora dessas é sinal de fraternidade. E esse passou a ser meu gesto até hoje, de casa sempre aberta para

[4] Superior de um convento ou de certas ordens religiosas.

acolher os que decidem por algo, os que sofrem algo, os pobres de alguma coisa. Os ex-tudo: os padres, os religiosos, os militantes, casados, as mães solteiras, os expulsos de casa, os mal-recebidos por sua cor, pela sua escolha de gênero; os sofridos com os preconceitos, os vituperados... Os que tinham HIV.

1969: DE VOLTA À LAICIDADE

O que me ajudou muito nessa fase foi uma fala muito pessoal do psiquiatra com quem eu fazia as sessões do psicodrama: "Estamos assistindo a um processo de mudança muito profundo na sociedade mundial. Não só no Brasil". "E as instituições estão abaladas, a familiar, a política, a militar, a jurídica, a religiosa. Neste momento, quem se sente responsável e se inclui em uma ou várias dessas instituições não pode, sozinho, procurar uma solução de saída. Será esmagado por ela. Como uma mãe que come o seu próprio filho, a luta dessas instituições é para que não haja mudanças. Que tudo continue como está. Um casal não poderá resolver a crise que estamos presenciando no matrimônio tradicional. Temos de ajudar aqueles mais conscientes a se adaptarem melhor a esse processo, sem querer assumir uma ruptura e empreender mudança institucional como sendo o exemplo a seguir".

Recordo-me de dois números publicados no início da revista *Realidade*. Um deles, no qual estou na capa, com jovens padres e estudantes dominicanos, em torno do altar da Igreja São Domingos, em Perdizes. Reportagem de Narciso Kalil, grande jornalista que viveu conosco uns dias para produzir o texto da reportagem. Ele previu o furacão político e religioso por que iríamos passar. A outra reportagem foi baseada numa pesquisa que a Editora Abril Cultural mandou fazer em todo o Brasil sobre como era a vida sexual dos sacerdotes e religiosos brasileiros.

Quando a pesquisa foi aplicada nos sacerdotes da região sul, até o Paraná, mostraram uma realidade até então desconhecida: uma parte do clero tinha relações sexuais, normais e periódicas. A CNBB (Conferência Nacional dos Bispos do Brasil), quando soube disso, colocou obstáculos à continuidade da pesquisa. A reportagem foi publicada com um texto censurado pela direção da editora na época. Mesmo assim, teve impacto. Aconteceu um fato estranho: poucos exemplares da revista nas bancas. E, sabendo desses fatos, através de nossa amizade com Roberto Freire, diretor da revista (foi diretor durante pouco tempo. Saiu por questões políticas), esperamos que chegasse ao jornaleiro, e não foi mais possível termos nenhum exemplar em mãos.

Recordo-me de uma peça com música de Chico Buarque e direção de Silnei Siqueira. Não foi a laureada *Morte e Vida Severina*, que deu nome internacional ao TUCA – Teatro da Universidade Católica de São Paulo, mas a esquecida peça teatral *O&A*, da qual até hoje guardo na memória trechos musicais, porque me tocaram profundamente. A história era narrada com poucos diálogos, porém com muita música cantada e imagens projetadas.

O cenário era um gradeado de construção que os atores, como se estivessem atuando num circo, dançavam, cantavam e respondiam em "A", (canto bem aberto) a todas as invectivas do "O" (canto bem fechado). Uma imensa tela atrás do cenário passava fotos sobre guerras, tratados, movimentos sociais... Essa luta estava representada pelo clero, juízes, pais, patrões e militares de um lado, e, em contraponto, os personagens jovens, operários, intelectuais, que não se deixavam vencer. No final da peça, o pai, exausto de cantar em "O" para o filho, e ele reagir com um "A" (bem aberto), resolve pedir para a sua mulher fazer um canto de sedução maternal em um "Ô" (acalanto). O filho começa a acolher aquela canção e fica pouco a pouco em posição fetal no colo da mãe. No final, ele explode e se liberta daquela situação com um canto em "A" (exuberante).

Recordei este espetáculo, vinte anos depois, quando vi o primeiro conjunto de esculturas em frente ao ateliê do artista

Francisco Brennand, no bairro da Várzea, em Recife, no qual os três poderes estão bem presentes na figura do militar, do religioso e do poder civil, simbolizando a guarda ou a censura. Através de sua obra, composta por centenas de esculturas, assim como pelas pinturas expostas no grande pavilhão chamado por ele de *Accademia* – um espaço bem especial –, o artista detona todo esse mundo fechado do poder.

Julho de 1969. Com mais uma semana, eu estava no apartamento alugado na Rua Rocha, na Bela Vista. Fui, pouco a pouco, recebendo os amigos no meu novo endereço. O bom humor e a alegria retornaram a meu dia a dia. E eu, conhecendo mais pessoas, principalmente na sauna do Hotel Danúbio, conhecido como espaço de encontro para homens. Um ator de televisão muito reverenciado na época pelo público de novelas; um pianista clássico que lutava por um lugar na programação das salas de concerto; um produtor famoso de casa de *shows*; um artista plástico que fazia os mesmos desenhos geométricos com cores diferentes, estudando o calor de cada cor; um religioso que deve ter caído nesse espaço por engano; um advogado recém-formado que lutava com a sombra do pai famoso nessa profissão jurídica; um artista de MPB, hoje famoso, curtindo sua ressaca da noite anterior; o proxeneta que chegava com seus rapazes saindo da adolescência e em pleno vigor de vida e sexo. Os esnobes, os tarados, os loucos. Ali estava uma representação micro da nossa sociedade. Menos a realidade da periferia, da luta pelo emprego, da casa para morar, da saúde para cuidar.

Os dias iam se tecendo como antes: ida ao trabalho, adaptação à nova vida, com mais responsabilidade financeira, idas aos cinemas, ao teatro, curtindo uma solidão diferente, porque havia companhia na cama. Algumas reuniões políticas naquele espaço davam mais movimento. Comecei a sentir o som do bairro. Os moradores, em sua maioria, vinham de famílias oriundas da Itália. Todas as noites, da pequena sala onde eu gostava de fazer algumas leituras e ler o jornal do dia, ouvia atores ensaiando uma peça em um terraço de apartamento que dava para outra rua.

Um dia, a sineta da porta de entrada tocou. Ao abrir, fiquei surpreso com a visita. Era uma freira que eu tinha conhecido em umas aulas que tinha dado no colégio dirigido pela sua congregação na periferia de São Paulo, em Diadema. Depois de convidá-la para entrar, sentamos e eu esperei sua narrativa e qual o motivo que ela estava ali e como tinha conseguido meu endereço. Ela contou que saíra da vida religiosa há alguns meses e tinha vindo exclusivamente para falar que me amava e desejava casar comigo. Sua paixão tinha nascido durante as aulas que eu tinha ministrado no colégio. Achei tudo uma fantasia. Falei que a realidade era outra, e ela deu um passo possivelmente certo para sua vida, mas eu não tinha nada a ver com isso. Não me lembrava nem do nome dela. Levantei-me, ofereci-lhe um copo d´água e, depois, pedi para que se retirasse, porque qualquer aprofundamento na conversa correria o risco de haver, de minha parte, uma conivência. A minha vida já estava muito complicada.

Em pleno AI-5 (Ato Institucional que levou a um endurecimento do regime ditatorial no Brasil), tudo era possível. E, hoje, percebo que era sabedor do mínimo do que estava se passando politicamente naquela megalópole, quanto ao acirramento do processo político e da escalada da violência militar.

Minha família, apreensiva, mas feliz por minha decisão de deixar o sacerdócio, enviou-me peças de roupas, tecidos para fazer ternos, sapatos e outros objetos, que serviriam para uma apresentação pessoal melhor na vida profissional.

Em setembro, conheci um rapaz que era diretor de uma revista numa editora paulista. Passamos a sair para as noites de São Paulo, e conhecer seus amigos. Apresentei os meus. As minhas amigas ficaram logo enciumadas e tentaram vários tipos de barreiras para que nossa amizade não se firmasse. Nos finais de semana, passávamos nas praias do litoral. Seu fusquinha já sabia o caminho. E a relação foi se aprofundando a cada dia.

E eu, por questão de sua segurança de vida, falei que tinha um trabalho político há algum tempo e contrário ao governo ditatorial do Brasil. Pedia a ele que respeitasse meu silêncio quanto a esse assunto. Sua família não me aceitou, por ter saído da vida religiosa. "Péssimo sinal", falavam. Ele sonegou a seus pais informações sobre meu engajamento político.

Um frade idoso foi convidado para fazer uma visita em um hospital onde o pai de um preso político estava na fase final de sua doença, na hora em que a presença do frade é necessária para dar o sacramento dos enfermos. O preso, então, pôde avisá-lo de ações graves que estavam por vir contra alguns frades. Depois desse encontro no hospital, fomos informados pelo mesmo frade idoso, que um militante, que tinha participado do sequestro do embaixador americano, no Rio de Janeiro, tinha sido preso no litoral paulista e encontraram, em seus pertences, uma caderneta com o número do telefone do Convento e os nomes de alguns frades.

Em outubro, em uma reunião com os frades dominicanos que faziam parte do meu grupo de logística da ALN, foi decidido que Marighella iria à minha casa para fazermos nossas avaliações sobre o movimento.

Essa reunião, no meu novo espaço, na Rua Rocha, aconteceu no dia agendado. Marighella foi acompanhado por uma companheira de militância. E ouviu tudo o que comentamos, em silêncio. Interroguei se havia estudos na bibliografia russa, ou chinesa, ou vietnamita, ou dos Maquis, na resistência francesa e espanhola, na Segunda Guerra Mundial, que orientasse e apresentasse caminhos, para ajudar os militantes nessa passagem de uma fase de vida como cidadão comum, para uma vida clandestina. Marighella respondeu: "Desconheço qualquer trabalho publicado com este tema."

Depois, ele disse o que pensava sobre o que estava se passando com o movimento e em relação à repressão aos militantes. No final, falei que eu tinha saído da Ordem Dominicana e pedi um recuo no movimento para me adaptar à nova vida civil, e aleguei que minha condição emocional estava complicada. Ele apenas falou: "Tudo bem, mas nunca se esqueça do seu compromisso com o povo e a classe trabalhadora do Brasil".

Marighella sofreu muito com as atitudes de alguns militantes que foram enviados a Cuba. Chegaram cartas falando de comportamentos não admitidos pelos companheiros cubanos em relação às companheiras que também estavam nos acampamentos.

Eu estava passando por sessões de psicodrama, com um grupo especial, cuja maioria estava sendo procurada pela repressão, e era para se preparar para o pior. A tensão era vivida vinte e quatro horas do dia. O médico que acompanhou o grupo foi, durante anos, diretor da psiquiatria do Hospital das Clínicas de São Paulo.

Uma semana depois do encontro que tivemos com Marighella, destruí todos os papéis que foram colecionados por mim no último ano. Documentos sobre a evolução política no nosso país e na América Latina, também cadernos de formação das várias organizações políticas do Brasil contra a ditadura. O caminhão que fazia a coleta do lixo passou na hora aprazada e lá estava eu na porta do edifício para constatar se realmente haviam colocado no gigantesco moedor de lixo do caminhão toda a papelada que seria esmagada e compactada.

Num espaço de mais duas semanas, fiz teste para trabalhar na Editora Abril Cultural e, no dia que era para me apresentar, estava preso no DEOPS. Nos feriados de finados, tinha ido passar o final de semana no litoral de São Paulo. Voltei numa segunda-feira à tarde. Fui assistir ao filme de Pasolini, *Pocilga*. Chegando ao apartamento, recebi, no começo da noite, um telefonema cifrado do casal Ribeiro Pena. "Venha o mais breve possível aqui". Tomei um táxi e não tinha ideia do que pudesse estar acontecendo.

Quando cheguei à sua casa, na Travessa Ouro Preto, estava o superior dos dominicanos conversando, apreensivo. Logo me falaram, "Frei Fernando e Frei Ivo não deram notícias de suas idas ao Rio de Janeiro e algo aconteceu com os dois". Eu não estava sabendo dessa ida deles para fazer contato com alguns militantes no Rio de Janeiro. E completaram: "O convento está cercado pela repressão com muitos carros e há sinais de que o invadiram para prender alguns frades."

Frei Ratton e Frei Magno, presentes na convocação do casal amigo, avisaram o que Frei Fernando e Frei Ivo tinham ido fazer no Rio de Janeiro e em Petrópolis. Como pedia o protocolo da organização, como medida de segurança para todo o grupo, era péssimo sinal não terem avisado, no máximo, em vinte e quatro horas, se já teriam cumprido com seus compromissos. Os dois jovens frades foram claros: "Nós temos o caminho para sair do Brasil e não ficaremos aqui. Quem desejar ir conosco tem de decidir agora, porque sairemos imediatamente". Falei que achava que não haveria perigo iminente que nos impedisse de passar de carro pelo Convento Dominicano e depois avisar aos leigos do nosso grupo em suas casas, Roberto e Manoel, principalmente. Ratton achou a ideia muito perigosa, mas saímos num fusca com o meu ex-superior dominicano e Antônio Ribeiro Pena em direção ao bairro de Perdizes.

Não passava das 20 horas quando passamos pelo convento e vimos carros da repressão e muita movimentação lá dentro. Fomos diretamente à casa dos pais de Roberto, perto da Paulista e o avisamos de tudo o que estava acontecendo. Ele avisaria a Manoel, de imediato, para decidirem o que fazer. Situação delicada, porque seu pai tinha tido um derrame na semana anterior. Roberto achou que não tinha perigo iminente para o nosso encontro. Pedi a Antônio que me levasse ao meu apartamento. Dormiria lá e, no outro dia, tomaria uma decisão do que fazer.

Chegamos à Rua Rocha e avistei de longe duas pessoas na porta principal do prédio onde eu morava. Perto da meia-noite. Falei com Antônio e o Frade Superior: "Deixem-me na porta e caminhem até o final da rua, façam o retorno e passem para ver se já entrei".

Não adianta transcrever o diálogo que as duas pessoas tiveram comigo. Em poucos minutos, estava preso. Quanto ao carro de Antônio, foi interceptado na volta, com agentes munidos de metralhadoras. Pediram a chave do apartamento e eu dei. Eles nos pegaram. Nós três. E nos levaram ao DEOPS (Departamento de Ordem Política e Social de São Paulo). Foi uma noite terrível, e a sessão de tortura nos aguardava, conduzida pelo temível Fleury.

DEOPS, A SUCURSAL DO INFERNO

O trajeto até o DEOPS de São Paulo (o prédio ficava entre a antiga rodoviária e as duas estações ferroviárias – a Mogiana e a Estação da Luz), foi rápido. O prédio parecia uma antiga fábrica. Olhamo-nos poucas vezes dentro do carro. Entramos a pé pelo lado esquerdo do prédio, onde havia um grande portão de ferro. Fomos levados diretamente ao terceiro andar para uma sala; saberíamos, depois, que era a sala do delegado Cintra Bueno. De estatura baixa, ele estava sentado atrás de uma pesada escrivaninha antiga, de madeira.

À sua frente, irreconhecíveis, com os rostos inchados e outras marcas de dois dias de torturas no CENIMAR (Centro de Informações da Marinha) no Rio de Janeiro, estavam Frei Fernando e Frei Ivo. Ao entrarmos, os investigadores, aos gritos, diziam que eu era uma pessoa importante na organização clandestina. Os dois padres pediram-me cigarros e, ao oferecê-los, percebi que seus movimentos, nas mãos e nos braços desgovernados, impediam-nos de segurar o maço. Estavam com a capacidade motora alterada. Peguei dois cigarros, acendi com meu isqueiro e os coloquei na boca de cada um. Suas roupas manchadas de sangue coalhado e corpos inchados e macerados compunham um quadro aterrador. Um diretor delegado, presente nesse ambiente, começou a fazer sua preleção:

"– Não adianta mentir, porque já sabemos de tudo. Queremos apressar o trabalho e saber dos endereços de algumas pessoas do grupo de vocês, como o do engenheiro Manoel e do

Roberto Pereira Filho e outros nomes que estavam em uma lista que supostamente tinham sido dados pelos frades, na tortura".

Ao ser interrogado, eu disse que não entendia o que estava acontecendo e, então, os policiais que me prenderam fizeram gestos agressivos e animalescos. Arrastaram-me pelos cabelos, através de um longo corredor. Descemos uma escada e chegamos a um pavimento intermediário e recuado. Lá, havia uma sala onde ficava a câmara de tortura. Na parede dos fundos, uma cadeira de braços com espaldar alto, toda revestida de metal, a chamada "cadeira do dragão". Ela tinha uma chave que acionava a eletricidade nos fios envoltos em toda a cadeira. Havia arreatas de couro para prender os braços e as pernas. Isso fixava a pessoa torturada na cadeira, diminuindo a intensidade dos movimentos, cuja força da eletricidade impediria que o corpo do torturado se deslocasse da maldita cadeira. Enquanto Frei Giorgio levava choques na cadeira, eu fui colocado com os pés e as mãos atados, pendurado em um pau, a pouco mais de um metro do chão, entre duas cadeiras. No "pau de arara," eles acionaram uma manivela que com o fio positivo e negativo, davam choques nos meus testículos e em outras partes mais sensíveis, inclusive no meu ânus. Tinha um som parecido ao de uma matraca, instrumento que é tocado na cerimônia da sexta-feira da Paixão, ou nas procissões da Semana Santa.

Para o interrogatório, estavam presentes dois investigadores e um delegado, justamente aquele que tinha me procurado no convento para fazer perguntas cretinas sobre como se comportar na prisão diante de um padre "comunista". E, no DEOPS, a frase mais gritada pelos investigadores e torturadores era: "Você é um nordestino igual aos outros. O que vieram fazer em São Paulo?" As perguntas que ouvíamos quando estávamos na sala de tortura foram ficando cada vez mais incisivas, e eu procurava manter meu equilíbrio emocional e avaliar o que tinha sido "aberto" pelos dois frades nas torturas que sofreram, através das perguntas que me faziam. Notei que Frei Fernando e Frei

Ivo passaram 48 horas em silêncio, exigidos pelo código de conduta do militante, quando arrestados pelos agentes da ditadura.

Havia indícios de que tinham aberto nomes, lugares e situações. Porque os que conduziam o interrogatório já conheciam muitos detalhes e tinham em suas mãos um papel com uma espécie de roteiro. Eu e Frei Giorgio fomos trocados de instrumentos torturantes; fui para a cadeira e ele para o pau de arara, que com poucos minutos, não aguentou o seu peso e cedeu.

Nesta hora, chegou o delegado Fleury com Frei Tito, conduzindo-o para um local pouco afastado dos instrumentos de tortura. Durante os interrogatórios que faziam a mim e ao Frei Giorgio, davam ordens aos investigadores para que emitissem cargas maiores de eletricidade. Queriam, a toda força, que falássemos de todo o projeto da ALN e a nossa participação na organização.

Em seguida, me levaram para uma sala, onde estavam os demais frades que faziam parte do nosso grupo, com exceção de Ratton e Magno que conseguiram fugir do país. Também estavam presos alguns amigos militantes cristãos que eram da Ação Católica e nos ajudavam na logística.

Um velho cearense, dissidência do partido comunista, e que fazia a segurança de Marighella, o Rabote, começou a nos dar força, a nos mostrar a necessidade de, com calma, construirmos uma mesma história, e não tinha momento e hora melhor do que aquela em que estávamos juntos. Tinha de haver coerência nos nossos depoimentos. Saber o que já tinha aberto e já era conhecido dos delegados. O mais importante era não abrir novos nomes. Deveríamos nos restringir a essa história, com fatos e nomes já abertos, mesmo que fôssemos torturados novamente. Quanto mais abríssemos, mais terríveis as consequências.

Pela manhã, fomos levados ao porão, onde ficavam as celas. Ali, uma nova experiência de tensão. Um novo inferno começava. Os investigadores, com prepotência e ignorância, passeavam pelo grande corredor de celas e batiam nas portas de ferro de cada cela com cassetetes. Eles nos xingavam e nos xingavam e ameaçavam que voltaríamos à tortura e à morte. Todos os nossos pertences, relógios, carteiras, canetas, desapareceram. Deixaram-nos apenas com a roupa do corpo, sem cinto ou qualquer outro objeto cortante, para que não tentássemos suicídio.

A portaria que administrava essa prisão era uma sala grande, e mais duas celas para a carceragem. Em uma delas, já estava o Padre Augusti, da Diocese de Botucatu, que foi entregue às autoridades por um bispo sectário, numa ação muito obscura, sendo apontado pelo trabalho que fazia junto à juventude universitária e pela participação em atos contra a ditadura. Augusti foi o anjo da nossa chegada, com seu modo zen de ver o mundo e trazendo a calma possível para todos. Na cela dele ficaram Frei Fernando e Frei Ivo.

Na cela junto à dele, estava Diógenes de Arruda Câmara, um dos fundadores do PCdoB (Partido Comunista do Brasil), que depois dividiu uma cela comigo e mais três pessoas no Presídio Tiradentes. Por causa das torturas na Operação Bandeirante, sede do exército no Ibirapuera, ele tinha chegado numa situação desumana, com ferimentos provenientes de pancadas e sentia dores em todo o corpo.

Uma porta de ferro desse salão de entrada dava para as três celas do corredor. E, no fundo, outra cela, para a qual foi levado o advogado Leopoldo Heitor, preso sob a acusação de ter matado a Dana de Teffé. Depois, ele foi transferido para uma cela que os presos chamavam de fundão. E, em seu lugar, ficou confinado Frei Betto, recém-chegado do Rio Grande do Sul, na companhia do Padre Augusti que o hospedou em Porto Alegre. Nós ficamos na primeira cela junto com os militantes ligados ao nosso trabalho na ALN. Logo chegaram bilhetes das outras celas, avisando-nos que tivéssemos cuidado com dois fuzileiros navais que chegaram do Rio, ligados ao Cabo Anselmo, e que, provavelmente, ficariam em nossas celas e poderiam agir como informantes. Assim que chegamos, limpamos logo o local. Conseguimos uma vassoura, passamos um pano molhado em todo o chão e limpamos bem o sanitário. Lá, não chegava sol em nenhuma hora do dia.

O primeiro almoço foi distribuído em latas de conservas ou pratos de plástico. Feijão, arroz, carne, algumas alfaces queimadas pelo tempo, tomates mal cortados e os primeiros insetos, asas de baratas, e lagartos bem pequeninos. Os dois militares, companheiros de cela, nos ensinaram logo como comer aquela "lamberagem".

Na parte final do corredor, em outra grande cela, ficavam todas as mulheres. Entre elas Marli, uma militante trotskista, companheira de meu amigo Pedro Alexandrino, morto na guerrilha do Araguaia. Ela me ajudou muito na época em que éramos militantes universitários, e teve atuação importante nas passeatas do ano de 1968. Como foi logo transferida para o Rio de Janeiro, de lá sempre me mandava roupas de lã tricotadas por ela, para eu aguentar o frio da prisão Tiradentes.

Eu vivia dando breves cochilos, numa espécie de fuga mental; não conseguia dormir nem durante a madrugada – devido aos gritos dos militantes sendo torturados – e, claro, nem durante o dia. Ficava esperando, a qualquer momento, ser chamado novamente para interrogatório – o que aconteceu mais duas vezes. Sempre com sessão de torturas. Uma delas, novamente com Sérgio Fleury, ao lado de duas autoridades que me olhavam de longe, enquanto eu falava. Eles me apresentaram um álbum de fotografias para que eu identificasse quem eu conhecia naquele álbum. Vi logo que se tratava dos que foram presos no Congresso da UNE, em Ibiúna.

Só apontei os frades do convento que estavam naquele evento e estudavam na USP. Uma segunda vez, o interrogatório foi sobre os três encontros com Marighella. Se eu sabia decifrar o código usado por ele em seus escritos. Apresentaram também uma caderneta escrita com letras do alfabeto grego. Falei que não sabia falar, nem ler aquela língua clássica.

No primeiro dia de prisão, bem cedo, me levaram com Frei Ivo para o que chamavam de "dedilhar no piano" que era manipulado por um papiloscopista. Cada dedo das duas mãos foi envolto por uma tinta e depois, como se fosse um carimbo, cada dedo foi pressionado numa ficha individual com o nome e a fotografia. Depois de limpar as mãos, eles nos posicionaram de frente para uma parede. Enquanto isso, em nossas costas, com as armas apontadas, simularam um fuzilamento. Imediatamente, depois disso, tiraram fotos de cada um de nós, de frente e de lado.

À noite, eu tinha dado um cochilo maior, e, perto da meia-noite, me assustei com pancadas de cassetetes nas portas de todas as celas. Eram os investigadores. Falavam, aos gritos, que os frades dominicanos, Ivo e Fernando, tinham entregado Marighella e que ele já estava morto. Eu e os meus companheiros de cela, sentíamos imediatamente um clima de terror. Como se o mundo tivesse desabado sobre nossas cabeças. Foi torturante ouvir tudo assustadoramente, e não tínhamos confiança alguma no que chegava a nossos ouvidos, de modo gritado e raivoso.

No dia seguinte, Frei Betto datilografou o seu relatório para os delegados que o acompanhavam. Todos nós ficávamos atentos a qualquer barulho da porta de ferro que abria e fechava, enquanto entravam e saiam funcionários e, sobretudo, companheiros presos que eram levados para os interrogatórios.

Quatro momentos, durante meus dias de prisão no DEOPS me marcaram profundamente. Em um final de tarde, nos colocaram na cela de Padre Augusti, eu e Frei Giorgio Callegari. E os carcereiros nos deram um aparelho de barbear, e exigiram que usássemos roupas limpas. Já tinham feito isso com alguns frades anteriormente naquele dia, e não sabíamos para que finalidade. Começamos a desconfiar e falar em voz baixa a respeito do que poderiam estar preparando. Fomos levados para o último andar do prédio. À medida que passávamos pelo longo corredor, do lado direito, tinha várias salas e um cartaz colocado em cada uma de suas portas com a sua especialidade: movimento operário, estudantil, intelectual...

Colocaram-nos numa daquelas salas, e falaram que seríamos chamados na hora certa, individualmente, para sermos filmados. Receberíamos um texto, assim que entrássemos naquele ambiente e éramos obrigados a falar para a câmera aquilo que estava escrito. Caso contrário, voltaríamos para a tortura.

Frei Giorgio entrou e, com poucos minutos, ouvimos os seus gritos. Ele não aceitou participar daquela farsa. Prometia falar para os jornais italianos, para o cônsul, e para as autoridades da Igreja. Chamaram-me e me entregaram o papel. Eu fiz uma rápida leitura, lembrando-me dos exercícios que tinha feito no aprendizado desse tipo de leitura rápida que estava em voga na década de 1960. Não havia nada comprometedor a não ser um fato que eu não tinha presenciado.

Quando chegou a minha hora de relatar "o tal fato", baixei a voz o suficiente para ditar algo que não estava condizente com a média de voz emitida até então na gravação. Enquanto eu lia o texto, sob o foco da brilhante luz de gravação, uma pessoa que estava na penumbra, levantou-se irritada e falou que eu teria de refazer aquele trecho, pois eu estava boicotando o trabalho. Tudo isso falado em inglês. E aquela parte da gravação foi regravada e eu fiz o contrário, impostei a voz e a emiti de forma altíssima.

Dez anos depois, eu soube, através de uma revista brasileira, num artigo sobre a história da ditadura no Uruguai, que um agente da CIA tinha sido morto em Montevidéu, em um atentado, e tinha passado um período pelo DEOPS de São Paulo.

O segundo momento que me marcou, três semanas em que estava no DEOPS, foi a visita de meus pais. O fato aconteceu dentro de um quarto de um delegado, que estava preso por ser corrupto, e exercia suas funções em Santos. Esse encontro demorou, na minha memória emocional, uns quinze minutos. Pode ter sido muito mais. Não poderia ter sido de outro modo. Eu estava muito alegre e, ao mesmo tempo, muito apreensivo por eles estarem ali, diante de mim. Conversamos na frente do delegado somente banalidades. O importante era mostrar que eu estava bem. No final do encontro, informei que, por causa da tortura e em contato com as fezes e urinas de outros presos, eu estava com uma doença venérea no pênis. E que estávamos suscetíveis a essas doenças, porque também ficávamos nus nas salas de tortura. Prometeram que chegaria às minhas mãos, com anuência do delegado, o antibiótico específico para sanar aquela doença. Na saída, minha mãe abraçou-me, beijou-me e falou no meu ouvido: "Você está aqui por consequência de uma decisão pessoal. Se você nomear alguém com quem trabalhou com você politicamente, teremos de ter uma conversa séria depois".

O terceiro momento foi quando, inesperadamente, no começo da noite, os funcionários ordenaram-nos a tomar banho e colocar roupa limpa, inclusive nos deram cinturões – o que era proibido pelo protocolo interno de segurança, para evitar suicídios. Subi com Frei Tito até o segundo andar, onde estive lá na primeira noite, exatamente na sala do delegado Cintra Bueno, logo na minha chegada naquele inferno. Conduziram-nos a uma sala de honra, onde todos os ex-diretores da instituição estavam perfilados em retratos ou pinturas, como homenagem póstuma. Poltronas de couro confortáveis nos esperavam. Em nossa frente, junto ao diretor delegado em exercício, estava o cardeal Agnelo Rossi de São Paulo, que veio "nos visitar".

O diretor do DEOPS, talvez para mostrar uma intimidade entre eles e as autoridades, e nos intimidar e constranger, levantou-se, e, com seu dedo grosso e gorduroso, passou-o no rosto do cardeal, falando: "Desculpe Eminência, pensava que fosse um inseto, mas é apenas a réstia da luz". Guardo a recordação deste fato jocoso que aconteceu logo na nossa chegada à sala.

O cardeal, que já me conhecia como sacerdote, me perguntou: "Eu soube que encontraram roupas de mulheres e cartas comprometedoras em seu apartamento". Respondi: "Não sei por que tanta preocupação, porque nunca fui chamado pelo senhor para falarmos do múnus sacerdotal no Vergueiro". E continuei respondendo de quem era o apartamento que tinha alugado, e que essa pessoa fazia doutoramento na Sorbonne, em Paris.

A conversa continuou. Frei Tito perguntou ao cardeal pela reunião em Roma, um sínodo sobre o Vaticano II. No mais, ouvimos uma conversa sobre poderes, na qual o cardeal colocava sua preocupação com o crescimento da Igreja Pentecostal de Manoel de Melo, no bairro de Pompéia, e a construção do grande templo. Nessa hora, o delegado virou para mim e perguntou o que eu achava do que o cardeal Rossi tinha colocado. Respondi secamente: "O Espírito Santo sopra onde quer!"

Chegou a hora da grande revelação do dia. O delegado falou que quem estava presente na sala de Cintra Bueno era o representante do Vaticano, e que iríamos a seu encontro. E falou: "Aviso que, depois dos abraços efusivos, tenham cuidado com o conteúdo das conversas".

Levantamo-nos, depois de nos despedir do cardeal e, com poucas passadas, entramos na sala onde estava o representante do Vaticano, Couesnongle, que veio acompanhado pelo nosso Frei Gorgulho. Couesnongle tinha sido meu professor de teologia no Convento de São Paulo.

A primeira coisa que ele falou, na frente do delegado Cintra Bueno, que se mantinha calado, enquanto ouvíamos o som vindo da sala vizinha, que repetia gravações das vozes dos que nos antecederam: "Tudo é pura intimidação". Com autoridade, Couesnongle falou: "Vim ouvi-los a pedido do Vaticano e não tenham medo de narrar o que aconteceu com cada um. Tenho a experiência de ter vivido com os maquis na resistência francesa. Sei de todos estes métodos que acontecem em regimes autoritários".

Em uma sala vizinha, espumava de raiva o delegado Fleury, porque não podia prender, por motivos diplomáticos, o enviado do Vaticano. Colocamos para Couesnongle tudo o que passamos e vimos no DEOPS. E voltamos de alma lavada às nossas celas no calabouço.

O quarto momento ocorreu num final de tarde em que fomos chamados, em horas diferentes, e não saberia dizer se fomos os primeiros, Marcelo Carvalheira, eu e Frei Fernando. Quem estava em uma das salas do DEOPS era o amigo do delegado Cintra Bueno, o fundamentalista caruaruense e jornalista assistente da direção do jornal *O Estado de São Paulo*, Lenildo Tabosa, que teve um triste fim, sucumbindo num desastre de avião de sua propriedade. Dirigir essa aeronave era seu principal *hobby*.

Interrogou cada um de nós a respeito da doutrina social da Igreja Católica, principalmente condenando todos os documentos a partir de João XXIII e enaltecendo as encíclicas dos papas do final do século XIX e Pio XII, no século XX. Sem tomar nenhuma decisão conjunta, Frei Fernando e eu negamos sua autoridade para, em nome da Igreja Católica, como na inquisição, desejar saber de nossa opinião teológica. O Padre Marcelo Carvalheira falou pouco na arguição. Anos depois, nomeado bispo na Paraíba, onde honrou o seu pastoreio, abraçou e referendou toda a pastoral ligada à igreja dos pobres, que teve em Dom Helder Câmara um de seus incentivadores.

O delegado Cintra Bueno mereceria um estudo aprofundado sobre ele no mundo acadêmico. Especialmente por parte dos nossos historiadores. Foi em sua sala que vi passar freiras e militantes da Congregação Mariana da Igreja Católica, que levavam anotações de reuniões do episcopado e dos sermões de alguns padres "comunistas". Presenciei essa situação em dois momentos em que passei por aquela sala. Uma delas foi quando fiquei esperando no corredor o chamamento do delegado Fleury. E conversei com alguns "beatos congregados cristãos" que rondavam a carceragem e os lugares de tortura com trânsito livre. A mesma liberdade que tinha um padre abjeto da Diocese de Santos, com seus trejeitos maneirosos, que passava o dia lá nas celas, a querer conversar conosco e com os outros presos. Desconheço se ele havia sido nomeado por alguma autoridade religiosa. Mais uma ave de rapina naquele meio.

Com mais de um mês confinado naquela casa de terror, com a pressão internacional sobre o governo brasileiro e a mídia da época, que já começava a denunciar as torturas, os opressores, obrigados a obedecer à ordem do Ministro da Justiça, em vinte e quatro horas decidiram fechar todos os inquéritos dos frades dominicanos e dos grupos católicos que eles acompanhavam. Fomos levados, cada um para sala diferente, para ser interrogados por um delegado, com um escrivão ao lado. Na sala de cada delegado, em cada porta, estava pendurado um cartaz escrito: FREI CUTUNDUVA, FREI ROMEU TUMA, FREI... Uma forma de ironizar a igreja, alegando que a igreja era terrorista e marxista. No final, era lido o relatório e tínhamos de assiná-lo.

Após trinta dias no DEOPS, fomos obrigados a pegar nossos pertences, porque seríamos transferidos para o Presídio Tiradentes.

PRESÍDIO TIRADENTES

Fui transferido para o Presídio Tiradentes, juntamente com Frei Fernando, Frei Ivo, Frei Giorgio, Frei Tito, Frei Roberto Romano, e Frei Betto. Essa penitenciária ficava na avenida do mesmo nome, em frente a um convento – hoje Museu de Arte Sacra da Arquidiocese de São Paulo – e de um quartel da Polícia Militar. Ali estaríamos oficialmente sob a guarda da Justiça Militar. Era uma construção provavelmente do começo do século, e os presos políticos ficavam no pavilhão mais antigo, onde, na ditadura de Getúlio Vargas, esteve preso o escritor Monteiro Lobato. No outro pavilhão, bem maior, ficavam, como sardinhas em latas, os presos comuns. Foi para lá que fomos encaminhados e ficamos vários dias em uma cela num corredor, com cubículos enfileirados de ambos os lados, que abrigavam, em sua maioria, presos com os mais variados delitos e que estavam ali extraoficialmente – o que facilitava ao esquadrão da morte chegar às caladas da noite e pegá-los para assassiná-los e jogá-los nas estradas da periferia da cidade.

Ficamos apavorados com a nova situação, e o carcereiro-chefe logo ouviu os nossos xingamentos e reivindicações, pedindo a presença do juiz corregedor, o que só veio a ser concretizado, dias depois. Pela lei, não podiam juntar, em um mesmo pavilhão, os presos políticos com outros presos. A princípio, o motivo alegado pela repressão era "medida de segurança". Durante todo o tempo em que passei no Tiradentes, continuavam colocando os presos políticos mais pobres, principalmente do grupo ligado a uma das organizações marxistas, em uma ou mais celas desse pavilhão dos presos comuns. De certo modo, a direção do presídio separava, em classes, os políticos.

Ao entrar na nova cela, muito pequena e estreita, ouvindo um barulho ensurdecedor de 400 a 650 presos gritando e se comunicando de várias formas, comecei a ter claustrofobia. Essa sensação terrível de falta de ar era motivo para que os frades pedissem aos carcereiros que abrissem a pequena janela gradeada da porta de ferro. Assim que coloquei o meu nariz para fora, pelo menos tive uma sensação de alívio. Uma imensa janela sem vidros e gradeada, dava para um muro alto a três metros de nós, onde os militares, em suas guaritas, faziam a segurança do presídio. Apesar dessa imensa janela na cela, a sensação de falta de ar vinha imediatamente, toda vez que, por sacanagem, os carcereiros de mau caráter fechavam a janelinha da porta, para que não víssemos suas contravenções no corredor, com drogas e outros objetos.

Havia um verdadeiro comércio entre os presos comuns. Nossa presença era incômoda e perigosa para eles, porque não fazíamos parte do esquema marginal da prisão. A partir do primeiro momento em que fomos confinados ali, programamos momentos de oração, principalmente motivados por Frei Fernando, Frei Ivo e Frei Giorgio. Passávamos horas e horas cantando toda a MPB (Música Popular Brasileira), desde o período das serenatas do começo do século, até as músicas de festivais –Vandré, Caetano, Chico Buarque e outros compositores jovens, conhecidos por grande parte da população brasileira.

Questionamos o motivo pelo qual estávamos ali, e não no outro pavilhão, a poucos metros de nossa janela, de onde tentávamos nos comunicar com os companheiros. Não houve respostas. Mas sabíamos que a repressão queria que ficássemos incomunicáveis. Temíamos ser transferidos, a qualquer momento, para lugares imprevisíveis, e para novos interrogatórios e torturas. Mas a repressão estava, naquele momento, passando por intensa pressão internacional. E particularmente a Igreja Católica exigiu que saíssemos do DEOPS – espaço onde corríamos risco de vida – para oficializar a nossa prisão, com depoimentos tomados e assinados, conforme a defesa brilhante de Mário Simas, advogado dos dominicanos, que tinha cobrado a oficialização de nossa prisão. O conjunto de forças e ações humanitárias e solidárias a nosso favor, nacionais e internacionais, apressaram a finalização do período de terror em que estávamos, durante algumas semanas, a partir da nossa detenção pelo DEOPS.

Mas os repressores ainda queriam dar tempo ao tempo, para ver se podiam ainda nos forçar a novos interrogatórios. Mas fomos transferidos para o Presídio Tiradentes.

Durante a primeira noite no Presídio Tiradentes, a presença do médico Antônio Carlos Madeira foi um alívio e alento. Ele fazia parte do apoio logístico da ALN (Aliança Libertadora Nacional), e, quando preso no Tiradentes, teve uma marcante atuação como médico junto aos presos comuns. Ele era retirado de sua cela pelos chefes da carceragem, para tratar dos doentes – doenças sexualmente transmissíveis, câncer, diabete, enfartes – e costurar feridas provocadas por brigas entre os presos e surras dadas pelos agentes de carceragem. Muitas vezes, ia socorrer os jovens recém-chegados ao presídio, que tinham sido estuprados, com ruptura do ânus, causadas pelos presos mais antigos durante a noite, não raro, chegando até que ter de colocar no lugar parte do canal anal que tinha saído.

Esse serviço prestado pelo médico Antônio Madeira aos confinados lhe dava um *status* dentro daquele sistema prisional, adquirindo confiança e autoridade junto a alguns chefes de carceragem de boa vontade e com mais humanidade. Por isso, Madeira chegou à noite em nossa cela, no nosso primeiro dia, naquela sucursal do inferno, para ver como estava nossa saúde, providenciar remédios, conversar sobre os costumes do Tiradentes e dar e receber notícias do DEOPS. A partir daí, ficamos menos apreensivos, mas a tensão continuava, porque o fato de estarmos perto dos companheiros não impediria que os militares nos levassem, a qualquer hora, para outro lugar, burlando, por alguns dias, a atenção das instituições civis e religiosas que tentavam, de longe, nos proteger.

Um mundo novo e terrível abria-se à minha frente. A maioria dos presos não estava oficializada naquele pavilhão, porque fazia parte daqueles que não tinham dado propinas para o esquema de corrupção dentro da própria Secretaria de Segurança, ou não tinha pagado a "mensalidade" para que fossem "esquecidos" e continuassem no mundo da contravenção. Deixando de pagar o passe, o indivíduo tinha de ficar ali, e ali ficava até que seus companheiros ou parentes regularizassem as quantias negociadas. Isso nos foi informado por dezenas de presos durante todo o período em que convivemos com eles.

Muitos eram presos por causa do regime de impunidade e abuso de poder dos pequenos e médios funcionários públicos ligados à segurança, ou da polícia militar, os quais, por justiça própria, prendiam e libertavam aqueles que eles assim o desejassem, pelas mais variadas causas pessoais. Devido à desavença entre funcionários, amigos ou familiares, castigavam terceiros, nesse inferno. Outros eram tirados de presídios, delegacias, ou mesmo trazidos, escondidos de suas casas, para ser assassinados. Muitas vezes, ouvíamos os presos gritarem, na madrugada, chamando por alguns de nós, que tínhamos tido mais contato com eles. Víamos serem levados pela equipe de investigadores de Sérgio Paranhos Fleury, e, no outro dia, aparecia, estampado nos jornais, o retrato do "presunto" em alguma rodovia ou descampado.

Para ficarem livres do esquadrão, os marginalizados assassinavam qualquer companheiro de cela e, dessa maneira, era dado o flagrante, e eles eram levados para o Carandiru, oficialmente.

Essa situação parou, quando o Dr. Hélio Bicudo foi nomeado como corregedor dos presídios de São Paulo. Com coragem, enfrentou o problema e chegou a indiciar a equipe de investigadores envolvidos, e o próprio Sérgio Fleury, que tinha sido nosso torturador no DEOPS. Verdade seja dita: nossa presença e nossas posturas políticas, diante daquela realidade, no dia a dia do presídio, como cidadãos presos, com toda a certeza, chamaram a atenção de alguns chefes de carceragem, e investigadores. Eles tiveram coragem não só de denunciar, anos depois, toda aquela situação nos presídios, como também forneceram para a justiça o livro diário de presença na carceragem, provando a irregularidade daquelas prisões. Nele estava anotado se alguns presos assassinados foram retirados dali. Seus nomes estavam registrados até o dia anterior à sua morte.

Todos os corajosos funcionários que conheci foram testemunhas de acusação no processo. De grande valia foi a postura de uma investigadora, que já passava dos cinquenta anos, e era nosso anjo da guarda na rouparia. Ela fornecia roupas de cama quando nossos companheiros de outros estados e de outras regiões de São Paulo não recebiam de seus familiares. Ela já tinha passado por uma situação trágica no presídio do Brás, em que, durante uma rebelião, ela foi estuprada por mais de uma dezena de rebelados. Mesmo com essa trágica experiência, ela, sensibilizada com a situação desumana de todos os presos e das chacinas cometidas dentro do Presídio Tiradentes, foi a juízo depor como testemunha de acusação no inquérito sobre o Esquadrão da Morte, conforme testemunhos chegados a mim, anos depois, por ex-presos políticos.

Nos poucos dias em que ficamos nessa pequena cela, na ala dos presos comuns, vimos as "terezas" subirem e descerem, passando pela janela de nossa cela ou de outras, com os mais diversos objetos, cigarros, relógios, isqueiros, fósforos, toalhas, sabonetes, pastas dentais, escovas, maconha, frutas, verduras, remédios, rádios de pilha, pente e mil outras bugigangas. Era um verdadeiro comércio. Tudo com entrada mais ou menos oficial, através de algumas raras visitas de advogados e familiares a esses presos. Na maioria das vezes, era trazidas por investigadores e guardas da Polícia Militar, que faziam toda essa transação em troca de dinheiro.

A "tereza" consistia num cordão ou corda que os presos sustentavam numa das pontas, e, na outra, ficava um saco, ou um pequeno cesto, onde eram colocados os mais diversos objetos. Esses objetos eram compartilhados, ou eram comercializados entre os presos. Eram puxadas com maestria, em direção à cela dos que tinham solicitado o tal material, ou içadas quantas vezes fossem necessárias, desde que chegassem a seu destino. O pedido era feito através de bilhetes, quando a situação estava quente, com períodos de maior rigor na fiscalização por parte do diretor, ou no caso de um dia em que o chefe de carceragem estivesse muito afobado.

Os presos também usavam, para se comunicar, a linguagem de sinais dos surdos, com variações típicas da cultura carcerária. Outros usavam o Código Morse, batendo com um objeto nas paredes de suas celas. O chefe de carceragem era quem filtrava, por dinheiro, toda a entrada de comida e material de higiene que usávamos. Inclusive, com alguns bilhetinhos de nossos familiares.

Passávamos horas nos distraindo com aquela movimentação e procurando compreender melhor o que se passava ao nosso redor. A linguagem era completamente nova para nós, e os presos conversavam em voz alta durante todo dia. Chegamos mesmo a começar a anotar as palavras, e a criar um dicionário que, infelizmente, esquecemos em algum lugar dentro da própria prisão.

À medida que os dias e meses iam se passando, mais descobertas íamos fazendo sobre aquele sistema. Observei, desde o período em que estivemos presos no DEOPS, que, em todas as instituições carcerárias, havia funcionários que foram militantes do Partido Comunista Brasileiro. Achei que isso mereceria um estudo ou pesquisa mais profunda por parte dos historiadores ou cientistas sociais. Quando estávamos no DEOPS, era fato notório que um dos delegados, que, inclusive, estava preso à época, com trânsito livre até na carceragem, tinha seu quarto em um dos andares nobres. Ele dizia que era de Santos, em São Paulo, e que tinha sido da militância do "Partidão" (PCB).

No Tiradentes, a presença desses militantes também era atuante. Lembro-me de que Diógenes de Arruda Câmara (muitos anos como secretário geral do Partidão) também estava na nossa cela 1. Um dia, um carcereiro veio conversar com ele. Logo ele lembrou que esse carcereiro tinha sido militante numa célula do Partido Comunista no bairro de Botafogo, no Rio de Janeiro, e deu, inclusive, seu "nome de guerra", que foi confirmado pelo próprio, com a narração de pequenas histórias daquela época.

Corria, à boca pequena, que a presença dessas pessoas nos sistemas prisionais tinha uma finalidade. Caso a ditadura decretasse um massacre geral numa dessas prisões políticas, eles estariam a postos para salvar os principais dirigentes das organizações marxistas. Mito ou verdade, alguém deveria saber da resposta...

A chegada do juiz do Tribunal Militar à porta de nossa cela, na ala dos presos comuns, foi um sinal de que nossas reclamações tinham sido ouvidas! Após apresentar-se como autoridade, iniciou-se um duro diálogo entre as partes. Mostramos a situação de total desrespeito às leis e o perigo que passávamos por estarmos jogados indevidamente naquela ala. Evidenciamos que, se qualquer coisa acontecesse conosco, responsabilizaríamos a sua pessoa e autoridade. Ele me chamou pelo nome, e logo me lembrei de que o tinha conhecido quando estava como dirigente nacional da Ação Católica Brasileira no Rio de Janeiro, e ele era estudante do Colégio dos Beneditinos, quando iniciou sua militância no mesmo movimento. Infelizmente, estávamos em campos opostos.

Através de terceiros, soube que essa autoridade sempre demonstrou passividade diante do conselho militar, e nenhum ato corajoso seu ocorreu diante dos relatos dos presos sobre as torturas sofridas e demais crueldades cometidas pela ditadura. Ele visitava na calada da noite, como Zaqueu, o Cardeal Arns, para diminuir a dor e chorar seus dramas de consciência.

Com mais alguns dias, recebemos ordem do carcereiro-chefe para reunir nossas tralhas, porque iríamos nos juntar aos companheiros da outra ala. Na porta da cela, companheiros, como se fossem anjos, estavam nos esperando para nos conduzir a um espaço mais seguro.

O PAVILHÃO I

O pavilhão 1 era onde a maioria dos companheiros estava confinada, junto da grande porta de entrada da prisão. Ali começava um corredor com um muro alto e uma pequena porta de ferro a direita, que dava comunicação para o átrio do pavilhão. No dia de visitas, nossas famílias e nossos amigos passavam por esse corredor para entrar em algumas salas da administração. Nelas, tiravam suas roupas e, nus, eram revistados, antes de terem o encontro conosco no pátio. O andar térreo era composto de várias salas, inclusive a do diretor, que era uma figura asquerosa, por suas maneiras falsamente tímidas e educadas, mas que tinha ligação direta com Sérgio Paranhos Fleury e outros torturadores, e chefes maiores da repressão. Atrás de seu constante riso, tentava, sem sucesso, minar as nossas forças através de uma possível divisão entre nós.

Sempre reunia seus subordinados para, através de discursos autoritários, mostrar o perigo que representávamos para a sociedade e o perigo para o sistema prisional e os próprios funcionários, seus subordinados. Dessa maneira, queria intimidá-los a não abrir as portas das celas para transitarmos pelas alas e andares. Costumava dizer: "Para cada terrorista que está aqui vale a segurança para cem dos nossos". Ele passava poucas horas na prisão e era omisso, por conveniência, à maioria dos atos mais graves que se passavam na ala dos comuns, ou pavilhão 2.

Um enorme quadrado, como se fosse um claustro, dava abertura, iluminação e ventilação não só a este andar térreo, como a todos os outros desse pavilhão, assomando, depois do último, um telhado longo, coberto com telhas claras – o que fazia com que tivéssemos boa iluminação durante todo o dia.

Havia uma larga escada de cimento do lado direito do átrio após o corredor da porta de entrada desse pavilhão, que dava acesso ao primeiro andar, onde, da esquerda para a direita, rodeando o átrio quadrado, ficava da cela um até a cela seis. Entre as celas três e quatro, em uma quina do quadrado, ficava a outra escada que, no primeiro vão, dava para a rouparia da prisão e para uma minifarmácia. No final dessa escada, uma grande porta de ferro, igual à de todas as outras celas, que dava acesso ao segundo e último andar, onde uma grande cela ocupava todo o espaço – a de número 7, minha primeira estadia naquele inferno.

Todas as celas tinham as mesmas imensas janelas, sem vidro e protegidas por varões de ferro, para os presos não fugirem. O clima de São Paulo provocava umidade muito grande no interior das celas, salvando-nos, por algumas horas, a entrada de alguns raios de sol no período mais favorável do verão. No entanto, negativamente, sofríamos com a entrada de toda a poluição da avenida com a fuligem e o intenso barulho dos carros que transitavam dia e noite. No inverno, cada cela criava um toldo improvisado de compensado, ou encerado, ou pano mais encorpado, quase tapete, para evitar a baforada de ventos frios e a chuva renitente, com sua vaporização em todo o ambiente. Lutamos para diminuir o cheiro de bolor. Alguns se juntavam em torno do fogão elétrico improvisado para se esquentar e evitar gripes, rinites e sinusites constantes.

Banhos de sol eram raros e, muitas vezes, tínhamos de gritar para ser atendidos e usar dos nossos advogados para pressionar a direção do presídio para que cumprisse as normas e leis que regem os presídios políticos. Mesmo assim, a situação era kafkiana. Não tínhamos a mínima ideia de quando iríamos ao pátio para tomar sol. No calendário semanal, estava definido um dia para isso, mas nunca foi cumprido. O diretor receava ajuntamentos dos presos das várias celas e disse que só desceríamos separados e em horas diferentes. Para ele, não deveríamos ter essa "colher de chá", porque não tínhamos direito à saúde, por sermos todos "terroristas".

Fico imaginando que o fato de aquele presídio não ter equipe de saúde ou remédios básicos na enfermaria e ainda a ausência de medidas preventivas não seriam estratégias do diretor para que pudéssemos adoecer com mais gravidade. No entanto, o governo do estado tinha oficialmente designado um médico e um enfermeiro para cada presídio. E um dentista também. Nenhum deles aparecia nem para assinar o ponto. Mas um dos nossos companheiros presos, que trabalhava como odontologista em Ribeirão Preto, atendia no consultório da prisão os casos mais graves das diversas alas.

Em cada cela, havia chuveiro e "trono". Na cela 7, por ser de grande extensão, tínhamos tudo duplicado. A iluminação era deficiente à noite, mas conseguimos gambiarras e fizemos extensões para a ligação de vários aparelhos eletrônicos, televisão, rádios... O mais importante era uma ligação com força maior de watts para que nosso fogão funcionasse. Equipamentos a gás eram proibidos por questões de segurança.

NARRATIVAS DO COTIDIANO DA PRISÃO TIRADENTES

A comida era o exemplo de desperdício e lucro para os fornecedores do sistema penitenciário. No DEOPS, ela tinha uma qualidade inferior e, na maioria das vezes, vinha com caruncho e asas de baratas. Nessa repartição e no Tiradentes, chegavam dentro de panelas fundas e caçarolas imensas e tínhamos de fazer o reaproveitamento. Lavávamos novamente todas as verduras, catávamos todo o feijão cozido e olhávamos as carnes com muito cuidado. Toda a espécie de insetos era encontrada. A famosa dobradinha era recebida com alegria, mas tínhamos de lavar as "folhas" ou o "livro" e retemperar. Maquiávamos tudo que íamos comer. Para obtermos um cardápio melhor, muitos de nossos parentes e amigos traziam, de suas casas, sacolas e mais sacolas de comidas, nos dias de visitas. Quando não, por algum trocado dado aos funcionários, eles passavam sacolas em qualquer dia, pela carceragem, através dos esquemas com os investigadores.

Memorável foi uma professora de ciências sociais da USP, cuja mãe cuidava de nossas roupas no convento dominicano de Perdizes, que nunca deixou de providenciar uma boa quantia de dinheiro entregue a um frade dominicano, para que nada faltasse na comida dos religiosos. Dou testemunho também do irmão de meu amigo, advogado Magalhães, aluno, na época, na Maria Antônia, que, anonimamente, me ajudou através de terceiros.

Uma década depois, em Recife, onde mora até hoje, soube de seu gesto através de uma amiga comum. Esses samaritanos existiram em toda a nossa história de lutas no Brasil, e sempre tiveram seus nomes ignorados e seus gestos corajosos e solidários esquecidos.

Aprendi a cozinhar na prisão. Foi uma escola de gastronomia internacional e caseira. Uma das coisas que nos equilibrava e nos dava prazer. Cada cela tinha sua cultura e, ligado a ela, seu cardápio. Algumas, bem mais espartanas, tinham a prisão como local de exercício para futuras lutas contra a ditadura.

Estive confinado em dois locais com culturas completamente diversas. Na cela sete, a maior da prisão e onde havia mais ocupantes, a comida do cadeião era acrescentada às outras, com cheiros e gostos das mais diversas regiões do país. Aos acepipes, se acrescentava um tempero de alguns companheiros presos de outros países – um indiano, um espanhol e um francês. Os dois primeiros eram presos a pedido de suas ditaduras, o que não era muito comum nas prisões brasileiras. A opressão e a repressão também têm vias comunicativas e internacionais. Semanalmente, uma lista de companheiros se revezava nos afazeres da copa e da cozinha, mais ou menos sob as ordens do francês Jacques Breton, que, como bom administrador de suas empresas, levava sua experiência à cozinha de nossa cela.

De acordo com o que tínhamos na despensa, fazíamos o cardápio do dia e mudávamos um item ou dois, para nos adaptar à comida que vinha do "cadeião". Apesar de imprevisível, quanto ao conteúdo e à qualidade, aproveitávamos o máximo do que chegava lá na cela.

Não se deixava nada sujo – utensílios, pratos e a pia. Os companheiros que eram escalados por nós para o preparo de uma refeição só consideravam que estava concluído o seu turno, quando tudo brilhava e com a limpeza exalando um bom odor. Os que não entendiam nada de manipulação dos alimentos iam para as equipes de lavagem da copa e de limpeza da cela. Os que tinham mais habilidade ou dotes culinários passavam um período na equipe de preparação dos alimentos, e dois cozinheiros ficavam na chefia do dia.

No começo, passei por todos os setores, até conseguir fazer o cardápio completo. Minha formação e cultura machista, herdadas de meus familiares pernambucanos, diferem dos hábitos da grande cidade. Ali, os homens necessitam ter consciência das tarefas dentro de sua própria casa, sendo primordial o aprendizado de alguns pratos básicos. A prisão apressou o meu aprendizado e comecei, com a ajuda do companheiro de cela, o espanhol, a fazer sopas e, com os mineiros e goianos, a fazer o arroz.

A comida era recebida com certo alvoroço, e alguns bastante conhecidos e irrequietos já estavam a postos para pegar os primeiros lugares da fila. Havia fila, bastante respeitada, para várias ações comunitárias na cela. Aprendemos, com grande rapidez, a respeitar o nosso código de ética, sobretudo em função da boa convivência e da prática de solidariedade. À noite, havia o respeito ao silêncio quase monacal, que se iniciava às 22 horas e ia até as 07 horas do dia seguinte, hora em que o café era servido. Era uma refeição simples, mas não faltava o leite, o café e o pão com manteiga, que vinha da administração dos presídios de São Paulo. Complementávamos com alguma comida de milho, ou papa, ou ovos.

O almoço lembrava a comida caseira, com a sofisticação de temperos de origem europeia. Também era adicionado algum embutido ou osso para intensificar mais o gosto. O básico era o feijão com arroz e carne, e se consumia bastante macarrão. A salada era inventada das mais diversas, com os legumes trazidos pelos familiares. A sobremesa era fruta, ou doce preparado na própria cela, ou fornecido em barras, pela penitenciária. O jantar, quando podíamos, retrabalhávamos a sopa do "cadeião", que vinha acompanhada de pão e café. Acrescentávamos sempre uma salada.

Nos dias de festas ou aniversários, tinha algo especial, um bolo, ou um prato quente diferente. Antes de dormir e às tardes, grandes recipientes guardavam café quente ou água para fazer chá ou para o chimarrão. As refeições, de modo geral e em todas as celas, eram ruidosas. A maioria dos presos de nossa cela era jovem. Um nissei chegou à nossa cela quando ainda era menor de idade. Isso dava uma vitalidade maior a qualquer comunicação interna ou com outras celas. Mas tínhamos também alguns e raros companheiros, na maioria "ex-partidão" (PCB), com mais de 50 anos.

Era o momento de brincadeiras, correções públicas mais brandas, através de gozações uns com os outros, com uma integração e socialização maior. A copa estava situada no mesmo vão da cozinha e, após cessado o barulho característico da lavagem dos pratos e copos, era a hora em que fazíamos silêncio, para as sestas, leituras e período de jogos de xadrez e de bridge. O sininho marcava os períodos bem pontuais do dia – costume talvez herdado dos dominicanos ali presentes. Às vezes, parecia até que estávamos em um convento.

A cela 1, meu segundo confinamento, foi ocupada também por profissionais liberais, juiz e empresário. A cultura alimentar era mais sofisticada. Não entrava a comida da prisão, e toda ela era feita num canto do banheiro, que era separado do dormitório por uma porta. E não apenas por uma parede meia água como nas outras celas. Faziam parte do cardápio embutidos e peixes mais sofisticados de primeira linha, bacalhau, charque e carne de primeira, de boi e de porco.

As verduras eram bastante variadas. Eram incluídos brócolis, espinafre, acelga, grandes tomates, beterrabas... O fato de ser a menor cela e termos só seis habitantes, com um poder aquisitivo acima da média dos presos, facilitava um cardápio bem mais rico e diversificado, e era um prazer para alguns mostrarem seus dotes culinários. Esmeravam-se nesse afazer o companheiro Madeira, paulista, com suas receitas portuguesas de origem paterna; Peninha, com suas receitas mineiras de origem; e o juiz federal só fazia experimentar o que ia à mesa. Fomos distribuídos em três beliches.

Diógenes de Arruda Câmara, devido à sua passagem pela Rússia e China, e pela formação cultural pernambucana, tinha um paladar muito aperfeiçoado e gostava de boa comida. Em sua mala, embaixo da cama, alguns condimentos especiais e outros acepipes trazidos pela filha, programadora gráfica do *Jornal do Brasil* – o que era motivo de brigas entre nós, pois tudo nosso era comum, menos o que ele trazia. Antes, ele selecionava o que seria para o coletivo e ficava com uma parte especialmente para seu uso pessoal.

Para a confecção de alguns pratos, não só vinha azeite português de primeiríssima, em pequenas garrafas. Os carcereiros deixavam passar pequenas doses de alguma bebida, como o vinho ou conhaque, para dar o gosto exato do prato confeccionado com esmero. Nas outras celas, das quais fui convidado a participar algumas vezes das refeições, havia uma simplicidade maior, em comparação aos costumes dos presos que estavam na cela 7.

A exceção da exceção estava na cela 4, onde estava preso um vereador (que recebia algumas visitas das amigas à noite). Também o gaúcho Pereira, jovem advogado, sedutor e combativo, conhecido por sua valentia e que, corria a pequenas bocas, após sua soltura, foi lutar nas brigadas vermelhas da Itália. Ele era ligado ao temido Chacal, e ambos eram procurados em todo aquele continente. Foi publicado no Brasil um livro com suas ações e seu desaparecimento na Europa.

Naquela cela 4 também estava o Padre Valiente, que tinha sido preso por ter abrigado Frei Betto em sua paróquia, em Porto Alegre. Lá ficou também um médico muito nervoso que, por causa de sua irritação, era motivo de gozação por muitos companheiros, num clima de camaradagem. Outra pessoa que também ficou nessa cela foi Francisco Catão, ex-provincial da

Ordem Dominicana no Brasil – sempre fiel a seu pensamento e reflexão teológica. A autoridade máxima na cela era Caio Prado Júnior, sociólogo e escritor marxista.

Então, lá só se fazia o café da manhã. Consumia-se muito chá e chimarrão e toda a comida vinha da casa de Caio Prado Júnior, servida em baixelas. Era uma cela muito respeitada pelos companheiros e muito gozada por seus costumes mais sofisticados. Ali era revelada uma elite claramente diferenciada e privilegiada, em dissonância com o perfil de precariedade alimentar da prisão.

Cada cela tinha sua coordenação administrativa e ideológica. Representavam uma organização que lutava à sua maneira com ações contra a ditadura. As celas 1 e 7 tinham, em sua maioria, militantes da ALN. Na cela 2, estavam confinados os participantes da Ação Popular. Na cela 3 estavam os militantes do PCBR (Partido Comunista Brasileiro Revolucionário). Na cela 5, seus habitantes vinham de uma dissidência do PCBR, e, na cela 6, estavam os militantes do PCB (Partido Comunista Brasileiro), com um "militante" infiltrado a serviço da repressão, nascido em Garanhuns, minha terra natal, infelizmente. Mas não conseguiu nenhuma informação importante durante o período em que esteve naquela cela. Ele foi levado para dar seu depoimento num programa de TV a favor da ditadura. Quando regressou do programa, foi recebido aos gritos, e com um panelaço de toda ala política dos pavilhões masculino e feminino, sendo impossível seu reingresso no pavilhão 1.

Os momentos reservados ao silêncio em cada cela continuavam no mesmo ritmo para todos. Audição de rádio junto ao ouvido, para não incomodar os companheiros; Yoga e jogos de xadrez. Na cela 7, por seu razoável tamanho, aconteciam aulas de história da igreja e de línguas, discussão política e assembleias, com poucos representantes para decidir algum comportamento político ou emocional de seus militantes. Tudo isso em espaços diferentes da sala.

Os frades tinham seu momento de oração. E celebraram algumas missas no DEOPS e nas prisões, com a participação de todos. Os jovens frades e ex-frades tinham passado por outros caminhos e outras culturas. Principalmente por termos uma formação universitária mesclada com a teologia e as ciências sociais. Havia uma presença pioneira, como a dos jesuítas, nas universidades federais e estaduais. Diria que uma boa parte dos companheiros presos tinha uma superficial leitura socialista, complementada nas suas reuniões, no período de militância, e nos documentos lidos de cada organização.

Poderíamos dialogar com eles, porque tínhamos um fundamento filosófico do que era o marxismo, e alguns de nós tinha lido obras de Marx. Também de autores de esquerda – ingleses, americanos, franceses e mesmo alemães. Foram poucos os presos que vieram de uma experiência operária dentro do pavilhão em que estávamos. A maioria vinha de uma militância dentro do PCB, que depois passou a ser dissidente. Eram raros os que tinham formação também na Rússia.

Li alguns livros de literatura, mas não era fácil entrar com eles no presídio, devido à censura. Alguns exemplares – não sei por que caminhos passavam. O que sei é que alguns livros passavam de mão em mão entre os presos e, muitas vezes, não chegavam às celas de destino principal. Em certa oportunidade, consegui que entrasse na cela 7 o livro *Narciso e Goldmund*, de Hermann Hesse, e um livro clássico sobre história da arte de Arnold Hauser em espanhol, que demorou muito a ser liberado pela burocracia interna do presídio. E esse era o grande motivo para tanta demora. É que ninguém daquele sistema de opressão carcerária sabia traduzir esta língua. Temiam então que esse livro fizesse parte daqueles livros que eles classificavam como "proibidos". Inusitadamente, consegui esse livro.

A partir de situações vividas ao extremo no DEOPS e na prisão Tiradentes, vieram à minha memória trechos inteiros de Kafka, que eu tinha lido durante meu período de filosofia.

O mesmo digo de algumas obras de Shakespeare. Nesses presídios, passamos por situações em que se chegava quase no limite do ser humano. E os textos vinham carregados de provocações a respeito exatamente dessas situações-limite. Talvez por falta de maturidade política e inexperiência, eu não tenha, na época, entendido esses textos clássicos. Mas aquela realidade prisional abriu meus olhos e minha alma.

Ouvi toda a coleção de música popular brasileira editada pela Editora Abril Cultural e toda a primeira edição de música clássica. Sempre lia algumas revistas da mesma editora, que me interessavam. Meu companheiro na época, uma vez por mês, entrava na prisão e deixava os exemplares endereçados a mim. Outras vezes, mandava através de minha amiga Auxiliadora. Por duas vezes, ele conseguiu entrar para me visitar na hora oficial de visita, às tardes de quarta-feira. Conversávamos pouco e chorávamos muito. Presencialmente ou por recados escritos e falados, sempre afirmei que seria uma incógnita a data de minha libertação. Pensava em dez anos, na pior hipótese. Ele estava livre para qualquer decisão sobre sua vida afetiva.

Não sabia que as visitas semanais de meu companheiro eram notadas pela cela 4, e fui chamado para falar sobre "aquela pessoa, que nas duas vezes em que o visitou, vocês caíram em prantos". "Era um irmão ou outro parente?" Contei que era meu companheiro afetivo. O que recebi foi uma admoestação de que estava com um comportamento típico de burguês. E que era algo inadmissível num país socialista. Respondi: "Tenho a certeza de que, se o poder não tivesse nas mãos dos militares em Brasília, e sim nas mãos dos socialistas, eu estaria da mesma forma nesta prisão". Então interrompi nossa conversa. Não estava a fim de apontar os homossexuais reconhecidos, ou os supostos, em cada cela.

Saindo do século XIX, em qualquer nível, seja familiar, profissional e até mesmo em nível de militância política, o pensamento e a ética do ser humano sobre a vida sexual, em geral, era a mesma: dissimulação. Assim, na cela 7, também não conversávamos, de modo claro e honesto, sobre sexo e tudo que estava envolvido dentro dessa temática, embora alguns companheiros de cela, com espírito mais aberto, brincassem a respeito disso. Quando alguém demorava um pouco mais no sanitário, eles, do lado de fora, nos faziam rir com suas tiradas, associando aquele fato a um possível ato de masturbação. Confesso que, comigo, muitas vezes a suspeita era certeira, e eu enrubescia. Coisa que não fiz durante dez anos de vida religiosa. Mas ali, sim. Eu tinha me masturbado! E com grande prazer! Um momento prazeroso, enfim, naquela joça. E todos que estavam ali confinados lutavam para que o clima fosse agradável, nem que fosse por alguns segundos apenas, na esperança de que alcançaríamos a liberdade sem demora.

Na cela 1, o companheiro Diógenes de Arruda Câmara, do PCdoB, tentava ter discussões políticas com os quatro companheiros de cela e não conseguia. E daí geravam-se alguns momentos de tensão. Diógenes dizia sempre que deveríamos ter uma vida mais programada dentro da cela, com hora para dormir e fazer nossas refeições, para ler e assistir um mínimo de televisão, e fazer exercícios físicos. Por outro lado, achávamos que deveríamos ter não só um respeito uns aos outros. Achávamos que cada um tinha o seu ritmo. Nada de normas rígidas. Aquela cela não era a grande cela 7, com seus 60 ocupantes – era um espaço pequeno. Com muitas restrições, o local poderia ficar ainda mais insuportável.

Os quatro confinados naquela cela passavam a noite quase toda assistindo a filmes na televisão. Rememorei os filmes mudos, até os filmes da década de 1950 que eu já tinha assistido. O que foi culturalmente uma grande riqueza. Com esse costume, acordávamos tarde – o que era motivo para Diógenes fazer muito barulho. Ele dizia que era um "desperdício de tempo" ficarmos tantas horas assistindo aos programas da televisão.

Às quartas-feiras, dia em que recebíamos os parentes e raros amigos, eram bem aguardadas. Um momento em que o mundo de fora trazia uma baforada de realidade para o mundo de dentro. Algumas vezes, notícias muito duras e tristes, contrabalanceadas com momentos alegres e esperançosos. Cada representante da família ali se unia ao filho, esposo ou amigo. A Igreja Católica, muitas vezes, enviava seus representantes para nos visitar.

Na tarde de Natal de 1969, tivemos a visita do cardeal alemão. Também tivemos visitas agendadas do novo Cardeal de São Paulo, Dom Paulo Evaristo Arns, do provincial dos dominicanos no Brasil, e a visita também de Dom Lucas Moreira Neves, o então Bispo Coadjuvante do Cardeal de São Paulo, junto a um casal do MFC (Movimento de Famílias Cristãs). Eles vieram puxar nossas orelhas por termos entrado na militância política e ter participado de organizações "terroristas". Falaram que essa militância deveria estar nas mãos dos "leigos". Retrucamos que a atitude dele não era evangélica e fugia do que o Concílio Vaticano II tinha decretado em seus documentos. Como cidadão, ele foi omisso com relação às torturas aos frades presos pelos militares e, em particular, o caso do Frei Tito.

Para mim, uma das maiores falhas em determinadas classes sociais, principalmente por parte das igrejas cristãs, é a atitude de omissão. Dom Lucas chegou a visitar Frei Tito no hospital – nosso companheiro na Ordem Dominicana e preso conosco na mesma noite. Para nós, o referido bispo estava com as mãos sujas, por se negar a dar por escrito, a pedido de Dom Candido Padim, perante a CNBB (Conferência Nacional dos Bispos do Brasil), um testemunho sobre sua visita ao hospital, quando chegou a ver as marcas de tortura em Frei Tito. Um dos torturadores foi o capitão Albernaz, de infeliz memória, igual ao delegado torturador Fleury no DEOPS, durante sua passagem na Operação Bandeirante em São Paulo.

Frei Tito foi arrancado do Presídio Tiradentes para a Operação Bandeirante, no Ibirapuera, onde foi terrivelmente torturado. Dom Lucas, então, negou assinar o documento, não confirmando que esteve na Operação Bandeirante para ver Frei Tito, e negando também que o visitou no hospital, depois que ele tentou suicídio – atitude desesperada para nos salvar de ser transferidos arbitrariamente para aquele lugar de torturas.

Inesquecível a lembrança da visita da atriz Ruth Escobar, representando toda a classe teatral, ao lado do ator e escritor francês Jean Genet, que doou aos presos todo o lucro de uma de suas peças teatrais encenadas no Brasil. Não se apagou de minha memória a visita do cantor Sérgio Ricardo, cuja esposa, também cantora, estava presa no pavilhão feminino. Os dois representavam os compositores e músicos que estavam mais engajados na luta contra a ditadura.

Está bem presente, em minha memória, a visita de meu pai, diante do vexame passado na revista individual, na entrada do presídio, e vivendo um drama interior, pensando que eu fosse o responsável pela prisão de todos os meus amigos. De imediato, eu reuni todos da minha cela para dizer a meu pai que eu não era o único responsável pela prisão deles. Mas meu pai saiu do Presídio Tiradentes com uma erisipela já formada na perna, que o levou de imediato para a cama.

Guardo comigo as visitas de minha mãe, que veio várias vezes de Recife para me visitar. Ela manteve em silêncio, por toda sua vida, a vergonha que passou devido aos atos antiéticos de funcionárias que tocavam em seu sexo quando estava nua, durante as revistas rotineiras aos familiares, antes da entrada para as visitas. As carcereiras abusavam das mulheres. Essa era a realidade. Agradeço muito a Auxiliadora Ribeiro Pena por ter narrado o que ela mesma presenciou.

Hoje, ainda se tem notícia de procedimentos invasivos nas instituições carcerárias, com relação aos visitantes e familiares. Mas temos precisão jurídica a respeito do assunto. Segundo a pesquisadora Raquel Carvalho,

O STF reconheceu em junho de 2018 estar configurada Repercussão Geral no RE com Agravo nº 959.620-RS, em face das questões constitucionais em discussão quando se trata da revista íntima de visitantes de unidades prisionais. Cumpre ponderar a necessidade de segurança interna nos estabelecimentos com a proteção constitucional à dignidade humana, intimidade e privacidade dos familiares e dos amigos dos presos, de modo a não majorar a estigmatização de que são vítimas, nem inobservar o caráter individual da pena, destacando-se serem as mulheres as principais vítimas de violência, em razão do procedimento de revista. É mister estruturar política pública que operacionalize alternativa à revista íntima degradante, mediante investimento que permita a aquisição paulatina de instrumentos de tecnologia como scanners, aparelhos de raio x e similares, adotando-se medidas transitórias que, de forma imediata, compatibilizem a dignidade dos visitantes com a segurança indispensável aos estabelecimentos prisionais.

Minha mãe sempre me presenteava com gestos maternais. Chegava com flores, do tipo "amor-perfeito", retiradas do túmulo da Marquesa de Santos, do cemitério da Consolação, onde ela ia rezar por todos nós, indistintamente. Às vezes, nos presenteava com orquídeas, que eu as colocava no meio da cela 7, para que todos pudessem olhar.

Por tudo isso, os dias de visitas eram esperados ansiosamente, mas, com quase uma hora da presença de todos "de fora", eu desejava voltar ao "mundo de dentro". Vinha um cansaço por partilhar de todas as emoções que circulavam naquele átrio.

Sem saber que estava perto de obter minha liberdade provisória, conversei com as pessoas da cela 1, e os ouvi de modo mais atencioso sobre a minha relação mais estreita com meus companheiros frades dominicanos. Uma de suas preocupações era justamente por estar perto dos frades, com quem convivi por mais de dez anos. Por eu não ter cargo de direção no meu engajamento com a ALN, eu deveria lutar para sair da prisão o mais rápido possível. Quanto mais rápido, melhor. E a repressão tinha uma decisão mais severa contra eles, por serem religiosos. Queriam mantê-los presos o maior tempo possível, para que servissem de exemplo para a Conferência Nacional dos Bispos do Brasil.

Frei Betto ofereceu-me ajuda, sugerindo que eu poderia voltar a ingressar na Ordem Dominicana e, assim, eu poderia lhes pedir um suporte jurídico. Preferi um advogado *ex officio*. Agradeci muito e falei da consulta que tinha feito aos companheiros de cela e que continuaria fora da jurisdição da Ordem Dominicana. A minha saída da vida religiosa tinha a ver com minha integridade como pessoa humana. Não daria mais para viver uma dupla vida. Ele compreendeu e silenciou.

Em setembro saiu da prisão Antônio Ribeiro Pena e, no final do ano, saiu meu alvará de soltura. Cada saída de um companheiro era comemorada com palmas, muita alegria e cânticos. Na maioria das vezes, entoavam o hino "A Internacional".

Depois de mais de um ano de prisão, a Justiça Militar, em uma audiência presencial, com a audiência de um juiz e dois coronéis, concedeu minha liberdade provisória. Meus pais, com a família Pena, aguardavam-me na entrada do Presídio Tiradentes.

Hoje, o que ficou daquele sistema prisional foi um portal com um imenso arco, em frente à TV Cultura de São Paulo – um marco da memória de um tempo de trevas e de repressão. Que as futuras gerações possam tomar conhecimento dessa história de violência e de cerceamento da liberdade.

SAÍDA DA PRISÃO TIRADENTES

Ao sair da prisão, fui direto para a Alameda Itu onde meus amigos-irmãos – Auxiliadora e Antônio – já tinham acolhido meus pais. Antônio já estava se adaptando ao retorno de sua vida civil. Procurava trabalho. Ele tinha alugado apartamento próximo à Alameda Casa Branca, onde Marighella foi assassinado na emboscada preparada pela polícia política. Isso nos atingia profundamente, pois aquele fato estava diretamente ligado às nossas vidas. Tive de aceitar aquela realidade que minha memória revivia naquele momento.

Eu havia saído de uma cela de, no máximo, 20 metros quadrados. Tudo o que eu via no trajeto até a residência dos amigos era espaçoso. Um barulho quase ensurdecedor do trânsito, que me provocava tontura, naquelas primeiras horas de readaptação. Meu corpo se enrijeceu com medo de que o carro em que eu vinha colidisse com outros veículos, devido à alta velocidade, com meu amigo Antônio na direção.

Surgiram os primeiros sustos. As cores da cidade, para mim, eram tão brilhantes, que eu não via a fuligem embaçando todos os prédios. Tudo para mim era luz. Rapidamente, minha memória despertou diante da correria dos transeuntes paulistanos. Eu me tornara uma pessoa zen – o que não condiz com um habitante de tão grande cidade. A velocidade me assustava.

No segundo dia, passeei nos arredores do bairro, sozinho, como bicho do mato. Com temor de estar sendo seguido. Minhas pernas estavam entrevadas. Para mim, caminhar por dois quarteirões era uma longa distância. Tinha medo de atravessar as ruas. Entrei num bar na esquina entre a Rua Peixoto Gomide e a Alameda Santos. Maravilhado como um pássaro livre da gaiola, pedi um *chopp*. Não estava acreditando que estava gozando de minha liberdade.

Ouvi durante algum tempo a conversa das pessoas nas mesas próximas e contemplei uma parte do Jardim Trianon com suas belas árvores, que guardava, em sua superfície, uma fuligem escura, como se nela estivesse entranhada toda a gordura da cidade. E então, lentamente, me lembrei de que teria visitas naquele horário. Voltei para casa pelo mesmo caminho.

Durante o trajeto de retorno, senti as mesmas sensações. Pensei em um dia escrever sobre as primeiras horas de uma pessoa libertada de uma prisão, que volta para sua cidade, depois de uma longa permanência numa cela pequena. É uma sensação de limite do corpo. Reduz os nossos sentidos. Nossos neurônios, na cela da prisão, sofrem uma adaptação para conseguir sobreviver a tantas limitações. Agradeci a meus amigos e a meus pais por terem tido a coragem de me deixar redescobrir, sozinho, a cidade. Situar-me. Estar comigo mesmo. Sentir-me.

Um farto lanche foi preparado para minha chegada pelos amigos solidários e participantes de minha alegria. Eu os acompanhei durante o período em que estive no convento. Inclusive fui eu quem os abençoou no dia dos casamentos. As conversas versavam sobre vários assuntos, e eu fugia das perguntas sobre o que se passou comigo naqueles 13 meses. Minha mente voltou a se incomodar com o tempo da visita e pedi licença para descansar, porque eu tinha marcado um encontro, à noite, com meu amigo Rafael.

Ele chegou algumas horas depois. Saímos para conversar sobre nós, no mesmo bar de esquina com a Rua Peixoto Gomide. Lugar que, num futuro próximo, me marcaria definitivamente como um espaço de grandes emoções. Ele foi muito direto e disse que levou à risca meu conselho, desfazendo-se de nossos compromissos e anunciou que tinha um companheiro há alguns meses. E narrou que passava por um dilema naquele momento para tomar uma decisão, fazer uma escolha.

    Falei que não se preocupasse, porque eu não tinha decisão alguma sobre meu futuro. Sob todos os pontos de vista. E o mais importante era ele seguir com seu novo companheiro, deixando-me livre para eu pudesse corresponder aos desejos de meus pais e de minha família, de passar algumas semanas em Recife. Posteriormente, gostaria de voltar a São Paulo e reiniciar, naquela cidade, minha trajetória profissional. Minha vida afetiva e emocional estava em um compasso de espera. Despedimo-nos com carinho pelos bons momentos vividos, enquanto um desejava para o outro um caminho mais feliz e de paz.

RECIFE

Voltei a Recife com um forte desejo de sentir o pulsar da cidade e rever amigos e familiares. No aeroporto, meus avós, com alguns irmãos, me esperavam. Dezenas de pessoas estavam me esperando na casa de meus pais, espalhadas pelo jardim e pela calçada. Uma festa. De imediato, acreditei que toda aquela alegria de me encontrar em liberdade era sincera.

O cansaço provocado pela presença da multidão apareceu. Para mim, naquele momento, um encontro acima de cinco pessoas já era demais. Mas logo fui convidado a me sentar junto à mesa, com meus pais e avós. Pessoas circulavam ao redor da mesa e outras chegavam com uma alegria terna e aconchegante. Realmente, foi formada uma corrente de apoio e acolhimento no decorrer de todo aquele ano. Havia um grande desejo daqueles amigos de que eu fosse libertado o quanto antes. E foi o que aconteceu. Eles eram os meus amigos. Souberam esperar juntos, solidários. Alegria, alegria, já cantava Caetano, voltando de Londres.

Mais adiante, um de meus irmãos, mais chegado a mim, perguntou o que eu desejaria fazer àquela hora já avançada. Eu respondi que queria ir até o mangue, entre Recife e Olinda, e entrar alguns metros na lama, pois havia passado todo o meu tempo de prisão, sobretudo nos piores momentos, sentindo o seu cheiro característico. O doce-salgado, como uma lágrima, foi o que senti em minha boca. Sabor e cheiro característicos dessa vegetação viva, de onde, em épocas primordiais, nasceu tudo o que temos na Terra. Os outros dias foram dedicados às conversas com a família, vizinhos e amigos.

  Recife começava a mudar seus ares, com um crescimento desordenado, diferente de épocas anteriores. A classe média preferia os apartamentos. Achava-os mais seguros. Achavam que teriam menos trabalho com manutenção do que numa casa. As famílias, com menos filhos. A verticalização do centro da cidade se espraiava pelos bairros, a começar pelo bairro de Boa Viagem.

  Mesmo tendo oficializado minha saída junto à Ordem Dominicana, Roma exigia uma decisão final minha quanto ao sacerdócio. Enviou um questionário que sugeria uma espécie de confissão sobre meus atos antes, durante e depois da vida religiosa dominicana. Respondi com toda honestidade, mesmo sabendo que eles têm relatórios no dossiê-pasta de cada frade, nos arquivos dessa província religiosa, sobretudo a caminhada intramuros. Reiterei a urgência da minha saída do convento. O motivo principal não era a falta de fé no cristianismo, não era a insatisfação na vida espiritual, mas sim a falta de liberdade sexual. E eu não estava disposto a ter duas vidas; uma dentro do convento, e outra fora do convento.

  A resposta de Roma veio rápida. Assinalou que, na minha trajetória sacerdotal, nada havia que desabonasse minha conduta e que me impedisse a continuar dentro da Ordem. Respondi que, mesmo consciente de ter sido fiel a todos os fundamentos da tradição cristã, eu tinha decidido sair de meu sacerdócio. E se Roma não via nenhum ato pessoal que me desabonasse, eu trataria de mostrar socialmente os motivos para esse desligamento.

  Eu não vinha satisfeito com minha vida religiosa no final dos anos de 1960. Isso se manifestou em meu estado emocional e atingiu o comportamental. Tanto na vivência comunitária religiosa, como na vivência política. Também para não ter conflitos pessoais sobre comportamentos amorosos e sexuais que meu corpo e todo o meu ser pediam. Resolvi voltar ao mundo civil. Teria mais liberdade.

A partir desse momento, aumentou minha sensibilidade para viver essa liberdade, que se traduzia fora dos parâmetros das instituições que me formaram: família, educação, vida religiosa. Somaria a militância social e uma inserção civil no mundo do trabalho. Vivi no mundo dos limites, em todas as dimensões, não aceitando qualquer instância de poder. Ouvia a todos, lia e me informava do que estava acontecendo com todos, e tomava minhas decisões, sem aceitar imposições. Comecei a me colocar no mundo capitalista brasileiro com um modelo mais primitivo do lucro de qualquer maneira, aceitando as normas das instituições em que me empregara, negociando minha força de trabalho. Mesmo nos negócios familiares. Na dimensão política, tinha um recuo crítico e dava limites nas participações mais efetivas.

Minha ausência de mais de dez anos da capital pernambucana não permitiu que eu visse a realidade cada vez mais precária do homem do campo na minha terra. Desconhecia o trajeto do sertanejo durante aqueles anos em que estive fora. O homem do campo tomava consciência de classe. A gestão de Miguel Arraes via a necessidade da contínua luta através dos sindicatos e outras associações rurais, para fortalecer a classe camponesa. Eu vivi um tempo longe dos movimentos do meu povo, diferentemente do caminho que fizera o educador e sociólogo Paulo Freire, com sua metodologia de alfabetização, conscientizando e tentando sanar uma das chagas do nosso país. No exílio, na década de 1970, vários países reconheceram seu trabalho como modelo de uma educação de base na América Latina e África.

Dentro de um convento, estudando, eu não tinha ideia da presença norte-americana no Brasil, com sua hegemonia imperial, articulando uma estratégia para evitar que nossa região se transformasse em um polo comunista, como Cuba. Seu consulado, em Recife, tinha foro de embaixada. De repente, o nordeste brasileiro virou quintal estadunidense, com vindas de políticos e estrategistas importantes daquele sistema capitalista. Derramavam muito dinheiro junto aos informantes, ou para aqueles que representavam projetos de cunho mais populista, com uma lógica anticomunista.

Faço uma ilação de uma visita que fiz a um dos meus irmãos em Cascais, Portugal. Estávamos em 1992. Ele resolveu me levar a Sevilha, numa longa viagem de carro. Nosso objetivo era passar um dia visitando a Exposição Mundial. Escolhemos visitar exposições de alguns países importantes para a economia e cultura mundial. Fiquei chocado com o que vi na "tenda" imensa dos EEUU, que parecia um circo armado. Do lado de fora uma juventude alegre, atlética e vibrante dançava, representando a futura geração daquele país. Dançavam música pop, mostrando uma intimidade com exercícios hoje difundidos mundialmente nas academias de ginástica. A apresentação era num palco elevado da plateia.

Fomos obrigados a seguir corredores escuros, que lembravam um labirinto. Quando entramos no pavilhão principal, no espaço único, estava em destaque, com intensa luz, uma das páginas da constituição americana. Um texto com letras grandes e bem legíveis, dizia que eles, os americanos, eram "os guardiões da liberdade e da democracia". Ouvíamos o tempo todo o hino nacional americano. Saí revoltado!

Momento feliz foi quando entramos no pavilhão japonês, todo em madeira. Imenso. E nele estavam todos os documentos históricos da chegada dos primeiros espanhóis no Japão. Um agradecimento ao povo e ao governo espanhol, nos seus primeiros passos comerciais com o oriente.

O pavilhão da França mostrava toda a tecnologia de ponta dos computadores e os experimentos mais avançados, com imagens holográficas de terceira dimensão. A escuridão de suas salas era para facilitar nossa visão e não para nos dirigir a algum centro mitológico. O pavilhão da Alemanha era só alegria e congraçamento. À sua entrada havia um imenso carrossel com grandes bonecos coloridos e fantasiados. Alegria, alegria. Fizemos um passeio tão prazeroso e cheio de descobertas, que esquecemos o peso negativo e dominador do pavilhão americano.

Se, antes, em todo o Brasil, as mulheres ouviam as novelas radiofônicas, agora os homens acompanhavam as novelas nos canais de televisão. Acabaram os encontros dos amigos vizinhos nas calçadas em tertúlias noturnas. O calor das noites nordestinas, os ventos aprazíveis na calçada, conduziam a audiência noturna para os terraços. Minha família crescia com o casamento de meus irmãos e começava a chegar nossa geração de sobrinhos. Os mais novos aproveitavam a noite com suas namoradas, para sair pelos bares do Derby. A paixão pelos times de futebol continuava, mas era dividida entre discussões e colocações doutorais sobre marcas de automóveis e seus famosos motores, que traziam novidades ao mercado. Já tinha percebido isso, em conversa com o meu amigo psicanalista Roberto Freire. Em São Paulo, o carro vira *status*, como título de baronato no império brasileiro.

Nesse clima, comecei um novo modo comportamental nas vivências de meu corpo – o que já não era para mim um tabu social como antes, mas ainda existia uma resistência muito grande da maioria das famílias às relações homoafetivas. E, para muitas delas, eu era considerado um contraventor ético e moral por assumir a minha homossexualidade.

Havia uma distância entre a sociedade tradicional e outras pessoas que optaram pela relação amorosa com o mesmo gênero. O preconceito estava arraigado dentro das igrejas, sejam quais fossem suas linhas ideológicas e religiosas. Nos partidos políticos, do mesmo modo. Qualquer partido: de direita ou de esquerda.

Meus pais me deixaram livre e a vida familiar continuou na luta diária, com minha participação nas conversas noturnas com todos e com os vizinhos. Perto do horário das novelas, eu me preparava para sair. Diariamente, passava pelo bar Mustang. Uma mesa, e às vezes duas, já estava reservada para novos amigos.

O *Mustang* era um bar sem definição de público. Uma parte de cada representação de nossa sociedade se reunia ali todas as noites. Poetas, literatos, artistas plásticos, militantes comunistas, representantes da direita política, todas as classes, as minorias todas. Em especial os homossexuais masculinos e femininos, e "homens e mulheres de programa". Era uma festa. E só saíamos de lá quando os nossos pés eram lavados pelos garçons, já de madrugada. Ali era o epicentro da diversão em Recife. Foi ali que Pacheco, um artista que já tinha, na capital, o seu nome reconhecido como grande entalhador, teve uma conversa "de pé de ouvido" comigo.

Não só nomeou como me mostrou todos os garçons que eram informantes da repressão. Alguns, ele chegou a falar o que pensava deles frente a frente. Disse-lhes que eram dedos-duros. Também apontou alguns motoristas de táxi que ficavam parados junto ao bar. Levou-me até o bar *A Nova Portuguesa* e ao ponto de táxi da Avenida Nossa Senhora do Carmo, em frente à entrada do Pátio de São Pedro, recém-restaurado na época e com um bom movimento à noite. Apontou para mim os informantes da repressão. A partir daí, tive mais cuidado ao falar dentro de qualquer transporte de passageiros. Outro artista plástico, hoje com nome internacional, e tido na época não só como inteligente, mas também como desmiolado, porque falava sem censura o que queria, também chamou minha atenção sobre a presença desses "dedos-duros" na noite recifense.

Para mim, a noite era um lenitivo para o trauma sofrido na prisão. Como eu chegava exausto na casa de meu pai, na maioria das madrugadas, o sono pesado me pegava, até sentir o raio do sol entrar no meu quarto pela manhã. O torpor mental provocado pela bebida ajudava a esquecer dos sonhos e pesadelos que vinham sempre com uma temática repetitiva: convento, prisão, tortura, fuga da prisão, volta à vida religiosa. Era um círculo vicioso noturno no meu inconsciente, querendo arrumar situações vividas. Muitas vezes, acordava dando murros na parede contígua a minha cama.

Foram poucas as vezes em que levei para minha casa algum amigo, ou amiga. Faziam-me muito bem suas presenças no meu quarto, nas noites mais sóbrias e agradáveis. Não sabia que a constante passagem do vigia durante a madrugada, pela nossa casa, de oitões livres, tinha uma dupla intenção, guardar a família dos ladrões, o que era comum no bairro. O costume de sentir a presença do vigilante ao redor de nossa casa vinha desde a infância. Ele também fazia relatórios verbais a meu pai, sobre o movimento de chegada e saída de todos os irmãos e possíveis presenças de estranhos à família.

Meu pai conversou comigo a respeito dos amigos que eu levava para meu quarto. Alegou que eram homens e mulheres *hippies*, que possivelmente usavam drogas e que eles não seriam a melhor companhia para mim.

Pedi desculpas a meu pai, enquanto, assim mesmo, eu achava que o espaço do quarto era meu domínio. Disse-lhes que iria procurar um apartamento para mim o mais breve possível. Meu pai afirmou que a casa era minha também, mas que tinha algumas restrições. E que também o filho dele só sairia de casa, casado. Afirmei categoricamente, "Toda regra tem exceção!". E, com mais alguns dias, já estava instalado em minha nova casa.

Escolhi um apartamento com sala, um quarto e banheiro apenas, num prédio, na Rua do Hospício, quase em frente ao Teatro do Parque. Por estar no último andar, o ruído do tráfego de veículos não chegava a me incomodar. Fiz logo amizade com o vizinho, que me ajudou na mudança. E era providencial esse imóvel no centro da cidade, próximo a bancos, mercadinhos, lojas, bibliotecas e toda a parte cultural, cinemas, teatros, livrarias, bares e restaurantes.

Nos poucos meses passados na casa de meus pais, vi que seria impossível voltar a São Paulo. O mais grave é que havia um código de comunicação entre empresas de mídia, na época, que impedia a admissão de pessoas com meu histórico de luta política. Recebi um não da Editora Abril Cultural e de uma editora de revistas técnicas, onde estaria aberta uma vaga para mim, por um dos seus diretores. Nova oportunidade de trabalho, logo desfeita por interferências de pessoas ideologicamente contrárias à minha pessoa. Em São Paulo, na década de 1970, uma pessoa com mais de trinta anos, sem currículo profissional já robusto, dificilmente teria duas oportunidades.

Meu pai, diante dos fatos, mostrou-se aberto para que eu fizesse uma experiência em sua empresa de ônibus, junto com meus irmãos. Num setor menos concorrido pela família, a contabilidade. Para isso, tive de fazer um curso de pós-graduação na Escola de Administração da Universidade de Pernambuco, que ficava na mesma rua onde eu morava. Funcionava à noite. Comecei também um curso de alemão e retornei, pela quinta vez, para um curso de inglês. Sempre essa língua era um entrave. Para mim, seus cursos sempre tinham uma conotação ideológica, e eu não passava muito tempo neles.

Na Universidade Católica, posteriormente, fiz o Curso de Licenciatura em Filosofia, aproveitando o currículo feito no Convento de Estudos da Ordem Dominicana.

Minha nova moradia me dava mais sensação de liberdade e de controle na administração da casa e na minha vida. Não tinha obrigação de dar satisfação à minha família. Foi um período muito difícil, porque comecei a entrar em um processo de depressão profunda. Tinha um pilar de equilíbrio financeiro, mas mantinha um compromisso com minhas ligações políticas do passado recente, acompanhando, de longe, tudo o que se passava com meus amigos em São Paulo e Minas Gerais. Aqueles que saíram da prisão tinham o mesmo problema de inclusão no mercado de trabalho. E, para os que tinham berço político e burguês, havia a espionagem de seus passos por parte do sistema ditatorial para não lhes permitir vínculos empregatícios.

A própria classe de onde vinham fechava-lhes as portas para a continuidade de suas trajetórias profissionais e sociais. A saída de muitos deles foi mudar de profissão. Alguns voltaram à universidade, para fazer mestrado e doutoramento, fora ou dentro do país, porque as novas universidades teriam de abrir o caminho, já na década de 1980, para professores mestres.

Eu lia, nos noticiários, sobre os assassinatos dos companheiros pelos agentes da ditadura. Eles foram assassinados quando voltaram de Cuba, ou de outros países onde estavam exilados. O que me levou, cada vez mais, a me afastar de qualquer compromisso político. Li que pessoas – que Ho Chi Min, em seus diários, chamava de "Anjos informantes" – os vigiavam desde sua estada em Paris. No meu caso, apareceram umas quatro pessoas. Uma delas, amigo de faculdade de meu irmão; outro, o filho de um vizinho de meu pai. Acredito que esses "anjos" se revezavam, mas sempre estavam presentes, a qualquer hora da noite, em todos os caminhos por onde eu passava, e conversavam comigo nos bares, cinemas ou teatros. Em Olinda, ainda na década de 1980, na pós-ditadura, eu recebi a visita de um deles. Nunca escondi absolutamente nada do que estava fazendo, ou me preocupava se estivessem presentes nos mesmos programas e lugares em que eu estivesse. Sabiam eles da minha rotina com todos os meus amigos, minha vida sexual e amorosa, minha vida de estudos e de trabalho.

Nunca recebi, da parte dos que pertenciam a outras organizações ou partidos, nenhuma visita, ou um estender de mão, num gesto de solidariedade. Exceto um frade que veio a serviço da Ordem Dominicana – os amigos frades que ainda estavam vivendo sob o manto da minha antiga ordem religiosa. Ele fez de tudo para que eu voltasse ao aconchego espiritual. O que recusei com muita clareza. E outra exceção veio da Arquidiocese de Olinda e Recife, que, sob a orientação de Dom Helder, oferecia algum trabalho na área pastoral. Recusei porque o governo ditatorial continuava com sua perseguição a Dom Helder, e minha presença teria consequências, como o que fizeram com padre Henrique, assassinando-o. Tinha consciência de que estávamos passando por um momento difícil, continuando em nossas cabeças o Ato Institucional nº 5, de terrível memória.

Eu acompanhava, nos jornais e noticiários de televisão, todos os movimentos da repressão para dizimar os grupos que estavam em luta contra a ditadura. Meu pai me telefonou, certa noite, e foi direto ao assunto. Tinham lhe avisado que o capitão Lamarca estava cercado no Sertão da Bahia, e que eu não saísse de meu apartamento nas próximas 24 horas. Fiquei chocado com a notícia e imediatamente – indo até mesmo contra todas as normas de segurança entre organizações – saí para procurar um telefone público, onde pudesse me comunicar com as poucas pessoas, em São Paulo, que não tinham nenhum compromisso com o MR-8, grupo político de Lamarca, mas que poderiam ter contatos com algum militante desse movimento, o que era usual. Com mais 24 horas, meu pai me avisou que já tinham prendido o capitão. Os jornais na edição da noite já colocavam como notícia principal a morte de um dos principais inimigos da ditadura.

Em plena ditadura, no Nordeste brasileiro, a elite social econômica vivia junto com a classe média nascente, como se o regime de terror não estivesse presente. A repressão tentava mapear o resto de oposição que restara ao regime ditatorial. Os grupos organizados, pouco a pouco, foram identificados, presas e dizimadas suas lideranças. As notícias chegavam através dos jornais ou rádios. Todos censurados.

Os antigos amigos da Ação Católica estavam na luta diária para se firmar em suas profissões, ao lado de esposas e filhos. Alguns pensavam num mundo diferente do meu. Outros tinham medo do meu passado político recente.

Nos doze anos fora de Recife, eu não tinha acompanhado, no Rio de Janeiro e em São Paulo, o que estava acontecendo no interior de Pernambuco, tampouco em todo o Nordeste. Sabia que havia uma consciência sindical maior no campo, e as organizações políticas de esquerda estavam crescendo no interior. Sabia também da Aliança para o Progresso, movimento criado pelos EUA para evitar, a exemplo de Cuba, a chegada do comunismo nessa região. No meu apartamento em São Paulo (1969), coloquei pendurado, no banheiro, um prato, presente de um dos companheiros frades. Esse prato era dividido em duas ou três partes. Nele, era servida a refeição distribuída por esse projeto estadunidense à população faminta. Inteligentemente, esse prato tinha sido criado para que, cada vez que os assistidos por esse projeto terminassem sua refeição, vissem, no fundo do recipiente, o lema escrito: "Aliança para o Progresso".

As reportagens do jornalista Vandeck Santiago sobre esse período, depois foram compiladas e publicadas pela CEPE editora, com o título de *Pernambuco em Chamas, a intervenção dos EUA e o golpe de 1964*. Assim como, há uma década, foi produzida a tese de doutoramento, publicada pela Fundação Joaquim Nabuco, de R. S. Rose, *The Unpast*, a violência das elites e o controle social no Brasil de 1954-2000. Esse livro escancara o poder das castas, clãs e oligarquias no Brasil, e o crescimento das milícias.

A partir de meu primeiro endereço próprio em Recife, não tinha medo de entrar ou sair do edifício, de andar sozinho a qualquer momento do dia e da noite, mesmo sabendo que estava sendo vigiado. Nos bares e restaurantes, nunca me passou pela cabeça alguma preocupação sobre o lugar onde estava, tampouco em que posição o meu corpo estava na mesa, acompanhado sempre por meus amigos. Eles eram, inconscientemente, minha guarda e meu escudo. Não pertenciam a nenhum grupo político e respeitavam minha história e meus pensamentos sempre expostos ao grupo.

Não havia possibilidade alguma de voltar a pertencer a uma organização política. Minha experiência mostrou os furos de segurança que a prática da militância mostrava: todos com cognomes sabiam dos nomes civis de um ou de outro. A corrente estava furada. E houve um despreparo, pelas urgências de ações, não só militares, como estratégicas, e pela falta de maturidade emocional de muitos. Nós tínhamos desdenhado o poder dos que estavam governando, *in manus militari*. A maioria dos que conheci nas celas da prisão leram superficialmente os documentos e livros mais importantes para uma fundamentação teórica do que estavam fazendo. Liam apostilas de cada grupo, que eram passadas por muitas mãos, para não serem descobertas pela repressão, com fundamentações mínimas de organização, preparação da militância, dos objetivos finais a que se deveria chegar e quais as estratégias...

Na minha cabeça, em qualquer participação futura, consentida e efetiva, eu teria de andar com uma cápsula de cianureto no bolso. Não estava disposto a passar novamente por um processo de torturas e não confiava nos grupos cada vez mais infiltrados e mais expostos ao pior. Do ponto de vista de militância, poucos foram os que vieram do meio sindical, tanto urbano ou rural, onde eu estava morando, em São Paulo. Nós éramos uma maioria de classe média.

Tenho bem claro, até hoje, de que não houve maior adesão popular às ações contrárias à ditadura no Brasil. Houve exceções. E a presença, sim, nos movimentos de massa, nas passeatas. Principalmente as que levaram multidões, já ao final do regime, às "eleições diretas já".

Eu vivi 20 anos em Recife e Olinda, no meio cultural mais crítico ao regime, e no meio homossexual mais alienado que se possa imaginar. Com exceções honrosas e lutadoras. Convivendo assiduamente com minha família de sangue, me afastei dos amigos, que me trataram friamente, ou com um silêncio constrangedor. Nunca abandonei os contatos com meus amigos do leste do país. Lá eu vivi mais de uma dezena de anos.

Deixei minha moradia no bairro de Boa Vista e fui para Boa Viagem.

Em Boa Viagem, sempre morei na Rua Nossa Senhora dos Navegantes – a primeira paralela da Av. Oceânica, distando um quarteirão da praia. Por ser uma das primeiras ruas secundárias construídas naquele bairro, ela tinha seu início na Praça da Igreja de Boa Viagem e finalizava no segundo jardim, dos três que enfeitavam a orla da praia. As mansões eram ocupadas durante a temporada de férias. Algumas famílias já as consideravam como moradia definitiva. Grandes avenidas estavam sendo construídas e, com elas, a verticalização com os espigões bem em frente da praia.

Quando cheguei lá, só havia duas farmácias e três padarias para atender a todo o bairro. Faltava infraestrutura comercial e atendimento à saúde. Mas um bom sistema de transporte coletivo era oferecido, o que fez crescer geometricamente toda a vida daquela região. Na época, o bairro de Piedade, a continuidade de Boa Viagem, era um descampado com poucas casas.

Havia bares e restaurantes na orla de Boa Viagem, e, para uma classe média mais pobre, continuava a prostituição em um aterramento de maré próximo à construção da grande Avenida Domingos Ferreira. E toda a vida noturna se situava na região dos bares em Brasília Teimosa, no bairro do Pina. As famílias abastadas tinham um preconceito em relação àquele local, pois, nas proximidades, havia uma estação de processamento de dejetos fecais, que, depois do tratamento de purificação, remetia toda a água tratada ao mar, através de um grande duto.

Mas muitos moradores daquela área, aposentados ou desempregados, usufruíam dos banhos de mar e realizavam passeios no calçadão junto aos parentes e familiares.

Trabalhadores de diversas profissões reservavam um período, antes do café da manhã, para uma deliciosa "tibungada" nas ondas e, se chegassem ao final da tarde, ainda dava para fazer alguns exercícios.

Os pescadores, nessa década de 1970, eram escassos, mas, naquele local, apareciam polvos e lagostas nos arrecifes.

Nos fins de semana, uma parte da população de Recife vinha ao banho de mar. A temporada começava ruidosamente e com muitas festas no dia da Pátria. E o movimento ia até depois da Semana Santa. A calmaria reinava no bairro com chuva e vento nos outros meses. Um ritmo que eu tinha perdido em São Paulo e quando estava morando no centro de Recife.

Na Rua dos Navegantes, voltei a ouvir os cantos gregorianos e cantos religiosos budistas, até o *Pop Rock: Beatles, Dust, Led Zepellin, Pink Floyd, David Bowie, The Rolling Stones, Bee Gees.*

Meu convívio com o companheiro médico, por quase dois anos, me permitiu descobrir toda a riqueza e nuances de cada grupo de *rock* e a força de suas letras também.

Descobri os quartetos de Beethoven, e as obras de Wagner. Comecei olhando partituras e ouvindo as diferenças e riquezas de cada regente famoso. Era tempo ainda dos discos "bolachões" e eu fazia questão de usar um som Philips que tinha mais fidelidade aos agudos e, sobretudo, com os graves. Apesar de pequeno, o apartamento recebia muitos amigos nos finais de semana. Dormiam no chão. E comecei a consumir maconha.

Voltei a ler alguns clássicos da literatura e a compreender melhor os filósofos iluministas. A descoberta maior foi *1984* de George Orwell. Porque estava num dos piores momentos da ditadura brasileira. E fazia muitas ilações ao que lia naquele livro. E vinha à minha memória o filme a que tinha assistido em 1968 *Fahrenheit-451*. A leitura do livro me tirou daquela vida pessoal alienada, com som e vento do Atlântico, com amigos alegres, eruditos e questionadores.

Certo dia, ao chegar cansado do trabalho e entrando intempestivamente em casa, joguei a camisa, o material de trabalho e a pasta em cima da poltrona e fui ao banheiro, cuja bacia sanitária estava um pouco abaixo da janela de guilhotina. E eu, impreterivelmente, olhava para a janela do banheiro do vizinho, que estava sempre aberta, como a minha. E quem eu vi também urinando do outro lado de meu prédio? Era o Sérgio Paranhos Fleury, meu torturador no DEOPS de São Paulo. Olhou-me com admiração, reconhecendo-me. Não pronunciou palavra alguma. Seus olhos grandes, perscrutadores, estavam a me fuzilar – uma coisa que me marcou naquele terrível inferno do DEOPS. Descobri qual era seu único ponto fraco nos interrogatórios. Quando eu o olhava incisivamente, ele baixava os seus olhos, e eu ganhava tempo para pensar o que falar.

Com o susto, o jato de urina foi rápido e eu me recompus na sala, sentado na cadeira. De imediato, tomei um banho, coloquei uma roupa limpa e voltei a sentar na poltrona da sala. Sabia que não dormiria com aquele perigo iminente a alguns metros de mim. Fiquei com uma sensação, durante toda a noite, de que, a qualquer momento, bateriam em minha porta e eu abriria e me entregaria aos militares. Entregar por quê? Pensei. Eu não tinha dado nenhuma razão ao governo ditatorial para que viessem novamente me prender. Meu processo na justiça militar estava em fase final.

Com o dia nascendo, bati na porta da casa de Carmen. Distava um passo da minha. Ela ficou horrorizada com meu relato e me perguntou por que eu não a havia chamado de imediato, à noite, para que me fizesse companhia. Eu respondi que não queria envolvê-la, e isso poderia ter consequência e ruim para ela, se a repressão a encontrasse a meu lado. Eu já tinha presenciado coisa parecida no DEOPS. Ela passaria por um interrogatório seguido de torturas.

Chegando à empresa da minha família para o trabalho do dia, logo coloquei a situação para meu pai. Ele achou que eu não seria o alvo e, imediatamente, telefonou para meu primo, oficial da marinha. Narrou tudo o que tinha acontecido e ele pediu que esperasse um telefonema de retorno. Meu primo desvendou o mistério: Fleury tinha prendido, em São Paulo, o mafioso Tomás Buscetta e, em sua caderneta, havia vários endereços de pessoas que moravam em Boa Viagem. Ele estava fazendo uma investigação mais apurada sobre a cocaína consumida no bairro de classe média alta.

Três dias após o ocorrido, ao voltar do trabalho, Sérgio Paranhos Fleury estava sentado no banco de pedra na entrada do edifício em que eu morava. E foi assim por vários dias consecutivos. Todas as vezes que eu passava, ele batia com seu cachimbo na pedra de um lado dos bancos, para que caísse a cinza do fumo. Antes de abrir a porta de meu apartamento, eu passava por dois seguranças dele – um no corredor do térreo, e outro na escada que dava para o primeiro andar.

Em 1976, adquiri um apartamento na mesma rua e tive notícia da morte de Fleury, que ocorreu numa comemoração do dia de ano novo. A informação veio através de um jornalista que foi me entrevistar. A história oficial é que, ao deixar seus familiares na festa, supostamente ele deve ter pulado de seu iate, para o iate de algum amigo e caiu no mar, na Ilha Grande. Morte sobre a qual, até hoje, existem várias versões.

Três momentos marcaram minha vida nesse apartamento: Os repressores entraram em meu apartamento nas horas em que eu estava fora de casa, geralmente durante a tarde, ou durante a noite. Sempre foi comum eu ter meu telefone grampeado, e um amigo que era técnico da estatal de comunicação me avisava os períodos em que eles voltavam a ouvir e, possivelmente, a gravar todas as minhas ligações. Os repressores sabiam ou previam qual o tempo possível que eu ficaria fora de casa, durante visitas a amigos ou a familiares, idas ao teatro, cinema... Sempre eu achava a casa toda revirada. Não tiravam nenhum objeto, mas levavam anotações, cartas que serviriam para confirmar as minhas atividades. Um agente jovem da polícia federal morava no apartamento em cima do meu.

O segundo momento foi quando eu recebi um telefonema de um rapaz alegando que eu tinha sido mencionado por meus amigos de São Paulo, como uma boa pessoa. Por isso, desejava me conhecer, já que tinha vindo a Recife para passar poucos meses na execução de um trabalho. Desconfiei de imediato. Só havia dois grupos de amigos meus em São Paulo: os que eram contra a ditadura e os que vivenciavam sua homossexualidade naquela megalópole. Eu não quis perguntar qual o grupo a que aquele tal estranho pertencia. Fui direto num catálogo telefônico da companhia TELPE. Aquele número era do Departamento Especial da Marinha. Caiu logo minha ficha: CENIMAR do Rio de Janeiro – o reduto mais perigoso de investigação, prisão e tortura daquela arma. Foi pra lá que Frei Fernando e Frei Ivo foram levados à força para serem torturados pelo Sérgio Paranhos Fleury, por dois dias, em 1969.

Incrível coincidência: minha amiga goiana, que morava em São Paulo, numa pequena comunidade em Pinheiros, pediu hospedagem em minha residência para resolver um problema com o pai da filha dela. E eu, com alegria, a hospedei.

Ao contar sobre aquele estranho telefonema e de onde partiu, minha amiga me preveniu que eu tivesse muito cuidado nas próximas semanas. E, como eu estava afastado de grupos políticos, minha família deveria saber desse fato. E narrou que ela e uma amiga foram presas e torturadas na operação Bandeirantes, quando levavam presos alguns militantes. Foram denunciadas por um amigo. Ele informou que as duas moravam na comunidade paulistana de Pinheiros. Aquele amigo em comum tinha aceitado ser um agente duplo junto à repressão. Eu o conheci junto com sua esposa, quando passou uns dias no Convento Dominicano.

Combinamos que, quando minha amiga retornasse para São Paulo, checaria todos os fatos e, se eu estivesse em perigo, ela enviaria um telegrama com a seguinte frase: "Estamos no verão de 76". E o telegrama chegou.

Então, aquele, que se dizia amigo de meus amigos, telefonou pra mim, como sondando, mais duas vezes. Numa manhã, discou uma terceira vez e, como não quis me encontrar na saída de uma academia e sauna que existia na Avenida Mário Melo, marcamos para as oito horas da noite, em um ponto de ônibus com cobertura de laje, na Rua do Riachuelo, próximo aos jardins da Faculdade de Direito. Local escolhido por ele, o que me deixou desconfiado, porque era um lugar por onde passavam poucas pessoas àquela hora, e era apelidado pelos *gays* como Rio-Tóquio, ponto especial para namoros. Ali nunca passou nenhum ônibus.

Na hora do almoço, na casa de meus pais, anunciei o telefonema na conversa com toda a família presente. Foi um alvoroço. Meu pai telefonou imediatamente para o Sindicato das Empresas de Ônibus, e um dos empresários, que tinha ligação com SNI, pediu alguns minutos para montar alguma estratégia e saber o que estava acontecendo. Logo respondeu que eu caminhasse imediatamente a um restaurante que ficava na Rua Afonso Batista, em uma das transversais da Av. João de Barros, na Encruzilhada. Que não me preocupasse, porque o local sempre foi seguro para esses encontros. E que ele estaria presente.

Meu irmão me conduziu em seu carro ao endereço indicado e, chegando lá, o empresário me apresentou um senhor de boa aparência. Por medida de cautela, informou-me seu nome fictício. Pediu-me para que relatasse tudo sucintamente. Após vários telefonemas, aquele senhor apresentado pelo empresário afirmou que o exército teria reuniões com o CENIMAR e que eu nada temesse. O tal rapaz que me telefonou poderia ser mesmo um agente do CENIMAR – repartição do serviço de informação da Marinha.

Disse que toda a área seria coberta pelo pessoal do exército. Orientou-me que as pessoas que eu encontrasse naquela área, como *hippies*, varredor de rua, vendedor ambulante etc. faziam parte da cobertura do exército.

Saí um pouco mais cedo de casa com meu irmão dirigindo. Ele, como aluno da Faculdade de Direito, entraria no prédio e ficaria em posição estratégica para ver todo o movimento do evento. Pedi para que me deixasse quinze minutos antes, no portão do Colégio Marista, pois queria urinar. Entrei no pátio interno e fui direto aos banheiros, ao lado da sala em que terminei o meu curso secundário. Todas as recordações se passavam como um filme em minha mente. E eu sabia que estava me preparando para enfrentar um desafio que poderia ser meu fim. Mas era a única atitude viável para que acreditassem que eu já não tinha engajamento político algum. A partir desse momento, uma calma varreu todo o meu corpo e minha mente. Em passos firmes fui ao encontro: entrei na Rua do Hospício, onde havia morado. Cinco anos já havia se passado.

Na esquina que dava para Faculdade, bastavam algumas passadas para se chegar ao ponto de ônibus escolhido. Levei um susto com o encontro de um corpo que batia no meu. Era o militar que tinha conversado comigo à tarde. Pensei que era um aviso, afirmando que o tal cara estava lá. Posteriormente, soube que era para eu voltar atrás, porque tudo estava em perigo. O que me salvou era que tinha uma pessoa do CENIMAR que conhecia o pessoal do SNI, e deu uma voz de comando à sua tropa, já que o exército estava na área. "Será melhor que não haja nenhuma ordem de prisão àquela pessoa." No caso, eu. Haveria confronto.

Atravessei a rua, em direção ao ponto, em passos firmes. Um casal vinha conversando alegremente: era o amigo empresário de meu pai, abraçado com sua jovem filha. E fiquei mais calmo. No local indicado, uma pessoa alta, com aparência do sul do país, me olhou e ficou em silêncio. O relógio da torre da Faculdade tocava as oito badaladas, e perguntei se ele era o amigo dos meus amigos. Respondeu que não. Vi, em seguida, um baixinho chegando todo risonho e logo se apresentou. Eu perguntei incisivo: quem eram os amigos de São Paulo que me indicaram para ele. Ele respondeu que era o cearense que também tinha dedurado minhas amigas, levando-as a prisão.

Ele adiantou que a situação estava um pouco quente naquele momento, e seria bom que marcássemos outro encontro. Não poderia ser mais naquele dia. Aquiesci de imediato. Dei as costas para ele e fui para a Rua do Hospício, ao lado da Rua Sete de Setembro.

Nunca mais o tal desconhecido me telefonou.

Lembrei-me da conversa do militar naquele bar, no início da tarde: "Quando saíres do encontro, qualquer táxi que pegar é nosso. Pode ter confiança". E foi assim que aconteceu. Peguei um taxi fusquinha bem velho na Rua do Hospício, e o motorista já deveria ter seus 70 anos. Enquanto conversávamos besteiras, eu pensava: ele deve ser um dos motoristas que tiraram da prisão de Itamaracá. O que era comum na época, para servir de isca e como informante da ditadura brasileira.

Minha família, aparentemente calma, assistindo à novela no terraço, me esperava. Meu irmão acompanhante já tinha colocado para todos a sua versão. No outro dia, meu pai me falou: "O oficial falou que, infelizmente, nunca conseguiria que você fosse uma pessoa de informação ligada a eles, e que sabia de toda a sua vida. Inclusive que era uma pessoa de corpo aberto, porque, nos bares, nunca procurava estar as costas guardadas por uma parede, e saía de madrugada, sozinho, sem nenhum sinal de susto ou medo".

Depois desse acontecimento, todas as vezes em que o presidente da República passava pela cidade do Recife, a repressão telefonava e pedia para que eu saísse da cidade enquanto o presidente estivesse em visita.

Mais agradável foi o terceiro momento de vida no meu apartamento. Um amigo pianista, que acompanhava uma das melhores escolas de dança de Recife, cuja diretora tinha estudado balé clássico na Rússia, chamou-me para participar, com outros rapazes, de um espetáculo que, através da dança e expressão corporal, apresentaria ao público os poemas de Carlos Drummond de Andrade sobre Dom Quixote. Tendo como cenário projetado os 21 desenhos de Portinari feitos em lápis de cor e reproduzidos em álbum por Aloisio Magalhães, um grande *design* brasileiro.

Foi minha iniciação ao trabalho de corpo na academia, e, com 37 anos, não tinha vergonha de receber as primeiras aulas de balé clássico e de exercício livre de expressão. Tive momentos de contrariedade diante de um bailarino afro-latino que chegou de Nova York da Escola de Alvis Nicolai, para dar aulas na academia. Ele pediu que eu fizesse cinquenta flexões. Um fiasco. Era um modo de me humilhar diante das bailarinas. O que não conseguiu.

O espetáculo aconteceu no Teatro Valdemar de Oliveira, e tivemos a casa cheia. Ganhei, até hoje, grandes amizades. Continuei a encontrar com os rapazes e algumas bailarinas em outros eventos. Um deles foi meu orientador, em vários períodos, no trabalho de expressão corporal e dança livre. Outro chegou a ser meu sócio em um empreendimento.

PRIMEIRA MORADIA EM SALVADOR

Nessa mesma época, em um Festival Nordestino de Super-8, realizado em Recife, em 1977, diretores jovens e nordestinos apresentavam suas produções cinematográficas nessa bitola. Havia congraçamentos com o público. Diretores, atores, e técnicos participavam de mesas com conteúdo específico, como divulgação e exibição. Celso Marcone, crítico de cinema ligado muito à nova geração, e Jomard Muniz de Brito, poeta sempre presente nas manifestações culturais de vanguarda em todo o nosso Estado e reconhecido nacionalmente, movimentavam aquele festival.

Estive presente em uma das sessões e conheci o baiano Fernando, um cineasta que já era conhecido por seus trabalhos em super 8, não só pelos que trabalhavam naquele estado com essa bitola. Tinha reconhecimento do público jovem sempre presente nas manifestações artísticas em outras regiões do país.

Fernando tornou-se meu companheiro. Por ser psiquiatra, ele tinha amigos universitários da área de saúde mental e de psicologia. Estavam sempre presentes na nossa comunidade na Pedra da Sereia, praia de Salvador. Através deles, tive mais contato com os discos "bolachões" dos Novos Baianos, João Gilberto e novos grupos de cantores e compositores. Os meus ouvidos começaram a se acostumar com esse novo som.

Alguns desses novos amigos faziam parte da primeira geração de orientandos da escola psicanalista da Argentina. Pela primeira vez, ouvia falar no pensamento de Lacan e no Estruturalismo. Citavam Foucault. Meu mundo e minhas leituras estavam ainda na Escola de Frankfurt, desconhecida ainda pela academia universitária. Essas escolas alemãs tinham um pensamento bem elitista europeu do início do século XX, e eu procurava entendê-lo.

A noite de Salvador era bem vivida por nós. Fazíamos parte de um grupo de jovens que estava atrelado às manifestações culturais da cidade: cinema, teatro e música. Foi marcante assistir, no Teatro Castro Alves, com sinais de decadência em suas estruturas físicas, nessa época, a peça de Federico Garcia Lorca: *A Casa de Bernarda Alba*. Um grupo de atores que nos ofereceu fortes personagens. Eles brilharam numa rampa que tomava todo o palco dentro de um simples cenário.

Dois *shows* estão presentes em minha memória: no palco da Escola de Teatro, a iniciante Cida Moreira interpretando canções de Kurt Weill e Bertolt Brecht. E Zezé Mota, com uma carreira em ascensão depois de *Roda Viva* (1967) e *Chica da Silva* (1976), no Teatro Vila Velha. Eram especiais os concertos no salão da Reitoria da UFBA, com músicos professores da Universidade. Pela primeira vez, assisti às obras de Alberto Ginastera. Em suas obras para piano, eu senti como esse instrumento tinha seu lado percussivo, quando dedilhado diretamente em suas cordas, com o uso, em alguns momentos, de uma simples borracha para novas experiências de sonoridade.

Clyde Morgan, bailarino negro americano, brilhou num espetáculo com outro jovem baiano, mostrando uma coreografia oferecida a ele por um grande dançarino de uma tribo africana, como reconhecimento da sua presença e luta no nosso continente. O Teatro Castro Alves, lotado, aplaudia essa dança inesquecível, com fundamentos religiosos: a água, o corpo e o som como marcas negras primordiais na cultura baiana. Ele foi inspiração para o nascimento da Escola de Dança da Universidade Federal da Bahia e acompanhou os primeiros passos na formação do Balé Negro da Bahia. O movimento de dança contemporânea, em Salvador, estava ligado ao primórdio do movimento negro organizado e o processo de africanização do carnaval, com o ressurgimento dos afoxés e a formação de blocos afros.

Chamou-me a atenção, nessa época, tudo que vinha como experimental da Escola de Música. Seus alunos, a exemplo de Tom Zé, já despontavam no cenário regional e nacional. E um professor, em especial, me era caro: Walter Smetak, violoncelista e criador de instrumentos musicais percussivos. Ele lançou dois discos produzidos por Caetano e Gil, em 1976, e outro produzido mais tarde por Carlos Pitta. Assim que cheguei a Salvador, adquiri o primeiro disco, que ouvia constantemente, e fiquei atento para ouvi-lo presencialmente em alguma programação dos concertos.

Também ouvi, nos concertos da Orquestra Sinfônica da Bahia, peças de Hans-Joachim Koellreutter, flautista alemão, compositor e que teve grande influência junto aos músicos populares e eruditos do Brasil. Paixão perdida nos leva de volta para casa. Saí de Salvador com uma ressaca afetiva e emocional que me levou aos caminhos da depressão.

OLINDA

No meu retorno a Pernambuco, logo decidi morar em Olinda, irmã mais velha da capital baiana. Em todas as suas veias soavam juventude (nos habitantes de qualquer idade), arte, luta cultural e política.

Olinda era uma Salvador menor. Mais longeva do que Recife. Diferença de poucos anos. E a rivalidade entre as duas cidades, na guerra dos Mascates, já tinha se acabado há dois séculos e meio. Procurei, revendo meu passado, a casa nos Milagres, bairro logo na entrada do Varadouro, caminhando para o mar, onde passei um ano, ainda criança, durante a guerra mundial. Só vi seus alicerces a alguns metros dentro do mar. Com o avanço da maré naquela região, se perderam muitas habitações. Ruas. Nos anos de 1970, a prefeitura tinha contratado em Grenoble, na França, um estudo em um Instituto especialista para a contenção das marés.

A documentação oficial estava sendo preparada para enviar à UNESCO. O reconhecimento veio com a outorga do título de cidade Patrimônio da Humanidade em 1982. Data em que comprei um casarão do início do século XIX na Rua do Amparo.

No início do século XVII até o século XIX, era uma rua que tinha um comercio bem diversificado. Nas casas de primeiro andar, ainda sem eira e beira, a família morava no andar de cima, e o negócio era administrado no andar de baixo. Outros prefeririam duas casas conjugadas térreas: uma para o comércio e outra para moradia.

Em frente à casa que adquiri, situava-se a Igreja do Amparo dos Homens Solteiros, dos meados do século XVII, com toda sua simplicidade. Esquecida a tal ponto, que não tinha mais ofícios litúrgicos. O título da UNESCO dado à cidade apressou o trabalho de restauração. Procurei, em documentos históricos, de onde tinha vindo tal título, incomum nas Igrejas Católicas do mundo inteiro. Em Goiana (PE) existe uma igreja dedicada a Nossa Senhora do Amparo dos Homens Pardos Livres. Fiz logo uma ilação com a comunidade negra, porque, quando comecei uma restauração na casa, encontrei ossos e utensílios de escravos, como se ali tivesse havido um cemitério.

A Igreja do Amparo de Valença, na Bahia, que fica num morro da cidade, foi dedicada aos trabalhadores e tem o título de padroeira da cidade. De qualquer modo, a irmandade fundada em cada igreja para negros está ligada à luta de libertação dos escravos, ou está associada a uma irmandade de homens negros que tinham um ofício e o exerciam na sociedade da época. Desse modo, seriam mais reconhecidos pela sociedade escravista. Ofereciam préstimos aos brancos.

A cidade histórica de Olinda tinha seu lado histórico preservado, mas com sinais de decadência. Tinha virado um dormitório de Recife. Mas ali estava pulsando o desejo de vitalidade nos habitantes da cidade. Olinda estava em fase de crescimento, pois se espraiava para os limites dos outros municípios do lado norte. Novos bairros avançavam pelas terras de antigos engenhos e fazendas, com coqueirais, deixando um de seus limites, o balneário de Rio Doce, com suas casas simples, que eram habitadas durante as férias de verão. A classe média já tinha feito uma urbanização no começo do século XX, na região da cidade antiga, chamada Carmo e Farol.

Praticamente, na cidade histórica, só existiam espaços ligados à arte, muito visitados: museus, lojas de artesanatos, ateliês e galerias de arte.

Culturalmente ela se bastava, apesar de seus dois cinemas

e o teatro, no Bonsucesso, já terem suas portas fechadas. Para usufruir dessas artes, bastava pouco minutos num transporte coletivo para chegar até as casas de espetáculos na capital. O forte, em Olinda, era o movimento cultural presente na ocupação das ruas e praças: pastoril das meninas moças, pastoril do "véio" safado, maracatu, clube de frevos, banda musical apelidada de "Bombo Frouxo" e com nome pomposo de Henrique Dias. Era berço de todos os músicos que tocavam em festas públicas da cidade: natal, carnaval, aniversário do município, eventos religiosos: procissões, missas e novenas.

O artesanato tinha um espaço especial e dava a subsistência de muitas famílias. Foi fundada uma associação dos moradores da parte histórica da cidade, e, nela, participei de alguns eventos e lutas, dentro de alguns projetos na câmara de vereadores, principalmente projetos relacionados à preservação arquitetônica e urbanística da cidade. Moradores arquitetos e suas esposas aderiram aos projetos e tiveram um papel importante no plano diretor do município.

Na rua que escolhi para viver, a do Amparo, havia mais de 30 pessoas que trabalhavam com arte em madeira, tecido, papel, tela, barro, metais, e, com mais destaque, atuavam pintores, desenhistas e escultores. Havia uma migração de artistas de vários estados brasileiros para Olinda. Junto com os da terra, se organizavam em ateliês. O mais famoso foi o de litogravura Guaianases, no bairro da Ribeira, que ficava entre as lojas ou a feira diária de artesanato, em um espaço central e próprio para abrigar os equipamentos e as pedras, essenciais ao trabalho. A Guaianases existiu por poucos anos, mas o suficiente para tornar os artistas reconhecidos nacionalmente. Alguns nomes da pintura e do desenho, com destaque nacional, vieram para Olinda aprender essa técnica de ferir a pedra com um bastão gorduroso e ácido.

Diante da mesmice criativa dos artesãos, principalmente em seus desenhos e talhas, alguns artistas como Adão Pinheiro,

Ipiranga e Tiago Amorim organizaram aulas criativas para que saíssem de cópia da cópia, e procurassem seu estilo próprio na xilogravura e no barro. Conseguiram dar uma melhor qualidade no desenho e no acabamento das peças, mas, em pouco tempo, com o olho dos novos, que enxergava mais a necessidade do lucro, voltaram a cair no antigo erro.

Em mais de dez anos em que eu vivi intensamente em Olinda, as drogas que dominavam o ambiente era o álcool e a maconha. Nesse ponto, ela também se parecia com Salvador ou qualquer outra capital do país. Não havia uma presença maior da polícia para dar "baculejo" ou uma "geral" em nossas roupas ou sacolas, em qualquer canto da cidade. Raros policiais chegavam a participar das rodas de fumo, e alguns que imprimiam uma fiscalização a mando de alguma autoridade, se achavam drogas, eles tomavam e vendiam mais adiante.

Socialmente, a droga estava presente em bares, festas e encontros sociais em residências de todas as classes. Quando faltava na cidade, alguns políticos locais, músicos da terra e até cantores nacionais de passagem pela cidade, iam me fazer uma visita rápida.

O "Negão" uma liderança na cidade em alguns estamentos, foi quem fundou, com os aficionados, o Bloco da Maconha. Lá vinha o estandarte, com um galho da planta, subindo e descendo as ladeiras de Olinda. Um charutão era feito com a droga para ir servindo aos que estavam na levada. O fumacê entrava nas casas, como rabo de sua passagem, e muitas famílias gostariam que não fosse tão explícito: "Cada um na sua e no seu cada qual".

Nos finais dos anos de 1980, faltou o fumo por alguns meses. Então, a primeira leva de cocaína chegou de graça, para firmar o vício mais rapidamente. E não saiu mais de Olinda. Anos depois, chegava o *crack*. Tínhamos, agora, nossos habitantes ladrões, arruaceiros, alcoolizados e brabos o suficiente para alguns homicídios. A coisa piorou quando pessoas de várias ocupações de terra, nos arredores de Olinda e Recife, chegaram para dominar o tráfego e cometer todo o tipo de agressões à população, principalmente nos finais de semana. Os habitantes recuaram para suas casas. Os passeios e visitas aos amigos aos domingos tiveram de ser feitos fora da cidade. Em Recife, principalmente.

Minha casa começou a receber mais hóspedes, chegando a um total de 200 a cada ano. Virou uma espécie de hospedaria, e, para mim, era uma alegria encontrar, na volta de meu trabalho, pessoas das mais diversas profissões, classes sociais e com histórias muito vivas e particulares para nossas conversas. Alguns chegaram a conviver conosco alguns meses, fazendo uma parada em suas vidas, para ver o novo rumo que dariam a si mesmos: eram desempregados, doentes, mães solteiras, egressos de brigas de casais, em preparação de mestrado. A eles se somava uma entrada constante, na casa, dos visitantes locais, sob a administração de Tereza, minha governanta, adorada por todos, que acolhia, sem distinção e preconceitos, os que chamamos hoje de grupos das minorias.

A casa, em si, era muita apontada e conhecida por todos, devido à acolhida que fazia a uma diversidade de pessoas. Teve seus momentos de glória, participando de filmagens para publicidade local de TV, e, no tempo de eleições, entregava suas paredes externas para propaganda da esquerda local e estadual. Por ser bastante fotografada, interna e externamente, esteve presente, nos séculos já vividos da cidade, através de desenhos, pinturas, e fotografias – essas últimas a partir do século XIX. Eu tinha de administrar as visitas dos artistas plásticos e dos mais populares artesãos, que me procuravam para suprir seus estoques de tintas, telas, papéis especiais, material para escultura.

Em troca, a casa virou uma exposição dos artistas pernambucanos, que deixavam suas obras comigo, como pagamento de dívidas. Assim também faziam os artistas pobres, que não tinham como comprar os remédios e a alimentação para os filhos.

A casa também era malvista pelas famílias fofoqueiras da cidade. Os poucos frades e monges que me visitaram não voltaram mais. Uma amiga, que veio de São Paulo trabalhar na Secretaria da Educação de Olinda, enquanto tomávamos café da manhã, um ou dois monges a esperavam na porta da minha residência. Um dia eu lhe perguntei: "Por que não os convida a entrar e esperar na sala?" E ela respondeu: "Porque você é tido na cidade como pecador público".

Um dia, recebi uma representação de ex-padres que tinham fundado uma associação em Recife e precisavam ir a um encontro nacional do movimento clerical. Desejavam continuar dando sua contribuição à Igreja Católica. Queriam que eu desse o transporte para irem a Brasília com suas companheiras. Expliquei que a empresa de meu pai, onde trabalhava, tinha um custo para empreender uma viagem dessas. Mas, se pagassem o combustível e a diária dos motoristas, eu poderia garantir a viagem deles até Brasília. E aproveitei o momento para declarar que tinha esperado um convite da parte deles para pertencer ao grupo, mas eu só poderia aceitar se meu companheiro fosse também. Silenciaram, e não me procuraram mais.

Uma companheira, que tinha sido presa durante a ditadura e, quando solta, saiu do país e viveu no Chile e no Canadá, chegava a Olinda para assumir a direção do Centro de Cultura Luiz Freire, pai do batalhador Roberto Freire, deputado por Pernambuco em uma legislatura, e grande opositor ao regime militar. Esse Centro era o espaço de liberdade que se tinha em Olinda, de modo bem oficial, lutando contra a ditadura, oferecendo cultura e justiça a toda população, principalmente aos mais necessitados. E dava oportunidade aos jovens músicos, compositores, atores, fotógrafos, cineastas e os que iniciavam o trabalho com imagem em vídeo. Conseguiu aglutinar toda a juventude que tinha sido, de algum modo, atingida em sua liberdade de luta, com currículos que capacitavam os jovens aos vários projetos que a instituição oferecia.

CINECLUBISMO

A coordenadora cultural e administradora do Centro de Cultura Luiz Freire, Isa, me convidou a apresentar um projeto de cineclube para oferecer à cidade. Olinda não tinha sala de cinema. A programação dos filmes, na cidade do Recife, estava na mão do exibidor nacional Severiano Ribeiro, que impunha a produção americana e produções raras de outros países. O projeto foi aprovado, com o nome de Leila Diniz, que tinha sido musa do cinema novo.

Constituí uma equipe que caminhou comigo alguns anos e, sem ela, eu não poderia ter colocado o projeto adiante. Havia o Geraldo, técnico por excelência e professor da Escola Técnica da Encruzilhada, onde frequentei sua biblioteca durante a pré-adolescência. Geraldo sabia e passava o conhecimento, principalmente o cuidado que se deveria ter com qualquer máquina com que estivéssemos trabalhando. Fred sempre tinha uma saída para qualquer problema que aparecia, o que era comum no clima em que vivíamos politicamente.

Cavani Rosas, com seu poder de síntese em seus desenhos, sempre apresentava, antecipadamente, os folders criados, que multiplicávamos em centenas, para colocar nos lugares mais frequentados de Olinda e Recife. Zé Popó pertencia à geração nova de militantes do partido de Marcos Freire e assumiu a responsabilidade das finanças. Vários associados de primeira hora logo pegaram no batente para acompanhar o Geraldo com o projetor: antes, durante, e depois das sessões. Outros aprenderam a limpar e a colar as fitas que se rompiam durante a projeção.

Eu me preocupava, além da coordenação geral, com um grupo maior, o da limpeza e arrumação do espaço. Era também responsável pelas idas à censura, que estava atrelada à representação regional do Ministério da Educação, em frente ao Parque 13 de Maio e à Câmara de Vereadores, em Recife. Foi naquela autarquia que tive grandes embates com os representantes de Luiz Severiano Ribeiro (que dominava o mercado de exibição em várias capitais do Brasil). Eles nos acusavam de estar antecipando a iniciativa privada, estreando novos filmes que eles poderiam passar em suas salas comerciais. Eu sempre argumentava que os filmes eram alugados normalmente em distribuidoras de São Paulo, e, em sua maioria, eram filmes europeus e clássicos russos.

Era minha atribuição também fazer as visitas aos consulados locais, para que emprestassem projetores, caixas de som e alguns títulos de sua filmografia. Fui a Brasília, para entrar em contato com algumas embaixadas. Com as distribuidoras nacionais eu mantinha contato direto por telefone.

Na nossa primeira sessão, tivemos poucos cinéfilos. Levamos em conta o medo que a população tinha dessa iniciativa, e o local que era conhecido na cidade como de oposição. De um certo modo, tinham razão: o filme era o *Encouraçado Potemkim*, de Eisenstein. Na plateia, estavam um coronel e seu sargento. Foi participar do acontecimento para redigir seu relatório para o serviço de informação do exército.

Eu acredito que ficou com tanta pena da precariedade do que viu, com uma máquina velha que se engasgou por três vezes, o som péssimo, e o público que não chegava a 10 pessoas, que prometeu nos ajudar com um novo equipamento. Na saída, agradeci e falei que não precisava, porque o Centro de Cultura Luiz Freire já tinha providenciado. O equipamento novo do consulado alemão foi o que nos salvou por muitos meses.

Mas tivemos problemas com a continuidade da programação dos filmes russos, e com um filme sobre a revolução cultural em Angola, dirigido por um brasileiro que estava presente às sessões, na chegada de grupos da polícia política que desejavam tomar a película da vez para não ser exibida, e nós tivemos de sair pulando os muros dos vizinhos, levando o filme para que não fosse apreendido.

Na mesma época, dois cineclubes foram lançados em Recife. Um no Cine Teatro do Parque, e outro na Universidade Federal de Pernambuco. Um deles tinha ligação maior com os que trabalhavam com a bitola Super 8. Fizemos muitas programações juntos e estivemos em muitas ações estratégicas e políticas com os cineclubes da Região Nordeste. Existia um cineclube na capital de cada estado, com exceção da Paraíba, que tinha cine clubismo em Campina Grande.

A equipe do Cineclube Leila Diniz, depois do esforço na publicidade, abrangendo jornais, cartazes e folhetos pelas cidades de Olinda e Recife, e desejando atingir a classe média e a classe estudantil, teve uma resposta muito pequena. Pouca plateia. Fenômeno que acontecia em todas as cidades do Brasil onde trabalhávamos com exibição alternativa.

A atuação de alguns jovens no cineclube Leila Diniz, em Olinda, exercendo uma liderança de trabalho nos bairros populares, trouxe a solução: já que cinema só vive com produção, distribuição e exibição, e a última é muito onerosa para o povo pobre, e praticamente inexistente, levaremos até eles a exibição dos filmes. Contatamos a Igreja Católica para o uso de seus equipamentos, como salões paroquiais, igrejas ou capelas. Contatamos também as associações de moradores de antigas ocupações nas periferias de Olinda e Recife, que se transformaram em novos bairros organizados em função de suas necessidades e com suas lutas políticas.

A fim de adquirir novos equipamentos para a exibição dos filmes, montamos, no bairro da Ribeira, em Olinda, durante o carnaval, uma barraca que vendia bebidas e comidas. Toda a produção tinha minha casa como epicentro para o abastecimento e a cozinha. O objetivo foi alcançado. Tínhamos três equipamentos que revezávamos, servindo aos espectadores, e era religiosamente feita uma manutenção pela equipe de Geraldo, o educador para novas tecnologias.

Cobrávamos o equivalente a uma passagem de ônibus de cada expectador dos bairros de periferia, o qual, muitas vezes, levava a cadeira de sua casa. Com esse dinheiro, mantivemos, por dois anos, uma programação escolhida pelas próprias comunidades, e o cineclube apenas apresentava a lista de sugestão, com dezenas de filmes. Alguns títulos foram pedidos para retorno e exibição, com algumas predileções pelos filmes de Nelson Pereira dos Santos. Pela primeira vez, na história da distribuidora da EMBRAFILME (estatal), todos os filmes que vieram para o nosso cineclube em Pernambuco eram pagos com antecedência. O que era comum – como prática daquela instituição, ao responder aos pedidos, raros, dos cineclubes do Brasil, ou de outras instituições que, eventualmente, exibissem um filme nacional – era a gratuidade no aluguel de seus filmes. A EMBRAFILME dispunha de uma verba governamental para cobrir também a exibição. Contrariando essa prática, nós chegamos a alugar três filmes por semana para exibi-los nos diversos cineclubes em formação nas comunidades. A dificuldade de conseguir um debate após o filme exibido era a mesma de qualquer outra plateia do Brasil.

Nosso sonho era o de chegar a uma etapa de produção e, como trabalhávamos mais com a periferia das cidades, não havia tema melhor do que a questão de ocupação da cidade. Recife já contava com mais de uma dezena de "invasões", e Olinda com duas. E não só aproveitaríamos os jovens para, na prática, aprender todo o processo e a linguagem da bitola de 16 milímetros, já que a bitola de oito milímetros era utilizada mais pelos cineastas do campo estudantil e pelos intelectuais e jornalistas de Recife.

Precisávamos formar uma nova geração de cineastas, porque o elo anterior de produção do cinema, em Pernambuco, e que entrou para a história, tinha sido perdido. Os poucos técnicos, para sobreviver, tiveram de ir para o sudeste, onde estavam requisitados por uma nova indústria: as empresas de televisão.

Havia um crítico de cinema e cineasta, que, com um grande esforço e tenacidade, se tornou um dos maiores realizadores do Nordeste brasileiro: Fernando Spencer. Na época, nos deu uma força para a abertura dos cineclubes. Como crítico, salientou nosso esforço por trazer títulos não exibidos nas salas comerciais. Reconheço que ele dependia da programação delas para exercer sua profissão de jornalismo, dominada por uma única exibidora. Fernando não atinou para o nascimento de um tipo de exibição que seria única nessa época atribulada do Brasil: o mercado popular de exibição. Mas Celso Marconi, jornalista sensível à cultura, que despontava nos grupos jovens de Pernambuco e também fazia crítica de filmes, estava presente desde os primeiros momentos de nossa luta.

Com a força dos três cineclubes de Recife e Olinda, e os dos arrabaldes, formamos um grupo de luta para vencer as dificuldades e trazer a direção dos cineclubes nordestinos para Recife. A experiência não foi boa. Eles estavam atrelados, de modo muito fundamental, a uma ideologia de esquerda, com um mínimo de vivência marxista. O mesmo clima encontrado na Federação Nacional de Cineclubes. Os votos dos estados nordestinos somavam sete, e os nossos, da periferia de Recife, chegavam a cinco. A experiência da presença de representantes dos bairros pobres, nos cineclubes de Pernambuco, chamou a atenção da organização nacional, principalmente por nossa ousadia no modo de encarar a exibição para novos públicos: tínhamos de contribuir, de alguma maneira, com o esforço da produção nacional.

Mas os representantes populares presentes nas assembleias regionais e nacionais concluíram que o mundo cinematográfico não tinha nada a ver com a realidade cotidiana deles. Enquanto isso, o resto do nordeste realizou um boicote, não participando de nossa convocação para a participação nas duas reuniões regionais dos cineclubes das capitais, junto à Federação Nordestina de Cineclubes. Decidimos, como diretoria regional majoritária, entregar o bastão de liderança à cidade de Natal, que ocupava a vice-presidência.

E continuamos com nosso trabalho na periferia, presentes em todas as reuniões convocadas posteriormente.

Decidimos juntar nossos esforços para realizar o sonho de exercitar a criatividade na área de produção, com um projeto da cineasta Jussara Freire, que foi aluna da faculdade de cinema em Niterói, sob a orientação de Nelson Pereira dos Santos.

Minha casa em Olinda virou um barracão de produção. Várias reuniões preliminares com todos os nossos cineclubes e algumas lideranças populares. A primeira coisa, muito difícil na época, em relação ao comportamento ético de uma produção de filmes, seria, oficialmente, pedir licença às comunidades e a sua liderança local e explicar o motivo e objetivo pelo qual iríamos filmá-los, contrariando o comportamento dos cineastas, que, até hoje, não cumprem esse requisito básico, em várias áreas relacionadas à produção da imagem no Brasil. Só algumas produtoras profissionais mais sensíveis cumprem essa prerrogativa dentro das comunidades em que vão atuar.

O período de filmagens não foi longo, por questão de custos, mas nossos cineclubistas trabalharam como aprendizes de som, de câmara, de locação, de continuidade. Geraldo e Fred acompanhando. Jussara Freire, a diretora, estava sempre atenta às nossas necessidades, prontificando-se a nos ajudar no momento oportuno.

Com o copião pronto, partimos para o levantamento financeiro necessário à conclusão do projeto, promovendo uma primeira exibição. Uma das viagens que fiz foi para o Rio de Janeiro, onde uma organização não governamental, ligada às igrejas cristãs, nos acolheu com muita abertura. E a comunidade local dos cristãos participou ativamente da exibição do copião. Mas não puderam ajudar financeiramente. Jussara conseguiu terminar o documentário, com a ajuda do Episcopado do Nordeste, e o projeto chegou a ter um destaque em um dos festivais de cinema alemão.

A continuidade dos cineclubes nos arrabaldes chegou a seu fim, e decidimos não ficar com um público mínimo no cineclube Leila Diniz. Seria muito esforço para pouco resultado. Tínhamos vários caminhos de luta começando a ser esboçados.

Uma das razões da não continuidade nos bairros populares foi que as gerações seguintes não foram preparadas para assumir o trabalho militante. Os que estavam mergulhados conosco no cineclubismo se dispersaram, porque tiveram de trabalhar para alimentar companheira e filhos na nova fase de suas vidas. Outros ocuparam o lugar das velhas lideranças da primeira geração nas ocupações ou nas associações dos bairros.

Isa, nossa incentivadora e coordenadora dos trabalhos do Centro de Cultura Luís Freire, assumiu por uma temporada a Casa da Criança, fundada pelo Giuseppe Baccaro – italiano que passou uma temporada trabalhando no MASP em São Paulo – na subida do morro de Nossa Senhora do Monte, em Olinda. Esse espaço tinha toda uma infraestrutura para o preparo de artesãos, junto a gerações de crianças em situação de risco na região: salão de reuniões, salas, administração, cozinha, tipografia com tecnologia antiga para ajudar na publicação dos textos criados pelos poetas de cordel. Também guardava um acervo de arte popular, xilogravura e uma pequena biblioteca. Para trabalhar nessa instituição Geraldo e Fred assumiram várias responsabilidades.

EU CONTINUAVA VIGIADO PELO REGIME MILITAR

Apesar da chamada abertura política do presidente Figueiredo, não deixei de ser vigiado. Poucos sinais de registro oficial foram encontrados em minhas pesquisas. Dentre eles, havia os relatórios do DOPS do Nordeste, que requisitei, assim como os do DEOPS de São Paulo. Em uma narrativa, encontrei minha passagem no Encontro da Federação Nacional de Cineclubes no Rio de Janeiro em 1979, em cuja assembleia final, fiz uma intervenção para lembrar a memória de Marighela, por ocasião dos dez anos de sua morte. Lembro-me de que, quando estava no aeroporto do Galeão esperando o avião para voltar para Recife, fui ao banheiro e dei pela falta do jornal e do livro que estavam comigo. Voltei para procurar esses objetos na cadeira onde estava sentado e não os encontrei.

No relatório a meu respeito, feito pelo agente da ditadura, estava a narração de tudo isso e ele explicita que pegou um exemplar do jornal do partido comunista e um livro sobre política da esquerda.

Outro sinal de que estavam me espreitando, é que, numa das viagens de ônibus que fiz, ida e volta a São Paulo, para assistir as testemunhas de acusação em meu processo da Justiça Militar, na volta, parando meia-noite em Teófilo Otoni, dois agentes conversaram com os motoristas do ônibus para confirmar a informação que tinham recebido de seus superiores: eu estava viajando naquele ônibus!

Em Olinda, nessa época, minhas leituras tinham uma direção, segundo minhas atividades profissionais ou as responsabilidades sociais. Havia muitos títulos sobre administração de empresas, finanças, contabilidade. Retornei à leitura do que tinha sido publicado na época sobre Paulo Freire. Li livros sobre Olinda. Sobre cinema, em especial, sobre produção. Literatura editada e lançada naquela década de 80. Poesias da nova geração de Pernambuco e coletâneas de poetas brasileiros. Comecei a ler os latino-americanos, e a ouvir suas músicas, através da convivência com meu grande amigo chileno, educador e companheiro, sempre acolhido em minha casa, Clemente Lizana. Tinha uma pequena empresa, com seu grande companheiro de jornada pelo mundo, o Alcino. Deu assessorias a projetos e programas do movimento popular do nosso Brasil e Angola. Acompanhou projetos no setor de educação no Chile, depois da queda da ditadura e afastamento de Pinochet.

Eu continuava lendo sobre filosofia contemporânea e mantinha algum interesse de me informar sobre o andamento da Igreja Católica no mundo, e, em especial, nos movimentos populares, as CEBS – Comunidades Eclesiais de Base, e também sobre os grupos de estudo da Bíblia, e História da Igreja do Brasil e das Américas.

TENTATIVA DE ESTUDAR A FORMAÇÃO DO HOMEM NORDESTINO

Fui convidado inusitadamente para participar de um grupo só de homens que iriam se reunir num espaço maior do consultório de um psicanalista no bairro de Casa Forte, em Recife. Na primeira reunião éramos de 25 a 30 homens, advindos de várias regiões do Nordeste e, em particular, de Pernambuco. Exerciam as mais variadas profissões, e alguns eram conhecidos pela atuação em suas casas comerciais de comidas macrobióticas, ou naturais, livrarias, casa de venda de discos... Outros, pela sua militância conhecida nos movimentos sociais e na política em Pernambuco.

O psicanalista iniciou sua fala enquanto estávamos sentados em uma grande roda, e ele, em pé, na porta da sala. Era um primeiro encontro para ver a possibilidade de formarmos um grupo que discutisse a formação do homem nordestino, no seio de suas famílias e nas instituições de nossa sociedade. Pediu que cada um se apresentasse, informando a cidade de origem, o estado civil no momento, o que achava da proposta. Depois de ter passado por umas 12 pessoas eu me apresentei, respondendo às mesmas perguntas que foram colocadas a cada um dos presentes.

E acrescentei, elogiando a iniciativa, que teríamos possibilidade de, em poucos meses de trabalho, dialogar com o coletivo de mulheres formado em Olinda e Recife: suas experiências de alguns anos nessa luta poderiam nos ajudar bastante. Falei que era o único homossexual oficialmente presente, que tinha um companheiro, e que estava disposto a colaborar para transformar nossas reuniões, junto aos interessados em um texto para teatro, *show* de música, filme ou vídeo. Especialmente, eu estava motivado a aprofundar a respeito da cultura machista não só na vida de cada um presente, mas no meio homossexual de Recife e Olinda. Houve uma pausa de silêncio maior após a minha fala, mas todos deram sua contribuição com seus depoimentos. Alguns com um mínimo de informação pessoal.

Terminados os depoimentos, um dos participantes mostrou, juntamente com outros dois que o acompanharam na proposta, que era necessário eleger uma pessoa para nos coordenar, porque o trabalho de administração do grupo não iria ser fácil. Sugeriu algumas linhas de como o grupo poderia se organizar, e como seria a procura de uma metodologia de trabalho. Imediatamente, o psicanalista tentou exercer esse papel, o que foi logo rechaçado por alguns presentes. Argumentaram que não foram ali para fazer psicanálise, e que, se o psicanalista quisesse participar daquele grupo, teria de ter a mesma postura e participação igualitárias como todos os presentes.

Participei da segunda reunião com poucas pessoas, e o psicanalista nos avisou que o grupo estava dissolvido e que gostaria que nos reuníssemos em outro local... Até hoje, sinto que a iniciativa seria não só louvável, como avançaríamos, com o início do trabalho para compreender, com a presença de várias ciências e com vários instrumentos criativos, como estava sendo, no Nordeste, a educação do homem nas casas de cada família e na sociedade.

Anos depois, encontrei com um filósofo que havia participado da reunião citada. Estava na Livraria Síntese, de Suely e Murilo, numa das esquinas que dava para a faculdade de Direito, recém-chegado de Israel, com seu diploma de mestrado. Perguntei-lhe se tinha lembrança daquele fato. Ele respondeu que tinha vergonha de ter sido um dos presentes, e sempre procurou esquecer aquele passado.

Pensei: não estou compreendendo, ou estou diante de um machista de carteirinha? Antes, aquele era um rapaz lutador e corajoso. O que restou de todas as suas ações, quando jovem, de denunciar suas relações com as faculdades em que estudava, amarrando-se com correntes às grades do portão principal da Universidade Federal de Pernambuco ou da Universidade Católica de Pernambuco? Tudo aquilo deve ter derretido de sua memória...

A IGREJA CATÓLICA NOS ANOS 70-80

Do ponto de vista religioso, vi o nascimento e o crescimento das primeiras comunidades cristãs, diferentes das igrejas tradicionais da reforma, as CEBS (Comunidades Eclesiais de Base). Sua participação estava mais enraizada no mundo pobre da periferia das cidades e do campo, antes dominadas por católicos que sempre tiveram uma atuação tênue em suas comunidades. Eles estavam divididos em uma encruzilhada de novos caminhos religiosos. A classe média, com tendências a entrar no kardecismo, e os mais pobres, em sua maioria negros, no retorno às suas origens religiosas afrodescendentes. Na Igreja católica, Dom Hélder caminhava na frente de todo o seu rebanho, reconhecido e amado. Tinha como parceria um episcopado nacional, com figuras também compromissadas com a luta social, a renovação religiosa e a penetração popular.

Os primeiros bispos, já na década de 1980, foram nomeados para mudar a nova era dos católicos e da hierarquia, depois do Concílio Vaticano, de modo silencioso e mais tradicionalista. Presenciávamos a volta de um catolicismo antigo, nascido em Trento do século XVI e no Vaticano I do século XIX. Contra o modernismo, desejavam levar ao esquecimento o Concílio Vaticano II e, de modo velado, partindo de Roma no "reinado de João Paulo II", o importante das decisões conciliares foi engavetado, e as práticas foram mudadas para pior.

O fundamentalismo começou a plantar suas raízes, começando pelo mais nefasto, como a dos Arautos de Cristo, uma dissidência do movimento Tradição-Família-Propriedade, que mapearam toda a classe média, levando para os novos lares, verticalizados em edifícios, a imagem "sagrada", que ficava dias em cada lar, e, com isso, poder angariar dinheiro, implantando uma nova presença tradicionalista na sociedade.

O episcopado, com novas roupagens, conseguiu barrar todas as resoluções dos bispos e leigos da Reunião em Puebla (1979) para a Igreja da América Latina, acusando-a de orientações marxistas e contrárias à tradição da Igreja Católica.

Um plano vindo dos bispos americanos acompanhava a atuação da CIA com o mesmo propósito de derrubar todos os governos esquerdistas da América Latina para que não houvesse uma nova Cuba. Novas ditaduras foram implantadas. Não bastava a experiência autoritária que estávamos vivendo no Brasil, na Argentina e no Chile.

Acompanhei alguns cristãos que estavam na base do movimento, comprometidos com o Vaticano II e a Bíblia. As igrejas cristãs não conseguiram dizimá-los, mas eles foram bastante atingidos pelo processo de regressão nos trabalhos pastorais. Esse movimento retrógrado nasceu dentro do catolicismo latino-americano, com a anuência dos novos bispos orientados por Roma – uma tendência pentecostal chamada Renovação Carismática.

Durante toda a década de 1970 e 1980, mantive contato com religiosos, sacerdotes, poucos bispos, e consegui participar das cerimônias litúrgicas essenciais dentro da comunidade de Olinda. Diria que, com exceção da paróquia de Guadalupe e do Bairro Novo, dioceses mais atuantes, as comunidades dos frades franciscanos e dos beneditinos tinham uma relação maior com um catolicismo mais popular. Principalmente pelo número de oblatos da Ordem Terceira de São Francisco, em sua maioria, advindos da população mais pobre e escolhas esporádicas de alguns ilustres da cidade.

A CHEGADA DO VÍRUS HIV

Em meados da década de 1980, apareceu, no mundo, avassaladoramente, a AIDS e sua manifestação produzida pelo vírus HIV (Vírus da Imunodeficiência Humana, da sigla em inglês), que baixa o sistema imunológico da pessoa atingida. Essa síndrome viral é transmitida pelas relações sexuais ou transfusão do sangue. Um grande amigo-irmão, bailarino baiano, contraiu esse vírus. Tinha feito seu curso na Academia de Mônica Japiassu no bairro da Torre, em Recife, e fazia parte do corpo de baile dessa escola. Depois teve seus momentos mais expressivos dançando no Balé Stagium e no Cisne Negro (este último, na fase de reformulação em Petrópolis, RJ). Como esse grupo quase se extinguiu, resolveu voltar para Olinda e sempre teve acolhimento em minha residência.

Com poucas semanas, começaram a aparecer sinais da doença em Sanchez, através de uma gripe forte, atingindo os pulmões e com muita febre. Eu tinha informação superficial sobre a doença, assim como o mundo todo, inclusive os cientistas. Procurei imediatamente livros a respeito e, na Editora Vozes, comprei um pequeno manual sobre a doença, do qual tirei do seu texto aquilo que era sério e deixei de lado as informações que tinham cunho moralista, ou falso naturalismo, ou até mesmo falta de informação científica, afirmando que a doença era fruto da carga imunológica baixa, provocada por péssima alimentação não natural e uso até de perfumes e sabonetes industrializados.

Outros artigos colocavam logo a culpa em laboratórios, cujos cientistas manipulavam novos vírus criados para a guerra bacteriológica. O mundo da saúde estava às cegas. Com mais algumas semanas de leitura sobre a doença, a mídia mundial deu um espaço privilegiado ao assunto e anunciou que, em Paris, no Hospital Salpêtrière, o cientista médico Luc Montagnier identificou o vírus e deu o nome de SIDA – Síndrome da imunodeficiência adquirida (SIDA: Acquired Immunodeficiency Syndrome, AIDS) à nova doença.

Chamei um médico e pedi que fizesse um exame das taxas sanguíneas de Sanchez, principalmente das células T. Ele disse que não precisava. Eu insisti e fui mais forte na minha reivindicação, por ser amigo dos dois. Ele cedeu e saí com a requisição. Com mais uma semana, meu amigo faleceu. Esses sete dias foram de uma luta travada, por mim e seu companheiro, em todo o complexo de saúde do Hospital das Clínicas de Pernambuco. Os médicos não queriam que entrássemos no apartamento, por uma questão de protocolo de qualquer doença viral, conhecida ou desconhecida. Mas também os médicos e enfermeiros tinham medo de entrar nos aposentos do doente. Tivemos de dar banho no amigo, limpar todo o quarto e, principalmente, o banheiro.

Na hora próxima a seu encantamento, ele me perguntou, enquanto assistíamos às notícias na TV: "João, você está vendo que o quarto está cheio de pessoas – familiares e desconhecidos?" Eu respondi que não tinha chegado a minha hora, mas tinha chegado a hora da passagem dele. E pedi: "Quando chegar a minha, esteja presente!"

Meia hora antes tinha chegado uma bailarina, aluna dele, com sua mãe. Ficaram na porta que dava para o corredor. Ele agradeceu pela visita, e me falou em voz alta: "Esta é a minha melhor aluna".

Alguns minutos atrás, quando ele estava à procura de sua respiração e entrando em agonia, a médica orientou para que eu não estivesse presente nessa hora. Respondi que esse não seria um momento de dizer não, mas de estar presente, com uma postura positiva e de acolhimento. Enquanto isso, uma enfermeira correu em direção ao apartamento e fomos atrás. A enfermeira, então, comprimiu as mãos no tórax dele para tentar reanimá-lo. A médica, aos berros, gritava: "Não tente reanimá-lo, porque o cérebro dele já está comprometido! Não adianta!"

Em homenagem a Sanchez, e sabendo pelos jornais um ano antes, da abertura, em São Paulo, do GAPA (Grupo de Apoio e Prevenção a AIDS), resolvi iniciar este movimento, promovendo uma reunião na Fundação Joaquim Nabuco, onde iniciamos o GAPA Pernambuco, que teve seis anos de existência sob minha direção. Pernambuco tinha pouco mais de 30 pessoas com sinais de evolução da doença. Faltava acompanhamento aos doentes em suas casas, sufocados com o horror preconceituoso de ter um familiar ou amigo com essa doença, com o vírus. Nossa presença substituía, por algumas horas, junto ao doente, seu companheiro ou algum membro da família que, em sua maioria, trabalhava fora de casa e não tinha todo o tempo para estar junto ao amado.

A Secretaria de Saúde do Estado de Pernambuco reservou, no Hospital Correia Picanço, alguns leitos, e mais um apartamento no Hospital das Clínicas. Os outros hospitais não estavam preparados para receber nenhum doente com HIV. Aprendi muito sobre a questão da saúde naquele momento de crise mundial com a chegada de uma nova doença desconhecida pela ciência.

Tive a meu lado, no GAPA, durante os seis anos, uma equipe mais fiel em que eu confiava. Umas 200 pessoas se ofereceram, num gesto de solidariedade, durante o tempo em que estivemos à frente do movimento. Esse grupo foi o único do Nordeste a acompanhar, na época, os doentes, seus familiares e companheiros. Os gestos solidários exigiam suporte aos dois lados dos atingidos pela tragédia – doentes e acompanhantes. Muitos familiares não desejavam acompanhar os doentes em suas casas ou hospitais. E doamos algumas horas de trabalho, com escala de substituição entre os voluntários. Tivemos um retorno gratificante, ouvindo cada história, algumas muito singelas e tristes, outras, trágicas, acompanhadas de agradecimentos.

Mas houve quem quisesse tirar proveito da situação para roubar, para usar nossas informações em tese de mestrado ou doutoramento, na área da saúde. Também aparecia gente desempregada que acompanhava os pacientes e que desejava um emprego fixo no hospital, na área de assistência social e psicologia. Por isso, convidei um advogado, depois de uma reunião com diretores dos hospitais, para redigir uma minuta de compromisso solidário, sem nenhum vínculo empregatício, nas instituições que eram visitadas por nós. Uma médica se infiltrou no grupo, para levar informações para empresas de seguro de saúde que ela, escondida, representava.

Durante minha gestão no GAPA, passei por vários acontecimentos desagradáveis. O primeiro foi quando, ao alugar um espaço no térreo de um casarão, perto da Avenida Visconde de Suassuna, o dono da casa mostrou-se bastante interessado em participar do grupo. Ali fizemos a nossa sede. Um dia, recebi um telefonema da Universidade Católica, que promovia um festival anual de inverno para seus estudantes e o público em geral, comunicando que havia recebido do GAPA um ofício, informando que estava destinando duas tendas que seriam montadas durante o festival para comercializar produtos, cuja renda seria revertida para o nosso movimento.

A nossa diretoria em nenhum momento foi informada sobre o assunto. Agradeci à Universidade Católica, informando que recusava a proposta, alegando que não teríamos pessoal suficiente para acompanhar tal empreendimento por vários dias.

Semanas depois, vi pessoas com camisas ofertadas pelo Ministério da Saúde e nelas estavam estampados não só o nome do GAPA-PE, como também a propaganda do empreendimento do dono da casa que eu aluguei. Ele se aproveitou de nossa ausência na sede e da situação de abertura do nosso trabalho, para oferecer a "sua ajuda". Educadamente, o afastamos do grupo, e, com mais 30 dias, entregamos a casa. Não adiantou eu ter feito um ofício ao Ministério da Saúde e à Polícia Federal, pedindo que fizessem uma inspeção para chegar aos nomes dos responsáveis. Eles silenciaram.

Caso muito mais sério foi a vinda de um grupo, com experiência em São Paulo, que, usando nomes de grandes artistas, tinham feito, naquela cidade, um bingo em um local público, cujos prêmios seriam carros, para angariar fundos para grupos que trabalhavam com a mesma finalidade do GAPA. Recebi-os e, depois de ouvi-los, disse que a proposta era indecente: oferecer-nos 15 por cento da arrecadação dos ingressos, já que o evento estava agendado para acontecer em um campo de futebol.

Pouco a pouco, comecei a ter problemas com algumas pessoas que acompanhavam os doentes. Elas estavam ligadas à religião e queriam fazer proselitismo, com um discurso insistente junto aos doentes terminais. Outras, que tinham se oferecido para o trabalho de acompanhamento nos hospitais ou em casa, vinham com um histórico emocional abalado pelas crises e dificuldades que vivenciavam junto a seus companheiros de vida – tanto os apoiadores homens, como as mulheres que davam apoio aos doentes.

Como presidente dessa ONG, tinha a responsabilidade de delegar, fiscalizar ou acompanhar os diversos trabalhos. Cabia diretamente a mim a agenda com a mídia, principalmente as televisões locais, facilitar a aproximação do GAPA junto às autoridades, principalmente junto ao Secretário de Saúde do Estado, para abrir novas vagas em hospitais. Com isso, logo no início da pandemia do HIV em Pernambuco, tivemos acesso livre ao Hospital Correia Picanço e ao Hospital das Clínicas ligado à Universidade Federal de Pernambuco.

Sempre acompanhado de alguma pessoa da equipe, eu realizei palestras de prevenção e informação sobre o vírus HIV nas periferias e em algumas cidades do interior, incluindo conversas com eles sobre o grande drama de consciência e da moral pessoal, que acompanhava essa doença. É provável que eu tenha adquirido essa habilidade, através de minha experiência sacerdotal de preparar os doentes para ter uma morte digna.

Fui convidado por três psicanalistas conhecidos para uma reunião. Eles afirmavam que não tinham o domínio emocional no trato com os doentes, suas famílias e companheiros, no que dizia respeito a esta tanatologia. Eles me ofereceram uma formação para que eu pudesse fazer uma abordagem mais psicológica junto aos portadores da síndrome. Assim, eu poderia apoiar a equipe nos procedimentos terapêuticos, o que requer um maior aprofundamento. Recusei, informando que meu trabalho, assim como o de todos os que atuavam junto aos doentes terminais, era voluntário. E, com essa especialização que eles ofereciam, eu teria uma atividade profissional possivelmente remunerada, cujo valor que eu receberia não garantiria minha sobrevivência, do jeito que gostaria que fosse. Portanto, eu cobria minhas despesas através do meu trabalho em sociedade, junto à produtora de vídeo – a ESPIA VÍDEO. Os sócios estavam cientes da necessidade de meu envolvimento no trabalho de prevenção e acompanhamento aos portadores de HIV no estado de Pernambuco. Eu dividia o meu tempo entre a produtora e minha atuação como voluntário no GAPA.

Continuavam os enfrentamentos, na sua maioria, pelo péssimo comportamento da área de saúde e das igrejas, em relação direta com os doentes. O preconceito já partia daqueles que deveriam lidar com a presença do vírus através do olhar da ciência e, assim, estudar o fenômeno. Havia um protocolo geral para as doenças transmissíveis, que foi adaptado para os que acompanhavam os doentes de HIV em cada hospital.

A primeira falha da área da saúde era deixar o doente sozinho em seu quarto, sem pessoa alguma para acompanhá-lo, e o medo dos funcionários de limpeza de limpar o quarto e o banheiro. Mas tentávamos garantir que um dos nossos sempre estivesse presente durante o dia, para conversar e dar informação ao doente. Era o mais importante para o mínimo de seu equilíbrio emocional. Também solicitava a presença do corpo médico e da enfermagem todas as vezes que o paciente precisasse.

Alguns médicos tinham um nível maior de preconceito. O motivo era que a maioria dos que apresentavam a doença era homossexual. Um caso extremamente triste: um paciente terminal, dando o seu último olhar para vida, com um amigo presente, amante ou familiar, ouvindo as últimas palavras e ruídos daquele espaço, o médico plantonista, chamado às pressas para acudi-lo, disse essa infame frase, "Você está com HIV porque procurou. Agora está aqui presente sua família que sofre". Coloquei aos gritos o médico para fora do quarto. Reconheço que fui intempestivo como ele. Não medi as consequências que poderiam advir para nosso grupo. Mas, sobre esse fato, houve silêncio, e nem os médicos, nem o diretor do hospital, nem o secretário de saúde me chamaram para pedir explicações.

Continuavam os problemas com algumas pessoas voluntárias, diante da fragilidade do doente, com o uso de um discurso proselitista, machista e falso moralista, para que ele se convertesse, preparando-se para seu último momento. Tive de ser incisivo em não querer mais alguns cristãos acompanhando o nosso trabalho.

Dois momentos foram muito dolorosos para o meu coração e minha cabeça. O primeiro, quando presenciei, no Hospital das Clínicas, a morte de um sacerdote com HIV. Ele era do interior de Pernambuco, e um padre, indicado por seu bispo, o acompanhava. Assim que o atestado da *causa mortis* começou a ser escrito pelo médico, apareceu o padre e um coronel, que pediram para mudar a causa da morte para ataque cardíaco.

Acompanhei também o caso de um seminarista que estudava teologia em Roma, e veio morrer em sua cidade. Ao chegar ao Recife, toda a sua família e alguns amigos já sabiam. Uma carta de Roma, sem sua permissão, informava detalhes sobre sua saúde.

A Igreja Católica escondia os que tinham HIV. Havia um murmúrio nacional que os escondia nos hospitais da ordem Camiliana, que, em sua missão, cuidava dos doentes. Quando morria um doente em Olinda ou em Recife, eu pedia a um religioso de Olinda que estivesse nas cerimônias de despedida, para que celebrasse a missa de sétimo dia para aquela pessoa que havia morrido por HIV. Ele nunca se negou a estar presente. Um dia, recebi um recado enviado por ele, desejando falar comigo, porque estava doente. Fui até sua comunidade, e o superior impediu que eu realizasse o desejo daquele monge sacerdote. Voltei lá mais uma vez. Avisaram-me que ele havia contraído o vírus. Novamente não me deixaram entrar e, em poucos dias, ele faleceu.

Depois de seis anos coordenando o trabalho do GAPA em Pernambuco, no Brasil, outros grupos se estruturaram em ONGs, com vários nomes. Participei de alguns encontros nacionais. Algumas entidades internacionais, começando pela OMS / UNESCO (Organização Mundial de Saúde/ Organização das Nações Unidas para a Educação, Ciência e Cultura) começaram a ajudar monetariamente esse trabalho preventivo e de assistência aos doentes. Alguns abusos dentro de algumas ONGs surgiram, como desvios de dinheiro em algumas cidades, chegando o caso até a justiça. Comecei a procurar um substituto para assumir a continuidade do nosso trabalho. Ninguém aceitou. Nossos esforços, fazíamos questão, continuavam sem ser remunerados.

Cada ano passava mais rápido, por causa da complexidade dos trabalhos. Acompanhei um grupo de médicos mais conscientes, com sensibilidade para dinamizar uma coordenação mais efetiva dos trabalhos de acompanhamento aos portadores de HIV no estado de Pernambuco, e, imediatamente, foi iniciado o planejamento de acompanhamento da doença de modo mais humano e presencial, como tínhamos iniciado em anos anteriores. Eles achavam importante a continuidade de nosso trabalho. Éramos a extensão de parte do trabalho desses médicos, a maioria constituída de infectologistas e sanitaristas.

Em 1991, fui convidado pela nova diretoria da Associação Médica de Pernambuco para representar todos que davam assistência aos portadores do HIV, numa cerimônia comemorativa dos 150 anos dessa grande instituição. Um médico amigo e professor da Escola de Medicina seria o primeiro orador. Ele havia me convidado oito dias antes para checarmos o que cada um tinha preparado como conteúdo, para não nos repetirmos em alguns pontos nos nossos discursos. Na nossa reunião preparatória, apresentei todo o meu texto. E ele não apresentou nenhum. E silenciou.

Em casa, preparei outro texto completamente diferente daquele cuja cópia havia deixado com ele. Eu sabia que estariam lá os velhos médicos que alicerçaram a medicina mercantilista dos nossos tempos, e eram a maioria naquela sociedade. Então fiz um elogio à medicina sanitarista e denunciei o pensamento antiético, preconceituoso e moralista da maioria dos médicos, novos e velhos, que cuidavam dos doentes com HIV. Da plateia vieram palmas durante minha intervenção, e imediatamente os médicos idosos, que estavam compondo a mesa, levantaram-se. Acercaram-se do meu amigo que, em seu discurso, tinha usado alguns argumentos que eu tinha explanado no nosso encontro preparativo. E injuriados contra a minha participação naquela cerimônia, acusaram-me de ter maculado aquele lugar sagrado. A diretoria, composta pela primeira vez de jovens médicos, ria da situação criada.

Após esse evento, em reunião com a diretoria do GAPA, decidimos fechar a associação. Oferecemos a coordenação para outras pessoas, mas ninguém quis. Em primeiro lugar estava a responsabilidade perante os doentes. O que mais me chamou a atenção foi o fato de que as pessoas queriam fazer o trabalho com uma remuneração igual à que outros grupos já estavam recebendo. Exigiam um salário.

Passados alguns anos, vi que as associações em favor dos portadores de HIV estavam fechando em todo o Brasil. Acredito que isso ocorria pelo tratamento que, aos poucos, não só ia prolongando mais a vida dos pacientes, como também pela competência do Ministério da Saúde, que aceitou a presença de médicos abertos ao drama social do doente e ofereceu acompanhamento multidisciplinar com psicólogos, psiquiatras, fisiologistas, nutricionistas etc. Hoje é um programa reconhecido internacionalmente.

A Secretaria de Saúde do Estado de Pernambuco reservou um casarão ao lado da Praça do Carmo, em Olinda, para o atendimento aos doentes. Seria uma clínica com toda a infraestrutura. A população da cidade histórica foi contra, e rapidamente conseguiu fechá-la.

Minha residência passou a ser, então, um lugar intermediário, até surgir uma vaga hospitalar para alguns amigos com o vírus. Amigos casados, com medo da falta de prevenção sexual pessoal, passaram a me procurar para fazer o teste. Os turistas de outros países que passavam pela cidade, e estavam com sintomas de doenças oportunistas e, na falta de remédio específico, a minha casa seria um lugar em que, com presteza, teriam acesso à droga de que estavam precisando. Eu passei a ser apontado como um dos doentes, por alguns moradores de Olinda. De toda a experiência que tive no trabalho com doentes terminais, tive a lucidez de que a sociedade, ou parte dela, presta sua solidariedade.

Mas também sempre enfrentamos alguns percalços. Conto-lhes agora um dos fatos marcantes durante o nosso trabalho no GAPA. Quando precisamos de mais dinheiro para a continuação de nossos trabalhos, resolvi produzir um *show* no grande auditório do Centro de Convenções de Pernambuco, sediado no limite dos municípios de Olinda e Recife. Foi um trabalho paralelo e árduo, que provocou um estresse muito grande, porque eu tinha mergulhado numa aventura, e não sabia se entraria dinheiro suficiente para pagar o aluguel do teatro e outras ações necessárias para a produção, como custos de hospedagens, passagens e alimentação dos artistas convidados. Um amigo pernambucano e pianista, que morava no Rio, se mostrou aberto à iniciativa e trouxe uma cantora. Ambos fizeram um grande *show* com todo o repertório de música popular. O que agradou ao grande público.

Consegui vender quase todos os ingressos do auditório e, ao final do espetáculo, descansava no meu colo uma caixa de sapatos com o resultado da iniciativa. Porém fiquei triste porque o cenário, simples, mas elegante, tinha seus objetos emprestados por um grande comerciante do bairro de Boa Viagem. No dia seguinte, fui levar os objetos, que tinham um valor relativamente alto e foram tirados de seu estoque. Meu objetivo maior era o agradecimento à nossa causa junto aos portadores de HIV. Ele me respondeu da seguinte forma, "Pode ficar com os objetos, porque, na minha casa comercial, eles não podem mais entrar. Apesar do seu uso em um *show* beneficente, que reconheço mais que necessário, perderia clientes da nossa sociedade se soubessem onde estes objetos foram usados e para qual finalidade."

Para não responder rispidamente, coloquei, com dificuldade, o manto da humildade, para apaziguar minha raiva e minha dor. No meu coração, tinha a certeza de que nunca mais passaria pela sua porta. Sempre, na minha intuição, partindo de fatos, a sociedade, quando abre portas, é para nomear um cristo que a represente, facilitando até a criação de uma liderança. O sacrifício cai em cima dessas lideranças e de quem arduamente trabalha com elas.

Os momentos vividos em função de apoio aos primeiros doentes portadores de HIV – aqueles que lutaram bravamente para sobreviver ao vírus – possivelmente não seriam repassados às novas gerações. Elas não ficariam sabendo das histórias sofridas se não fossem escritas, através de memórias de experiências, como tento fazer agora, neste breve relato.

OIT - ORGANIZAÇÃO INTERNACIONAL DO TRABALHO

Em 1984, fui convidado para representar uma pequena parte dos empresários brasileiros em uma conferência sobre novas tecnologias para veículos rodoviários. Estive presente em um seminário, acontecimento muito especial na OIT (Organização Internacional do Trabalho) em Genebra. O convite veio da Associação Nacional de Empresários do setor rodoviário do nosso país e chegou às mãos de meu irmão, que me endereçou, diante da falta de pessoas que quisessem representar o Brasil numa semana de trabalho, referente às novas tecnologias no setor de transporte rodoviário. Eu teria 48 horas para agilizar os documentos e minha curiosidade era bastante para me empenhar nesta urgente tarefa. O momento político era bem especial, pós-ditadura brasileira, para testar minhas saídas e entradas em meu país. Também para enfrentar, pela primeira vez, o inverno rigoroso daquele ano que tinha gelado os rios suíços e holandeses (onde visitaria uma amiga em Amsterdã).

A viagem aérea foi bastante confortável na classe executiva e, nos primeiros momentos do voo os representantes dos sindicatos operários da categoria se apresentaram e conversamos um pouco. Estavam bem receptivos, mas a nossa conversa não foi adiante porque não tínhamos tido experiências comuns vividas anteriormente.

Além disso, as diretorias dos sindicatos dos trabalhadores no Brasil eram constituídas de cargos indicados pelo regime centralizador e ditatorial de nosso país. Há alguns anos, tinha sido decretado seu fim, mas ainda pairava a dúvida sobre a presença de militares disfarçados na administração. Sabíamos que haveria, diariamente, uma assembleia tripartite de trabalhadores, empresários e representantes de cada governo. Esses últimos, em sua maioria, eram diplomatas que moravam em Genebra. Os diplomatas não receberiam a benesse financeira que davam para nós, como, por exemplo, estadia.

Fui recepcionado por amigos que tinham ligação com o Brasil e com os brasileiros não mais refugiados na Suíça. Tive, em sua companhia, orientações seguras sobre o ambiente que iria encontrar e recebi instruções sobre como poderia me locomover durante aquela semana, para participar das sessões.

No coquetel de abertura da OIT, conheci muitas pessoas, e logo um dos diplomatas brasileiros, agregado àquela organização, desejava conversar mais comigo, mas eu não gostei da esperteza e melosidade de seu tratamento. Despachei-o com delicadeza, porém mostrando a falta de interesse de tê-lo como meu assessor naquele evento. Na assembleia de abertura, tivemos uma surpresa: todos os representantes dos países comunistas denunciaram, em bloco, o texto que seria apresentado para discussão naqueles dias. A assembleia seria presidida pelo representante dos empresários da Austrália imposto pelos estados democráticos presentes (leia-se Estados Unidos). Os países socialistas saíram em bloco do recinto, deixando um vazio de um terço dos presentes.

O que entendi, e o que foi aprofundado com a leitura do documento acima citado, é que nosso trabalho seria o de chegar a um texto final com a participação de todos os presentes. Devidamente assinado, os diplomatas presentes levariam o texto a seus governos, para criar leis que ajudariam na proteção e prevenção dos trabalhadores rodoviários, vendendo aos países, novos equipamentos. Claramente intuí que eram as plantas de fábricas que seriam mudadas, principalmente da Alemanha, Estados Unidos e de outros países capitalistas. A novidade, para mim, é que preparavam o caminho para gerar a necessidade de estudos técnicos e jurídicos sobre quem iria manipular as máquinas. Essas máquinas funcionariam ligadas a computadores. O motorista que guiava o veículo tinha de comandar, com toda a informação e formação possível, essa nova tecnologia. O custo de cada unidade aumentaria muito para os países subdesenvolvidos ou em desenvolvimento.

Pedi a palavra e, dominando pouco o francês (para desespero dos tradutores), destaquei o alcance das novas tecnologias nas indústrias do primeiro mundo, mas que não serviria para gente do terceiro mundo, ou em desenvolvimento. Levaria ainda gerações para que aqueles que comandavam nossos equipamentos rodoviários de carga chegassem a alcançar a formação exigida pelos novos produtos apresentados na assembleia. Simplesmente a maioria de nossos trabalhadores eram semialfabetizados. Como haveria alguns anos para melhorar a capacidade técnica desses agentes, um dos caminhos possíveis é que as plantas atuais das fábricas que não exigiam tanta tecnologia de ponta nos seus produtos poderiam ser implantadas na África, América Latina e Ásia. Imediatamente, representantes desses países compraram essa ideia. Mas os que comandavam a nova proposta, retomaram o texto oficial e não fizeram nenhuma alusão a minha proposta em ata.

Eu mesmo só adquiri o primeiro computador pessoal, com pouquíssimos bytes, no ano de 1997. E apesar do cargo de diretor administrativo de uma concessionária de veículos e com uma equipe recente de TI para desenvolver nosso computador empresarial, hoje ele seria um exemplar pré-histórico. Todos os dias, o equipamento da empresa demorava uma hora ou mais para funcionar a contento, depois de ser ligado. Já tinham se passado 13 anos da reunião na OIT, e eu ainda não tinha dominado os rudimentos para comandar essa tecnologia.

Fiquei abismado no meu primeiro contato com essa organização internacional de Transporte (OIT). Primeiro, pela excelente organização. Tudo impecável. Depois, pela quantidade de pessoas trabalhando para que ela funcionasse. Procurei pelos quase 200 jornalistas de vários países e poliglotas que preparavam os *papers*, notícias e boletins e não encontrei ninguém que me respondesse e abrisse caminho para minhas interrogações. Estavam num período de férias. Começo de ano.

Para as refeições, tínhamos disponíveis 14 opções de restaurantes com cardápios de vários países ou regiões. Finalizando com o macrobiótico e com o naturalista. Não é por acaso que os genebrinos, em geral, não gostam da presença de organizações internacionais no seu espaço citadino. Meus amigos suíços criticavam que toda a comida entrava pelo preço de custo, daí o preço baixo cobrado por cada prato. Muito baixo. Fora isso, milhares de pessoas ganhavam muito bem e não pagavam nada ao governo ou ao cantão onde estavam situados. Estavam isentos de impostos.

Cheguei a pensar que 30 a 40 reuniões dessas por ano, cada uma com 100 países presentes, com passagens executivas e mais 2000 dólares de ajuda de custo, chegariam a bilhões de dólares por ano. Fora o gasto administrativo e com pessoal das atividades normais dessa Organização. Teimei, chegando ao Brasil, em fazer um minucioso relatório de toda a minha participação, com o registro do conteúdo de cada reunião de que participei. Enviei todo esse material produzido por mim para Brasília – local onde ficam os sindicatos patronais e os sindicatos dos trabalhadores nacionais, a exemplo da OIT de Genebra – mas não obtive nenhum retorno. E quando eu cobrava o retorno, falaram que não havia necessidade daquele relatório.

No meio de uma reunião na OIT, depois de passar alguns dias ouvindo várias línguas do mundo inteiro, ocorreu um fenômeno comigo: me esqueci do idioma português, e não vinha à minha memória nenhuma outra língua, nem do pouco que falava de espanhol e francês. Fiquei apavorado. Pedi socorro a um amigo. Ele riu. Pediu-me que eu tivesse calma, pois, com mais algumas horas, voltaria tudo ao normal. Foi o que aconteceu. Depois, fui informado por meus amigos que era comum isso ocorrer nas primeiras viagens internacionais.

O melhor momento dessa viagem foi assistir a um concerto musical no domingo à tarde na catedral de São Pedro, em Genebra, local que Calvino escolheu para ser líder da reforma protestante. Boa parte dos que comigo participaram da semana na OIT estavam presentes na nave daquela igreja, ouvindo com atenção a orquestra. Nesse início da década de 1980, encontrei várias escavações arqueológicas na frente de cada catedral das cidades europeias mais importantes. Na de Genebra, em frente ao átrio da entrada do templo, as escavações permitiram que aparecessem alguns túmulos. As ruas medievais tiveram suas casas derrubadas para não limitar a visão da catedral, permitindo uma visualização mais abrangente de sua arquitetura. Começaram os cuidados de preservação dos casarios dos núcleos antigos das cidades mais importantes, pois estavam perigosamente apresentando um desgaste generalizado.

ESPIA VÍDEO -
CAMPANHA POLÍTICA DE 1986

Nos anos 1984-1985, começamos a abrir uma produtora de vídeos para gerar imagens publicitárias para televisão, documentários de terceiros e imagens para o período eleitoral. Minha equipe de cineclube estava finalizando seus trabalhos e já tinha compromissos em outros trabalhos sociais ou políticos. A abertura política estava em seus primeiros passos, com o término da ditadura, que foi "lenta e gradual". Convidei o presidente de um cineclube de Recife e narrei todo o meu sonho com os mínimos detalhes, partindo de minha experiência empresarial familiar.

Nele eu tinha confiança, e, sobretudo, percebia seu comportamento incisivo, ágil e com todos os requisitos para executar, em uma gerência, tudo que se relacionasse com a parte comercial e de *marketing*. Sua presença também tinha sido importante em toda a produção do documentário que fizemos, sob a direção de Jussara Freire e do cineclube Leila Diniz, além de outros que focalizavam bairros populares na periferia.

Mostrei para ele a experiência com a realização de um documentário. Ele me fez crer que teríamos dois caminhos ao abrir uma empresa comercial. No primeiro caminho, teríamos o esquema de projeto de imagem em vídeo popular junto aos organismos governamentais e internacionais ligados à cultura. Sempre trabalhando com vídeo, o nordeste brasileiro já tinha gente se sacrificando há anos com produção em 16 milímetros e com pouco resultado comercial. Havia uma empresa híbrida no mercado de Recife, que começava seus passos no vídeo, mas, há anos, tinha se especializado no processo laboratorial tradicional. Não teríamos vez nessa bitola. Por outro lado, iniciava-se, no Centro de Cultura Luiz Freire, sede de muitos projetos populares, inclusive a sede do Cineclube Leila Diniz, uma rica produtora de vídeos populares, que teve mais anos de vida do que nós, a TV Viva.

O outro caminho seria o de criar uma empresa capitalista, com toda uma inserção num mercado, em Pernambuco, limitado a 6 % da produção nacional de publicidade. Mas com abertura para documentários em vídeos.

O que eu poderia oferecer, naquele momento, era uma câmera de vídeo com todos os acessórios semiprofissionais, casa alugada com toda a infraestrutura administrativa e, nos primeiros meses, garantir um salário digno para o novo sócio, oferecendo 50 por cento da sociedade. Ele pagaria suas cotas com trabalho.

Eu tinha a consciência de que faltava, em meu empreendedorismo, algo importantíssimo: a ambição. Meu novo sócio e os outros que entraram depois tinham esse valor bem presente em suas vidas.

Após os acordos, vencemos as dificuldades iniciais com relação à burocracia brasileira para a implantação de uma empresa. Acompanhei toda a criação do logotipo, a apresentação do *design* para os papéis e a formalização do nome da empresa, "Espia Vídeo", junto ao cartório competente, especialista na defesa das marcas de empresas brasileiras.

Foi difícil o domínio da tecnologia das câmeras e equipamentos de som que tínhamos à nossa disposição. Entendemos que, para uma boa finalização de qualquer trabalho, precisávamos de uma ilha de edição e de uma pessoa que se responsabilizasse por essa área de engenharia. O nosso Geraldo do Cineclube Leila

Diniz assumiu essa função. Ele e a secretária foram os primeiros que entraram com carteira assinada em nossa empresa.

Na função de administrador, consegui, com poucos meses, a primeira câmera profissional que mandamos buscar nos Estados Unidos e uma boa ilha de edição. Tudo com um valor muito alto. Completamente diferente, em comparação com os valores de hoje, que são mais exequíveis. Com a chegada dos primeiros trabalhos, em poucos meses de atuação, a Espia Vídeo necessitou de mais um técnico em edição. Conseguimos um profissional que tinha uma longa experiência na TV comercial mais importante do estado. Outros vieram depois para aumentar a equipe da área de engenharia, então dirigida pelo Geraldo.

Meu sócio sentiu a necessidade de dialogar e acompanhar a produção com um diretor específico e com mais experiência em TV. Conseguiu um que aceitou a aventura, diante daquela empresa que já nasceu com afoiteza para o mercado. E não olhamos o seu salário, mais robusto do que todas as nossas demais rubricas. Com a chegada de um diretor para as produções e acompanhamento das finalizações, vimos a necessidade de criar, no mercado, algumas competências características de técnicos ligados a iluminação, cenário e maquiagem. Todos esses equipamentos que Pernambuco tinha a seu dispor foram perdidos com o crescimento das emissoras de TV do leste do país.

As TVs locais tornaram-se repetidoras da programação do Rio e São Paulo, as emissoras locais finalizaram seus programas próprios, e seus técnicos saíram de Pernambuco, sendo reconhecidos em outros estados. Meu sócio se tornou um nome de destaque no ambiente publicitário, pelo seu dinamismo em atrair a ampliação de projetos e, com isso, fazendo o nome da Espia Vídeo crescer no mercado. O novo sócio, na área de engenharia, assinava com competência e nos ajudava a atingir um espaço maior em Pernambuco, com o rigor e a qualidade das imagens. Estávamos bem presentes no cenário comercial do nosso estado e assinávamos os vídeos publicitários veiculados na telinha comercial das TVs.

No Início de 1986, período pré-eleitoral, meu sócio saiu em campo e, depois de muitas mesas de negociação, ganhou, já no segundo semestre, a proposta que fizemos ao partido MDB (Movimento Democrático Brasileiro) para a campanha do candidato Miguel Arraes. Ganhamos também a campanha de um candidato a senador em Alagoas. Antevimos o trabalho com o PT, o PSB e o PFL. Tivemos de dobrar nossos equipamentos e nosso pessoal.

Com o total financeiro já fechado do que iríamos receber nos próximos três meses, entrei em campo para viabilizar e nos preparar para a dinâmica de trabalho que viria pela frente. Preparei todas as planilhas financeiras, colocando os gastos e desembolsos. Os sócios deram luz verde. Dava para pagar a todos durante os meses seguintes, comprar todos os equipamentos necessários, toda a produção e despesas fixas e móveis da empresa, incluindo os veículos. Depois de pagarmos o ISS à prefeitura de Olinda, ficaríamos com um saldo muito pequeno para viver mais três meses, depois de terminada a campanha. Mas, por outro lado, ficaríamos com uma empresa robusta em equipamentos, experiência, currículo enriquecido e unidade de trabalho, o que garantiria os próximos dois anos pela frente, sem necessidade de novas mudanças.

Éramos campeões de pagamento de ISS na prefeitura de Olinda. O que falava alto, na cidade, era que a empresa era pequena, mas dava sua contribuição ao município.

A equipe de imagem que ia dirigir a campanha de Miguel Arraes assumiu seu lugar no espaço que preparamos dentro de nossa empresa. Como tínhamos um bom relacionamento com todos os envolvidos, a confiança geral levou a um entrosamento muito rápido. Meu sócio Osmar foi dirigir os trabalhos com duas equipes de reportagem em Alagoas. Eu coordenei todo o trabalho do PT (Partido dos Trabalhadores) para a televisão, dentro da própria sede do partido, junto com Geraldo na parte técnica e uma equipe de imagem e som. E nosso sócio, que tinha meu nome, assumiu todo o trabalho com a equipe MDB – Arraes.

Nas horas vagas, ainda preparamos um programa nacional do PSB (Partido Socialista Brasileiro), imagens para um programa nacional do PT, e usamos nosso estúdio de filmagem para fazer inserções de vídeo para políticos candidatos de todos os outros partidos de Pernambuco. Ressalto, aqui, minha candidata preferida, garanhuense como eu, Cristina Tavares, grande lutadora em favor da democracia, como deputada no parlamento nacional. Foi uma pioneira em trazer o mundo da informática para nosso país. Foi através de sua grandeza que reconheci o papel da mulher na política brasileira, e para elas, em todas as eleições, direcionei meus votos, até hoje.

Depois de um descanso breve de toda equipe, e após ter sanado alguns problemas com o PMDB (Partido do Movimento Democrático Brasileiro), normalíssimo pelo tamanho da campanha, voltamos aos trabalhos para o mercado publicitário. A tensão foi de tal ordem na última etapa da produção e edição de imagens para a campanha de Arraes, que Lu, uma funcionária que há meses me substituiu no caixa e na contabilidade, grávida, perdeu o filho devido a algumas tensões por que passou.

A história da Espia Vídeo merece um aprofundamento maior, diante da sua presença breve no mercado pernambucano. Lembremo-nos de que poucas empresas brasileiras chegam ao primeiro ano de vida, menos ainda aos cinco anos. As explicações para esse fenômeno são as mais diversas. E todas com fundamentos indicados pelos estudos do SEBRAE e outras instituições que as acompanham.

O estado de Pernambuco viveu um grande momento com a vitória de Arraes, mas a vitória de Fernando Collor à presidência trouxe apreensões políticas que se confirmaram com a subida da Ministra da Economia, Zélia Cardoso de Mello e o decreto do "congelamento".

Oitenta por cento de todos os depósitos do *overnight*, das contas correntes ou das cadernetas de poupança que excedessem a NCz$ 50 mil (cruzados novos) foram congelados por 18 meses, recebendo, durante esse período, uma rentabilidade equivalente à taxa de inflação mais 6 por cento ao ano. Indexação imediata dos impostos aplicados no dia posterior à transação, seguindo a inflação do período. Ficamos, como pessoas jurídicas e pessoas físicas, com todos os bens congelados em nossas contas bancárias, podendo retirar apenas uma quantia pífia.

Tive de reorganizar a administração da Espia Vídeo a essa nova realidade e caminhar junto com meus sócios para encontrar algumas saídas imediatas para nossos compromissos referentes à campanha política. Em alguns momentos, convoquei em assembleias toda a nossa empresa – dos sócios aos funcionários – para decidir o que poderíamos pagar a cada um durante a crise, respeitando, com salário integral, os que ganhavam um salário-mínimo e meio, prometendo pagar posteriormente, com juros e correção, aos outros assalariados, assim que entrasse o numerário dos novos trabalhos que faríamos. O que foi acordado e cumprido em seguida.

O mesmo problema aconteceu em todas as empresas brasileiras, e a crise foi aumentando à medida que os meses foram passando. Reuni meus sócios, juntamente com Lu, mostrei a gravidade do momento e que não tínhamos sido atingidos de modo grave, mas, a meu ver, com os números econômicos e financeiros apresentados, seria questão de meses. Tínhamos duas saídas, ou fecharíamos a empresa, que ainda estava com possibilidade de pagar indenização a todos, com lucros para os sócios, se vendêssemos todos os instrumentos, móveis e veículos. Ou venderíamos a empresa a terceiros, com o perigo de não ser cumprida a maior parte dos pagamentos, mesmo que juridicamente alicerçados.

Os sócios preferiram continuar com a empresa. Respondi que acatava a decisão, mas que eu me retirava, e eles já poderiam procurar outro sócio para que pudessem pagar minhas cotas na empresa. Então, propuseram uma parte do dinheiro, para que eu passasse as cotas e eles ficariam em maioria. Vi um terço desse dinheiro poucas semanas depois, com a chegada do novo sócio, e o restante chegou às minhas mãos após cinco anos, depois que a Espia Vídeo realizou uma venda, através de intermediários, representando a TV Globo, de uma antena que tínhamos (raríssima concessão) e foi colocada no telhado do prédio do Ministério das Comunicações em Recife. Tínhamos uma repetidora. Grande vitória de Osmar. E só a usamos uma vez, alugando-a ao consulado americano em Recife, para gerar e enviar imagens das eleições de Pernambuco e do Brasil para os Estados Unidos.

Foi um choque físico e emocional minha saída da sociedade da Espia Vídeo. Senti-me arrasado. Aquilo tinha me incomodado sobremaneira, a tal ponto que pedi a dois grandes amigos olindenses para me buscar no último dia na empresa e me levar até a casa deles para me reanimar, junto com meu companheiro de vida. Estávamos no final de 1989. Na minha cabeça, vinha a lembrança da experiência de fechamento da UNILABOR, como de milhares de outras, depois do golpe de 1964 e dos primeiros planos do Roberto Campos como Ministro da Economia.

A UNILABOR era uma cooperativa de fabricação de móveis situada na Rua do Vergueiro, na cidade de São Paulo, atrás da capela do Cristo Operário. O dinheiro inicial e algumas parcelas posteriores saíram de um grupo de ingleses que ajudaram a fundar essas cooperativas pelo mundo. Frei João Batista, frade dominicano, que foi o incentivador e que tinha acesso direto ao grupo, sofreu demais com o fechamento da fábrica. O que o fez entrar numa depressão profunda.

Essa história me marcou muito, quando contada por ele muitas vezes. Eu o ajudava no trabalho sacerdotal na Vila Brasílio Machado. Marcou como alerta esse momento da cooperativa UNILABOR, porque me ensinou a ter certas defesas diante de crises empresariais nos processos políticos.

SAÍDA DA ESPIA VÍDEO

1990 foi o ano em que saí à procura de um trabalho. Já tinha tentado em empresas que precisassem de uma gerência na área de pessoal. Os salários oferecidos não condiziam com o mínimo de gastos pessoais que eu tinha na minha casa da Rua do Amparo, em Olinda. Senti que as possibilidades profissionais para uma pessoa com 50 anos, em Pernambuco, eram menores do que se eu estivesse em São Paulo. E vi que a idade e a necessidade de quem procura emprego corroboram o rebaixamento do salário por parte de quem oferece a vaga.

Mas consegui um trabalho que, para mim foi, mais prazeroso. Consegui, através de um amigo que era coordenador de uma associação que acompanhava projetos na área dos sindicatos de trabalhadores rurais. A maior parte do dinheiro para os projetos vinha da Federação Internacional de Trabalhadores Rurais, com sede em Genebra. Passei mais de um ano acompanhando alguns trabalhos, com viagens ao sertão de Pernambuco e ao Norte do país.

Com a queda do muro de Berlim e a necessidade de ajuda aos antigos países socialistas, nos avisaram que a ajuda até então oferecida à América Latina seria direcionada a esses países, que passavam por uma necessidade de reestruturação na área rural. Meus últimos meses de trabalho nessa associação foram, infelizmente, para servir como anunciador de que os projetos no Brasil sofreriam interrupções. Incluía o MST (Movimento dos Sem-Terra) que sempre contou com uma ajuda para o setor de educação nas escolas rurais. Todas as instituições de auxílio e acompanhamento de projetos populares sofreram essa crise e tiveram de se adaptar com as novas fontes de ajuda ou, caso contrário, fechariam suas portas.

A POLÍTICA PÓS-DITADURA

No final dos anos de 1970 e começo dos anos de 1980, havia o mesmo clima, tanto em Olinda como em todo o país, depois da luta pelas eleições diretas, que levou a população às ruas do país. Aos novos partidos somaram-se os dois que foram herança da ditadura. Mas o importante foi o nascimento do Partido dos Trabalhadores (PT), que logo formou sua militância em cada município, com um crescimento grande nas capitais. Em Olinda, foi formado o seu diretório com a presença da classe média. Houve a necessidade de formação de militância na periferia, e a necessidade de acolhida dos exilados que estavam chegando. Inclusive a acolhida de operários que tiveram uma experiência de liderança no operariado de São Paulo antes de 1964.

O MDB (Movimento Democrático Brasileiro) partido político com ações de oposição nos 20 anos dos militares no poder, era apoiado por uma elite nacional e uma internacional que sempre dominaram o Brasil. Esse partido tinha um reconhecimento da população através dos seus candidatos, que continuavam se elegendo, tanto para o poder legislativo, através das novas leis constitucionais, quanto para o executivo, chegando à administração dos maiores municípios e estados do país.

Olinda, cidade histórica e de luta, logo se organizou com uma participação mais forte da área cultural. E seus artistas plásticos pintaram os muros dos casarios históricos com um chamamento aos habitantes, para mudar a gestão nos poderes municipais, câmara e prefeitura. O Centro de Cultura Luiz Freire tinha, na sua coordenação, a figura marcante de Marcos Freire, um dos maiores opositores, no congresso nacional, ao regime militar.

Era um espaço consolidado com vários projetos, e com forte atuação nos bairros da cidade. Sua equipe jurídica fez história nos momentos mais difíceis, nesse período de passagem entre um regime político e outro. Em seu espaço, aberto às iniciativas culturais mais diversas, nascia a luta do movimento de mulheres, com coordenação e acompanhamento dos que lutavam contra a injustiça e a favor dos direitos humanos nas periferias da cidade.

Minha casa, toda pintada com alusões oposicionistas, estava de portas abertas para as reuniões, ajudas logísticas e apoio aos que vinham de Recife e outras cidades, para fazer parte desse grande mutirão. Associações de bairros e projetos ligados a organizações não governamentais estavam em todo esse processo, e se lutava para a implementação de iniciativas que atendessem às necessidades básicas das comunidades.

A década de 1980 começou com melhorias no exterior das casas de Olinda e continuou com a infraestrutura de saneamento, retirando-se as fossas sépticas dos quintais.

MINHA SEXUALIDADE NOS NOVOS TEMPOS

Se, na década de 1970, depois de minha prisão, eu tinha uma sexualidade muito exposta, com relações que demoravam, no máximo, dois anos, a partir da década de 1980, as relações se tornaram mais prazerosas e duradouras. Entrei de cabeça dentro de todo um universo anteriormente vivido na adolescência, e, já com mais de 30 anos, estava me afastando daquele universo superficial em que eu vivia, para sobreviver a partir dos trabalhos sociais da militância. Afastei-me também das organizações políticas e clandestinas que pudessem me levar ao recrudescimento da luta nas cidades e evitar novamente minha prisão e a dos companheiros que viessem a trabalhar comigo. Eu não tinha medo de mostrar para a sociedade pernambucana quem eu era e com quem eu andava. Precisava ousar, aparecendo.

De certo modo, eu também estava fazendo a política que uma parte da esquerda não aceitava, demonstrando certo moralismo quanto a algumas escolhas sexuais. Soube, pela minha equipe, que havia um temor em relação à minha participação nos cineclubes – um trabalho de tamanha dimensão política. Para eles, um homossexual teria motivo para abrir a boca, por não suportar torturas, ou se poderia usar o fato de ser homossexual para fazer chantagens. Não tive dúvidas. Procurei algumas pessoas da direção do partido e me coloquei, dizendo o que pensava da atitude deles a meu respeito e que eu achava um absurdo o que estavam falando sobre mim prejudicando nosso trabalho. Contei a eles da conversa que tive com o Diógenes de

Arruda Câmara, companheiro de cela no presídio Tiradentes. Depois de 15 anos, quando todos os documentos da ditadura de Getúlio Vargas estavam na Biblioteca Nacional, Diógenes fez um trabalho exaustivo, conferindo relatórios da polícia política e relacionando o que várias pessoas tinham aberto nas diversas sessões de tortura, através das datas, e das assinaturas de cada um. Foram revelados os militantes que tinham aberto segredos do Partido Comunista. Nenhum era homossexual. Falei para quem estava me escutando que eu sabia quais eram os homossexuais militantes dentro do partido e que não me interessava dar nomes de ninguém. De 1977 para cá, início do século XXI, essa questão teve uma abertura nas discussões internas entre os atuais partidos de esquerda no Brasil. E ela faz parte das bandeiras de minorias que estão em seus programas e lutas.

Houve uma evolução na minha vivência de homossexual. Cada um dos meus namorados trouxe grande riqueza para a minha vida. Nas minhas casas, em épocas diferentes, eles encontraram um local de abertura, diálogo, liberdade e respeito. Enriqueceram-me com a prática que tinham em sua vida profissional. Vieram com o que sabiam a respeito de todo o corpo humano, abrindo meus olhos para a necessidade de exercitar meu corpo, cuidar da mente com novas leituras da psiquiatria e psicanálise em ebulição naquela época. O corpo e o espírito me levaram ao conhecimento da terapia de Reich – uma terapia em que se extravasavam as tensões, através de jogos corporais.

Fui enriquecido também com informações sobre a música clássica, popular, nacional e estrangeira que me deliciaram com a voz ou instrumento musical que eu ouvia nos discos de *hi-fi*. Criei, além de uma biblioteca, uma discoteca da qual dezenas de pessoas usufruíram, principalmente os músicos e compositores locais, que, muitas vezes, não tinham onde ouvir o que queriam a respeito da nova música popular brasileira. Ensinaram-me a ler as partituras e segui-las em *shows* ou concertos. Outros mostraram a importância da dança clássica e da dança popular. Comecei a não ter medo de trabalhar com a imagem, graças a companheiros que trabalhavam com bitolas simples de super-8, e outros com 16 milímetros. Fizeram-me compreender melhor a umbanda e religiões afro-brasileiras, ou me apresentaram ao kardecismo.

Finalmente, os mais simples traziam a riqueza cultural de suas famílias do interior. Outros, a riqueza das comunidades de onde viviam, nas periferias dos morros de Recife e Olinda. Quando me ouvia reclamar com meus sobrinhos, minha mãe, ousada e com voz mansa, chamava minha atenção, "O grande problema é que você nunca teve filhos pequenos. Sua prole chega em sua casa já taluda e adulta."

Obtive o respeito de minha família quanto às minhas escolhas futuras na vida social e profissional e pela pessoa que me tornei. A política local e nacional era assunto que pertencia aos mais velhos, e eu evitava falar sobre o que pensava a respeito dos temas que eles discutiam.

Certa vez, em pleno almoço, um sobrinho meu perguntou por que eu não tinha casado até aquele momento. Respondi que era por escolha própria, ou porque me sentia afetivamente imaturo para viver com uma mulher. O que recebi logo foi uma repreensão de meu pai por ter respondido dessa maneira. "Mentira tem rabo curto", respondi imediatamente.

Para meu grupo de amigos, as relações homoafetivas eram comparadas com as do casamento heterossexual, que deveriam ser imitadas. Para mim, esse não era o caminho. A cópia nunca é perfeita. As relações eram efêmeras, as paixões duravam "para toda vida". A famosa frase de Vinícius de Moraes, colocada em uma de suas canções sobre o amor – "que seja eterno enquanto dure" –, era cantada como se fosse uma inverdade. Mas logo a realidade vinha mostrar que o poeta tinha razão.

A liberdade sexual, que vinha desde a década de 1960, provocou, já na década de 1970, uma mudança gradativa, atingindo também o modelo do casamento heterossexual. O casamento já não era mais para toda a vida. Sempre havia exceções em todas as relações de gênero. Havia casais que perduraram com suas relações por mais tempo na vida a dois. Cheguei a conhecer casais héteros que comemoraram suas bodas de prata, chegando aos 50 anos. E meus pais comemoraram os 70 anos de casados.

A consciência libertária que a mulher vem conquistando proporcionou uma abertura no campo profissional e uma maior liberdade na escolha de seus parceiros. Os pais, a família e a igreja deixaram de ter a força das gerações anteriores na escolha dos parceiros e foi quebrada uma tradição de milênios.

Vi muitos casais homoafetivos que imitavam os casais héteros e agiam de modo como se um fosse mais dominante que o outro, com um machismo mais explícito. Para mim, foi uma grande descoberta, porque eu só pensava na existência desse comportamento de homens casados com suas companheiras. Realmente, nossa sociedade patriarcal deixou essa chaga para as futuras gerações.

Hoje, já há uma mudança expressiva, com homens administrando a casa, cuidando da educação dos filhos e aceitando que a mulher trabalhe e contribua mais no orçamento da casa.

Minha casa virou um confessionário, para ouvi-los. Qualquer que fosse o tipo de casal que me procurasse, eu os ouvia como se eu ainda estivesse no parlatório do convento. Uma nova geração, que hoje é constituída de vovós, estava surgindo. As mudanças iam devagar. Caminharam mais céleres com a chegada da televisão – abertura e liberdade de expor os conflitos e vitórias nos argumentos de cada novela ou filme assistido, antes dominado pelo moralismo norte-americano. Também tínhamos um teatro brasileiro mais ousado, com textos próprios de nossa cultura, que chegou às cidades mais importantes do interior de todo o Brasil.

SEGUNDA MORADIA NA BAHIA

Voltei a Salvador para mais uma temporada. Dessa vez, não foi por paixão, como em 1977, e sim para assumir um cargo de direção numa das empresas da família com sócios não familiares. Uma estrutura empresarial com um modelo mais moderno. Por ser da bandeira Mercedes Benz, essa marca exigia um modo de administração que chegasse mais perto da cultura multinacional. Havia muitos papéis a serem preenchidos, principalmente no registro da documentação contábil e financeira que teria de ser feita rigorosamente e enviada no começo de cada mês. Havia a mesma exigência para o movimento de vendas de peças e de outros setores. Os diretores da casa, companheiros de luta, dividiam com meus dois irmãos a responsabilidade de cada setor.

Esse novo mundo de trabalho especializado em determinada marca e com concorrentes da mesma e de outras marcas na mesma região, me levou a uma leitura assídua não só dos manuais da própria Mercedes Benz, como livros e revistas especializadas em administração, em especial no cargo que eu ocupava, na área de recursos humanos e contábeis. A economia brasileira estava cada vez mais claudicante, em séria crise, o que provocava índices inflacionários muito altos. Isso fez com que eu dominasse a área de matemática financeira que era usada em muitos momentos do dia. Fiz cursos específicos em São Paulo, para nível gerencial, e a Mercedes Benz chamava a nova geração, cujas famílias detinham a concessão em vários estados, para prepará-los na passagem do bastão de comando. Eu participava ativamente desses encontros, não me importando com a diferença de idade; tinha, no mínimo, dez anos à frente de todos.

Depois de dez anos de trabalho em Salvador, chegando o tempo da aposentadoria, preparei meus novos voos e parti para me adaptar a uma vida que seria despojada de representatividade na classe profissional que até então tinha ocupado, a qual exigia um protocolo de moradia, de apresentação social com o ônus de um custo maior. Não foi difícil a nova adaptação. Vendi meu apartamento à beira do Buracão, na praia do Rio Vermelho. A taxa do seu condomínio representava um terço do que eu ia começar a receber da primeira parcela de aposentadoria.

Perdi mais de 10 salários-mínimos de meus proventos. E dos dez que fiquei recebendo, 15 anos depois, estão reduzidos a três. Da minha geração, os que ainda estão vivos conseguem usufruir desse provento, oriundo de mais de 30 anos de trabalho.

A cidade de Salvador, em 1992, não era mais aquela em que morei anteriormente. Avenidas cortavam a cidade com traçados novos, o que fazia com que o comércio se prolongasse em suas laterais, formando novos núcleos de negócios perto do *Shopping* Iguatemi e da Rodoviária. As paralelas, voltadas para o norte, chegando perto do aeroporto, estavam praticamente inauguradas, e um último espaço ocupado pelos sem-teto da cidade – as Malvinas, hoje Bairro da Paz – estava sendo urbanizado aos poucos.

A prefeitura planejava enfeitar a cidade com novos cenários que tornassem invisível a presença da classe mais necessitada. Isso também aconteceu com uma ocupação dos sem-teto antes do aeroporto, no bairro de São Cristóvão. A cidade administrativa já estava em pleno funcionamento, e os bairros circunvizinhos foram valorizados com a presença do funcionalismo público e de empresas com os funcionários que foram terceirizados, para atender às metas governamentais do estado da Bahia. A paralela passou a ter um comércio mais sofisticado, com várias lojas de grandes marcas de veículos e com empresas de construção que dariam suporte a bairros inteiros, nascidos em duas décadas depois de minha chegada.

O lado cultural já estava mais estruturado, com cinemas e teatros. As salas de projeção antigas deram lugar às Igrejas evangélicas pentecostais. As novas salas de cinema passaram a ser localizadas nos *shoppings*, ou nas salas de arte. Essas últimas, inauguradas no Clube Bahiano de Tênis, lugar mais sofisticado para a elite que morava nos bairros da Graça, Barra e Corredor da Vitória.

O teatro e a música dominavam a agenda do final de semana, com muito axé e samba. Os carnavalescos preparavam-se o ano todo para o carnaval seguinte. Uma rede profissionalizada para os eventos culturais mostrava os novos rumos mais estruturados, que geravam lucro maior em cada evento e adquiriam mais organização também. O carnaval, que até hoje corre solto, com a entrada de centenas de milhões de reais, como as "pipocas" que pulam nos arredores do trio. Em termos de capital, Salvador estava à frente de Pernambuco.

Os "superoitistas", que eu tinha deixado criando seu cinema tão simples quanto a bitola de seus equipamentos, estavam na fase da passagem de bitola para 16 e 35 milímetros. Essa geração de cineastas teve seus esforços de juventude compensados, ao serem privilegiados pela rede cultural oficial do Estado, que fez com que suas produções alcançassem público, tanto local, quanto nacional, com a conquista de alguns prêmios nacionais e internacionais em seus currículos.

O Iate Clube da Bahia estava com suas marinas abertas à Baía de Todos os Santos, e sempre com muito movimento de entrada e saída de lanchas e iates para o litoral baiano e de outros estados do país. Ao lado dessa elite, estava a Praia do Porto da Barra, que, em décadas anteriores, teve uma frequência de público sofisticado, além da turma do Caetano Veloso e os últimos *hippies* da cidade, na década de 1960.

Hoje, a elite anda desconcertada com a população dos arrabaldes de Salvador, a maioria negra, que ocupou o espaço, principalmente nos finais de semana. Continua o som, a miscigenação, as tribos, a maconha e outras drogas, o mercado ambulante e toda essa festa esperando pelo pipocar do tiro do Forte de São Diogo, ao meio-dia, e o bater de palmas, com assovios e gritos, na hora em que o sol se esconde nas bandas da ilha de Itaparica, hora em que os habitantes da Barra estão chegando de suas casas de praia, para as bandas da Linha Verde, ao norte de Salvador.

Os bêbados começam a juntar suas toalhas para voltar às suas casas, fazendo um longo percurso e utilizando, no mínimo, dois ônibus. Isso depois de muita conversa durante o dia, de muita cantoria, de ter almoçado seu acarajé e comprado vários "engana barriga" aos ambulantes, de ter beliscado um churrasquinho aqui e acolá. Tudo isso com um "conversê" amigo e acompanhado de namoros, de "tibungarem" dentro d'água, num esfrega que não acaba mais, com raros aficionados aqui e acolá, que mergulham com óculos para acompanhar o açoite dos corpos debaixo da maré.

O Porto da Barra também é minha praia preferida. Sem ondas, águas limpas, excelente paisagem, boas companhias, muito humor elevando a temperatura do nosso bem-estar. E, por fim, somos acolhidos por sua história, com o Forte de São Diogo e o Marco da Fundação da Cidade de Salvador, de um lado, e o Forte de Santa Maria do outro lado, do qual se avista o Farol da Barra. Abraçados assim, o "buxixo" fica mais apimentado.

Na minha vinda a Salvador, na década de 1970, tive um contato social muito intenso com os negros baianos que frequentavam nossa casa comunitária, no morro da Sereia em Ondina. Para mim, muita coisa de sua história na Bahia era desconhecida. Sua linguagem era bem peculiar e algumas palavras, emitidas com som diferente do falar da pessoa branca, traziam como se fosse uma genética filológica africana. Aliás, tive a alegria de ouvir entre eles, e principalmente no Mercado Modelo, nas tratativas comerciais entre os donos de barracas, e na frente dos clientes, o uso de uma língua específica como o iorubá. Travei uma luta interna em relação a meus preconceitos racistas, que foi vencida na cama, no esfrega, no suor, na mistura de cheiros, nos orgasmos sucessivos.

Eu era tão metido a branco, que dizia que essa mácula do preconceito não existia em mim. Sai da Bahia carimbado e preparado para abrir, em todas as minhas casas, a presença amiga, instigante e carinhosa de todos os negros e todas as negras que moraram, se hospedaram, trabalharam comigo e me visitaram. Um bom número deles despontando, com sua liderança, nos sindicatos, nos movimentos populares, e "aparecendo", como diz o baiano, com suas heranças culturais, mostrando seus novos sons miscigenados aos antigos e encontrando seu lugar no ritmo nacional com o axé dançado e cantado nos trios de carnaval.

Retornei a Salvador na década de 1990 e fui morar na Praia do Buracão, lá para as bandas do Rio Vermelho. Sempre resido, nessa cidade, em apartamentos, pois é mais seguro e o trabalho doméstico é menos custoso. Salvador tem uma magia e uma beleza que encanta todos os turistas. Minha casa permanecia aberta, como em Olinda, aos amigos nacionais e internacionais. E com muita história para contar, com trocas de informações sobre as nossas culturas.

Muitas amizades novas misturaram-se às antigas – o que dava um bom caldo de miscigenação entre nós. Meus amigos negros do final dos anos de 1970, já com cursos superiores na Universidade Federal da Bahia, estavam bem inseridos no mercado de trabalho e com família já constituída. Havia uma classe média negra bem preparada, com estudos técnicos e universitários, que se sucedeu, na terceira geração, depois que cheguei, na década de 1990, e que, pouco a pouco, foi ocupando e alargando a sua presença na área cultural.

Mas o preconceito está tão arraigado nos brancos da Bahia, assim como em Pernambuco. Hoje, a Bahia ocupa o primeiro lugar em pessoas negras assassinadas, e o meu estado natal ocupa o segundo lugar. Essa é a herança que a escravidão da cana de açúcar nos deixou.

A organização e a tomada de consciência de seu papel na sociedade levaram os negros a ter uma postura mais silenciosa e mais ativa nas redes que formaram entre si, nas associações, na universidade, na cultura, na preparação para ocupar os espaços que antes eram primazia dos brancos, como o magistério universitário, com o domínio de várias tecnologias e ciências. Eu creio que o avanço maior será a presença e a participação deles no setor econômico e financeiro. Enquanto isso não for uma conquista, não se terá completado o círculo dessa história. A luta será pela competência e consolidação do trabalho comercial. Começam a aparecer novas empresas com a liderança da etnia negra, gerenciando seus lucros no mercado de capital.

Registro minha participação na assessoria da direção do Bloco dos Apaches do Tororó, de brilhante história no carnaval de Salvador, e que passava por um período de dificuldades, no ano de 2000. Então, pude ver que o carnaval de Salvador, culturalmente, tem uma participação negra maior, e isso é revelado pelas mídias, mas o domínio financeiro está na mão dos brancos, até hoje. O dinheiro vem ou dos governos de brancos que destinam as verbas e as controlam para terceirizar as empresas, ou de grupos não formalizados empresarialmente, dos amigos brancos no carnaval da Bahia.

Mas a perseverança tem uma tradição de séculos. E, no século XIX, consagraram-se grandes personagens jurídicos negros. Tivemos o negro Luís Gama, ativista e abolicionista no Conselho do Império. No século XX, essa resiliência está presente na música, no teatro, no cinema, nas artes plásticas, na comida, na dança, na religião afro-brasileira, na história e nas ciências.

Poucos notam que, na religião católica, temos uma maioria expressiva negra no grupo de sacerdotes e futuros candidatos à ordenação. Querendo ou não admitir suas origens, tivemos um cardeal negro na pessoa de Lucas Moreira Neves, auxiliado por um bispo negro, que terminou sendo transferido para uma diocese sulista, por causa de suas ações ecumênicas com as religiões afro-brasileiras.

Hoje, as igrejas cristãs históricas, junto com a Igreja Católica, têm uma abertura maior em sua relação com as religiões de matrizes africanas e participam de orações e ações conjuntas em datas festivas ou comemorativas. As igrejas pentecostais e os grupos carismáticos católicos têm uma posição mais defensiva, e seu discurso religioso é de conteúdo moralista, tradicionalista e com forte apelo proselitista.

Em Salvador, estou bem presente nos atos religiosos das casas de santos mais tradicionais. Uma parte de minha informação sobre sua história vem a partir dos fundamentos mais preciosos que foram repassados através de tradição oral, como mandam os mais velhos. Mas temos uma longa bibliografia já publicada sobre detalhes de organização e liturgia do culto aos orixás.

Tenho dedicado muitas horas de leitura aos *orikis*, poemas ancestrais que começaram a ser traduzidos do iorubá no século XIX, e contam toda a origem dos orixás, mitos fundantes da religião. Parece-me que a tradição oral, levada às novas gerações, dentro de cada família africana, sobre seus deuses, foi mais antiga e mais longa do que a tradição oral do povo judeu através dos seus livros sagrados sintetizados na Torah. O povo Israelita colocou sua história na escrita, influenciado pela escrita egípcia e babilônica, já no período de Salomão, com sua tradição sacerdotal. Isso no século IX A.C. Hoje, os africanos resgatam suas origens linguísticas aqui no Brasil com toda essa tradição oral viva. Os africanos, em países com povos de língua iorubá ou nagô, estão perdendo a memória dos poemas mais sagrados que falam dos seus mitos, seus cantos de origem e suas liturgias. Todos os anos, pessoas de Santeria, de Cuba, Haiti e dos EUA, vem ao Brasil para participar das cerimônias mais importantes das casas de santo da Bahia.

Uma religião da qual participei, nas duas capitais do nordeste (Recife e Salvador) em que morei, foi a Espírita Kardecista. Trata-se de uma filosofia, ou ideias mais sofisticadas, com fundamentação de pensamento e cultura do século XIX. Uma teoria elaborada sobre reencarnações. E a Umbanda, que tem mistura da religiosidade de origem africana com as novas teorias espíritas de reencarnação. Tendência religiosa muito presente entre as famílias das favelas e bairros aglomerados da classe pobre urbana, tem uma adesão muito forte da classe média.

A influência animista, em minha vida, veio não só com a tradição dos candomblés, ou casa de santos, desde pequeno, com a miscigenação da etnia indígena com a etnia negra. Nas mucamas e empregadas domésticas de minha família, era perfeitamente identificada essa miscigenação. São traços muito fortes e estão nas benzedeiras (mulheres ou homens), em curadores que usam plantas, muito nossas. Estão também nos mitos fundantes de suas antigas tribos, e as novas gerações, encantadas, ouviram os relatos dessas histórias, através dos mais velhos, por serem excelentes contadores de histórias para crianças.

Tive alguns amigos que eram filhos de índias roubadas de suas tribos em pleno século XIX (das tribos presentes nos estados nordestinos até os dias de hoje) e início do XX (no período do ciclo da borracha no Amazonas), e elas nos contavam muitas histórias dos "bichos da natureza", do nascimento do mundo, do nascimento do homem. Uma gênese do mundo e da natureza, hoje revivida e aprofundada nesse universo dos povos primitivos de nossa terra, nos livros que leio de vários autores indígenas, começando com leitura e releituras do livro de Ailton Krenak. São obras mais elaboradas, com a finalidade de apresentar o universo indígena até hoje desconhecido, devido ao preconceito de toda a nossa sociedade em relação a esses povos da floresta e dos rios.

No catolicismo, participei das muitas reuniões, como observador e atuante, em momentos comemorativos, ligados a algumas das pastorais: Pastoral da Terra, Pastoral Operária, Pastoral das Crianças e Pastoral Bíblica. Ali estava a presença marcante da miscigenação das etnias e as interações culturais, com uma participação mais efetiva dos mais pobres nessas pastorais. Mantenho comigo, noite e dia, um anel de babaçu que, de marrom passou a ser negro, na medida em que o calor e suor de meu corpo fez a transformação. É um sinal de pertencimento a um grupo que reúne todas as classes comprometidas com a luta contra a desigualdade e a injustiça em nossa sociedade. Sentimos que isso vai além de nossos compromissos partidários, religiosos e familiares. Para os que são religiosos, a presença visual do anel nos dedos representa o acolhimento ecumênico, qualquer que seja seu engajamento. Não é sinal de hierarquia, e sim de fraternidade e solidariedade.

Salvador, para mim, foi o momento de voltar a um ritmo religioso com uma frequência maior. Mas continuando nos seus limites, nas fronteiras. Um dia, estava orando sozinho, com a permissão da mãe de santo, no salão principal de sua casa de santo, uma das mais antigas da Bahia. Ela chegou, pé ante pé, para ver o que eu estava fazendo, e por que eu demorei tanto a sair daquele espaço. Deparou-se comigo absorto, em atitude de meditação, naquele mundo em que ela, nas festas de santo, dirige, junto com seus filhos de santo, os momentos de celebração, rito e agradecimento.

Essa mãe de santo foi iniciada pela família na vida religiosa. Naquela casa, ela entregou o seu ori, sua cabeça, aos Orixás. Ali, ela iniciou um caminho de pertença a uma roça religiosa, ou casa de axé, que ela dirige há décadas. Ecumenicamente, naquele espaço, ela recebia pastores e padres em suas festas, como outros cristãos de várias denominações.

Ela não compreendeu aquele ato solitário meu, despido da presença comunitária. Para ela, aquela atitude solitária não seria uma atitude normal. Expliquei que existem vários modos de se comunicar com o Orum e seus deuses, em diferentes religiões.

E, com palavras simples, expliquei toda a história da oração na tradição cristã e de outras religiões. Não existe, na tradição afro--religiosa, a meditação propriamente dita, como é praticada em outras religiões.

Certa vez, fui convidado por um pastor batista para participar de um culto na Igreja de Nazaré – simples como os gestos fraternos de sua comunidade. Todos abertos ao mundo e, ao mesmo tempo, fiéis às suas tradições e ao culto da palavra do Evangelho. Não presenciei nenhuma atitude fundamentalista, nem de proselitismo.

Na comunidade luterana, numa mesa redonda sobre o público LGBT e as igrejas cristãs, apresentei um relato sobre como convivi com o preconceito e o moralismo da Igreja Católica, testemunhando com fatos da minha vida particular.

Procurei acolhimento em diversas comunidades católicas em Salvador, mas senti a mesmice em sua pregação, que não dizia nada relevante ao público presente. Foram raras as comunidades católicas em que me senti tocado.

Em Salvador, logo que cheguei, pontificava o Cardeal Lucas de Moreira Neves, e eu tinha uma verdadeira rejeição à sua pessoa. Como meu professor de teologia, não apresentou bem, em um semestre de estudo, as virtudes teologais, fé, esperança e caridade. Como bispo coadjuvante de São Paulo, ele sempre participou da política do Vaticano, até ser nomeado para um dicastério que nomeava os bispos na América Latina. Ele teve a responsabilidade de nomear novos bispos, num retrocesso às novas ideias que tinham sido iniciadas por Dom Helder, Dom Larrain e o cardeal Landázuri do Peru, na década de 1950.

Perseverei com meus estudos bíblicos em Salvador. Acompanhei os melhores exegetas, cristãos de várias igrejas históricas, em seus cursos transformados em livros aqui no Brasil e em outras editoras espanholas e francesas. Voltei a ler o Antigo Testamento e, várias vezes, o Novo. Resolvi fazer uma nova leitura da teologia de Tomás de Aquino. Principalmente de sua

Summa, bilingue, edição traduzida pelo dominicano Josaphat, que foi meu mestre na juventude. E me aventurei, nos últimos vinte anos, numa uma leitura da obra de Urs Von Balthasar. Para acompanhar o primeiro, voltei aos filósofos medievais e a alguns gregos, como Aristóteles. E, para acompanhar o segundo, fiz uma leitura dos filósofos modernos e dos padres da igreja que publicaram seus escritos, fundamentais para a nova religião de Paulo e Pedro.

Encantei-me com a teologia da estética, da beleza, de Urs Von Balthasar, mas reconheço que a linguagem e o pensamento, tanto medievais como desses grandes pensadores do início do século XX, não ensejam uma leitura fácil para as novas gerações católicas, que estão se preparando para o exercício do magistério e do sacerdócio.

A crítica dos teólogos às religiões cristãs foi iniciada na minha geração. Com o domínio do pensamento europeu já há quase dois milênios, através de uma vasta bibliografia a nosso alcance, um novo movimento se formava na América Latina, para valorizar nosso modo de ver a realidade e o comportamento religioso, a partir dos mais pobres de nosso continente, ressaltando a solidariedade e a fraternidade. Surgia a Igreja da Libertação. A reunião dos bispos latino-americanos em Puebla fez a "opção pelos pobres". Não esquecendo que, para uma correta análise, teria de passar por uma leitura de *O Capital* de Marx ou de seus fundamentos, apesar de já ter passado dois séculos. Por sinal, essa leitura crítica é necessária a qualquer texto.

Com o fundamentalismo de alguns bispos latino-americanos junto aos norte-americanos, foi criado um verdadeiro muro de destruição de um pensamento e uma prática da nova pastoral dentro da Igreja Católica, sob o rigor do Papa João Paulo II, que também tentou levar ao esquecimento todo o concílio Vaticano II. A partir daí, a nova geração de futuros sacerdotes, que está presente em todos os países de língua latina, voltaram a um pensamento tridentino, com práticas e vivências de uma liturgia popular equivocada e carismática. Estão presentes com uma tintura de pseudomodernidade, com o uso de novas tecnologias, como rádio e TV, com programas que denotam a pobreza dos novos fundamentos de suas pregações, subestimando mentes mais críticas e com uma base de estudos que as outras igrejas cristãs não abandonaram.

Esse período baiano foi o período mais rico, em que tive contato com alguns projetos de grandes organizações não governamentais cristãs e ecumênicas, que ajudaram e ajudam comunidades pobres e socialmente abandonadas, especialmente em Alagoas, Pernambuco, Paraíba e Bahia. Em algumas dessas comunidades, eu não estive presente, mas, de Salvador, acompanhei os trabalhos, através de uma assessoria às pessoas que estavam à frente do movimento. Pastores e bispos, teólogos e leigos, que tinham sofrido durante o período ditatorial, não deixaram morrer o clamor dos mais pobres, ouvindo-os.

De um modo especial, foi importante para mim a atuação que tive nos trabalhos junto aos adolescentes da comunidade de Sítio do Conde, pertencente ao município do Conde, na Bahia, por doze anos, com a coordenação de Frei Fernando, um dominicano, companheiro de religião e de prisão durante a ditadura. Conseguimos desenvolver uma ação mais cultural naquela cidade, com teatro, biblioteca, filmoteca, fototeca, dança, grupos de axé, curso de música e percussão, produção de disco desses grupos, e de documentário, em vídeo, dos trabalhos desenvolvidos.

Contávamos com a participação de um serviço social que desenvolvia atividades de conscientização sobre educação social e sexual. Recebemos ajuda de professores e líderes que tinham pertencido à primeira geração e que já estavam atuando dentro da administração do município e davam sua contribuição pessoal, incentivando os alunos em sala de aula, ou dirigindo as peças de teatro, ou ainda em manifestações culturais que já estavam no calendário da prefeitura. Nos nossos estudos semestrais, fazíamos as avaliações sobre o andamento dos trabalhos.

    Um dos grandes momentos, ao qual afluíam moradores e turistas, era a missa anual em homenagem a Zumbi dos Palmares e o povo negro, com a presença de todo o corpo de jovens preparado para a liturgia. Participavam da missa com percussão, dança e música. Acontecia, então, o entrelaçamento das comunidades com a participação das mães e pais de santo que traziam brilhantismo àqueles encontros anuais. Acompanhei, junto à coordenação de Frei Fernando, em várias cidades, reuniões com todos os terreiros de candomblé, com hora festiva de encontro entre a comunidade cristã e afro-religiosa, nas igrejas paroquiais.

O CARNAVAL DE SALVADOR

O carnaval da Bahia e, em especial, de Salvador é um acontecimento único, como a grandiosidade das escolas de samba do Rio de Janeiro e de São Paulo. A diferença é que a população participa pipocando entre um trio e outro. São milhões de pessoas nas avenidas. Nem todo mundo tem preparo e agilidade física para fazer parte dessa multidão. Ser um na multidão. O esfrega-esfrega, o calor, a sensualidade, os passos do ritmo axé, a participação no chamado para a luta da galera, a sensibilidade de detectar mãos que estão querendo passar em seu corpo, para roubar dinheiro escondido, até dentro de seu tênis... O toque mais grave do trio, com volume altíssimo, acompanha as batidas do coração e chega a interferir, de algum modo, no corpo dos participantes. Como fala o baiano: "Mãinha, é uma loucura!"

São décadas de trabalho de formiguinha dentro de cada agremiação. O ano todo, todos preocupados com o próximo carnaval. Em alguns blocos, chegam a milhares os "novos baianos" que chegam da Europa, de Israel, da Argentina e do Chile, "los hermanos", e uma representatividade expressiva de todos os estados brasileiros.

É uma mistura de culturas, mas sob a batuta da cultura baiana negra. Tem cor, ritmo e presenças marcantes.

No ano de 2000, participei da assessoria ao Bloco Apaches do Tororó. Era uma comunidade de larga tradição, que já teve mais de dez mil participantes e sofreu repressão da polícia e dos militares, na década de 1970, por causa do comportamento lascivo e machista de alguns integrantes. Acompanhei o trabalho da diretoria diariamente, a partir de três meses antes da festa. E o trabalho do mestre da bateria, Jacó, famoso por ter dirigido e ensinado a vários blocos. A diretoria conseguiu, naquele ano, colocar 300 batuqueiros na rua. Uma grande responsabilidade. E o povo respondeu com aplausos e muita alegria à sua passagem. Mas o mito criado e ampliado sobre a agressividade dos Apaches afastou toda a classe média, que migrou para a paz do Bloco Filhos de Gandhi, e para os blocos com maior presença de brancos. Até hoje, o Apaches sai com o louvor do passado e com poucas pessoas fiéis em torno de seu trio.

Quando tomei consciência de que as músicas do bloco, tão presentes na antiga geração carnavalesca e até hoje relembradas pelos cantores e cantoras baianas, não tinham sido colocadas em partituras, peguei alguns compositores do bloco e gravei umas 15 músicas para convertê-las em partituras. E consegui, antes do carnaval, presenteá-las ao Bloco Apaches. Entreguei as partituras originais, junto com o meu piano, à *Neojibá* – escola de música e orquestra que tem a orientação e inspiração do maestro e pianista Ricardo Castro. A referida escola atende aos jovens em situação de risco, com unidades nos bairros populosos da capital e do interior.

Os Apaches, durante o carnaval, têm uma majoritária presença negra, além de pertencer ao bairro do Tororó, tão marcante na história da Bahia, não só durante a invasão holandesa, como através dos últimos duzentos anos de sua história como ocupação e sobrevivência de várias famílias em torno de sua sede, perto da fonte que entrou no nosso imaginário: "Eu fui no Tororó, beber água não achei…" A partir dessa experiência, eu tive a grande certeza de que o movimento cultural dos negros na Bahia é marcante e tem sua liderança reconhecida. Mas a política e a organização empresarial da festa estão nas mãos de uma elite branca. Volto a afirmar que a liderança negra, na Bahia, só será completa quando começar a participar empresarialmente dos grandes negócios da Bahia, incluindo, aqui, a festa carnavalesca.

REVENDO OS EX-FRADES DOMINICANOS EM SÃO PAULO

Mantive sempre um relacionamento com alguns frades que me antecederam na Ordem Dominicana e com os da minha geração. Também com os ex-frades, como eu, que internamente me chamavam com o nome francês de *défroqué*, o monge que abandona a sua comunidade. Termo usado durante o período em que um expressivo número de padres que trabalhavam no mundo operário na França saiu da Igreja. Alguns se casaram e entraram no Partido Comunista. Sempre os recebi como meus hóspedes e sempre fui recebido em suas casas, com participação alegre de toda a sua nova família. Uma parte tinha passado o mesmo período no Presídio Tiradentes, como eu.

Fizemos várias tentativas de marcar um encontro com todos os que tinham saído dos Dominicanos e, por duas vezes, aconteceram com número não expressivo, e uma presença maior dos que passaram pela Escola Apostólica antes do noviciado. Tinham mais afinidade e havia uma gratuidade e muita emoção nesses dois encontros.

Com a empatia pessoal e carisma aceito por todos, Paulo de Tarso, um dos ex-sacerdotes, conseguiu um congraçamento de alguns ex-frades que aceitaram participar do encontro, e, sob consulta, chegamos a uma data ideal para que essa reunião fosse feita durante um dia inteiro, num hotel da capital paulista. Muitos e-mails foram trocados, e foram feitas muitas visitas a alguns que impunham barreiras para não comparecer. Queríamos a presença daquela maioria que, há 30 anos, tinha se "exclaustrado". Viajei de Salvador, no primeiro decênio do novo milênio, para esse encontro. Com muita alegria e peito aberto, eu estava curioso para ouvir os relatos da caminhada de cada um.

A sala de reuniões do hotel foi arrumada para acolher os grupos formados durante o encontro. E ainda ficou disponível uma extensa mesa que acolheu mais de trinta pessoas. Ela representava uma espécie de cenáculo para uma expressiva assembleia.

Estavam ausentes alguns frades que formaram várias gerações de religiosos dominicanos. Eles tiveram receio de receber críticas sobre aquele período de formação. Mas um grupo responsável pela dinâmica dos trabalhos já tinha se preparado para intervenções mais pontuais. Eu mesmo fui bombardeado. E já que todo o grupo dos frades que foi preso não estava presente, eu o representei, falando para aqueles que não estavam satisfeitos com os nossos atos políticos. Criticaram-nos, afirmando que havíamos interferido em suas vidas políticas e religiosas, mesmo que não estivessem em oposição ao que pensávamos.

A crítica era mais sobre nossa atuação contra a repressão. Os opressores não pouparam os frades que não eram do nosso grupo e eram de uma geração mais velha. Não fizeram parte das ações de combate à ditadura, mas aqueles frades, já idosos, foram atingidos brutalmente com prisões e outros desassossegos, em consequência de nossa atuação combativa em relação ao regime ditatorial daquela época. Ouvi tudo em silêncio. Fiquei sem chão com aquela reação inesperada. Juntos ali, fizemos algumas reflexões sobre esse período de participação de pequenos grupos da Ordem Dominicana contra a ditadura. Eram fatos com quase 40 anos passados, e havia a necessidade de rever historicamente esse período com os relatos de cada um: histórias pessoais até então desconhecidas pela maioria ali presente.

Em seguida, cada um fez um relato de sua vida profissional, assim como aqueles que tinham constituído família, com primeira esposa, e alguns já com a segunda esposa. Falaram também de seus filhos. Fiquei sabendo que, nas duas reuniões anteriores, com número mais reduzido de participantes, as companheiras estiveram presentes.

Falei de meu itinerário profissional e político até aquele momento e me apresentei como homossexual, com um companheiro baiano que gostaria de ter participado daquele encontro para conhecer a todos. Imediatamente, um participante me elogiou pela coragem, quebrando o clima de gelo durante meu relato. Ao passar a palavra para o companheiro que estava ao meu lado, fiquei atônito quando ele, um frade que fez noviciado comigo, falou que ficou muito marcado pelo *bullying* que sofria com minhas brincadeiras em momentos de recreio na comunidade, chamando-o com um epíteto árabe. E ele atendia quando todos se referiam a ele: SALIM!

Pedi desculpas por tê-lo marcado com tanta força, através de uma palavra, há 40 anos. Eu sempre fui alegre e brincalhão, quando estávamos nos nossos recreios. Reconheço que, algumas vezes, extrapolei e insisti em fazer um chiste com uma palavra ou um defeito daquele que estivesse em minha frente. Com menos intensidade, isso acontece até os dias de hoje.

Depois desse acontecimento, em todas as festas nas casas dos companheiros em que ele estava presente com sua esposa, contava para as pessoas que sofria *bullying* de mim no convento. Chamei sua atenção para que refletisse sobre sua fixação nesta reprovação à minha pessoa. Hoje, vejo que sua crítica é mais ideológica. Ele chegou ao epicentro do capitalismo ligado à alimentação no Brasil: presidente da Associação Nacional dos Supermercados.

Nossa reunião continuou em pequenos grupos, e uma de minhas ideias colocadas não vingou em nenhuma instância. Eu achava que, com cinco perguntas bem formuladas, respondidas por cada um dos presentes, e também pelos ausentes, por escrito, poderíamos reconstituir uma grande parte da história dos dominicanos no Brasil. Hoje, faltam esses depoimentos históricos. Ali estariam também os priores, mestres de estudantes, os provinciais que dirigiram, em alguns momentos, os conventos e toda uma província.

Destaco, aqui, quatro momentos cheios de riqueza naquele nosso encontro. O primeiro foi minha análise pessoal sobre como os dominicanos nos prepararam para ocupar um lugar na universidade e a visão de que uma pessoa deveria ter o domínio das línguas e manter uma visão holística do mundo em seus relacionamentos. Com isso, podia dimensionar sua cultura e seu ambiente produtivo – isso sempre fez parte de sua missão. No meu entendimento, eles nos prepararam, inconscientemente, para estar presentes no mundo profissional, ensinando, ou estando presente na luta dos operários e camponeses. Outros, como eu, administraram empresas em cargos importantes, inclusive atuando dentro de empresas multinacionais.

O segundo foi a análise de que a vida, durante o seminário, e mesmo a vida de sacerdote no acompanhamento aos casais, em seus relacionamentos, não possibilitou que tivéssemos uma compreensão maior do papel da mulher como companheira, a mulher como ser pensante e livre para atuar em qualquer espaço social. Esse não entendimento nosso, de um modo geral, dificultou que tivéssemos uma visão holística do mundo e uma visão ampla do relacionamento a dois. Claro que existiam exceções honrosas. Mas o machismo também estava presente no comportamento de alguns companheiros dominicanos, com rasgos de preconceitos.

O terceiro foi um vinho apresentado por um dos participantes, que veio de sua própria produção. No momento da degustação do vinho, pude sentir todos os sabores os quais nomeei, agradecendo-lhe por ter nos oferecido um dos frutos do seu trabalho, que se tornou a sua principal atividade, em toda a vida após sua saída da comunidade religiosa.

O quarto foi a presença alegre de nosso companheiro de prisão Giorgio. Ele esteve presente em todas as ocasiões de nossa história passada naquele mundo infernal da prisão. Lá, ele nos oferecia não só uma comida como bom *gourmand*, mas, sobretudo, praticava uma ação fraterna de apoio. Um veneziano de boa cepa. Embora desacreditado por sua geração dentro da Ordem Dominicana, ele construiu um oásis para as crianças e adolescentes em estado de risco social na Praia Grande, litoral paulista.

Saí desse encontro cheio de esperança de que, algum dia, escreveríamos sobre nossa participação junto aos dominicanos e de que modo tivemos uma formação positiva. Mas isso ainda não aconteceu. E muitos dos que participaram daquele memorável encontro já não estão mais entre nós.

VELHICE - O VIVIDO NÃO MORRE

A natureza, no manejo das espécies, oferece surpresas. E, para a sobrevivência dos seres vivos, existe uma luta constante dentro de seu próprio grupo, ou entre grupos rivais. Darwin foi muito preciso e demonstrou isso muito bem como cientista. Derrubou categorias e conceitos que embasaram teorias e filosofias há milênios. Basta acompanhar o movimento histórico de suas conclusões: recebeu muitas críticas por parte de seus colegas, e dentro da religião católica, sofreu censuras e preconceitos. Muitos desejavam derrubar sua teoria.

O ser humano tem uma sensibilidade para a percepção da realidade muito grande, através dos cinco sentidos de seu corpo. Assim, é formada sua personalidade, com a construção de suas definições de mundo, buscando modos de se colocar na sociedade. Alguns nascem sem função em algum órgão, como a cegueira. Mas, nesse caso, se inicia uma rearrumação no indivíduo, com a atribuição de uma qualidade a mais aos outros sentidos, para o desenvolvimento de habilidades ou capacidades especiais. A fase infantil de qualquer animal deve ter o espaço necessário para que ele se compreenda como um ser diferente e desenvolva novas qualidades para sua sobrevivência.

Para isso, a ciência deu sua grande contribuição, estudando "as faltas" e descobrindo as "substituições". Não só na área das descobertas mecânicas, como as próteses, criadas para apoiar as espécies – hoje, até os animais recebem próteses de apoio. Também na área pedagógica, houve descobertas de caminhos diferentes dos habituais de educação, comuns à maioria das pessoas. Os séculos XIX e XX estão ricos de exemplos. Também do ponto de vista psicológico e psicanalítico Freud foi tão importante como Darwin, e passou pelos mesmos constrangimentos anticientíficos das mesmas instituições.

Essa experiência viva eu venho sentindo em meu corpo e em minha mente, nos últimos decênios. As mudanças não se apresentam de uma só vez. Em cada indivíduo, as faltas são únicas, e vão surgindo antes de sua fase final, antes de sua passagem para outro plano.

Nessa minha nova jornada das "faltas", conheci duas virtudes bem especiais: a paciência e a humildade. O não exercício delas nos leva a um transtorno mental, num conflito de não aceitação de si mesmo, com resultados indesejáveis em nossa relação com os outros e com o mundo. Cada indivíduo escreve sua última história e administra o modo de lidar com cada falta que surge no seu corpo. Para mim, começou com o olfato. Creio que o cigarro, durante quase 40 anos, mostrou o seu modo mais ameno de nos fazer mal. Fui premiado por não ter tido enfisema. Todas as perdas não vêm da noite para o dia. Exceto os que sofreram traumatismo nos seus órgãos ocasionados por desastres, ou outros incidentes.

Exemplifico muito com o relato da ida de Moisés ao monte para receber as tábuas da Lei. Na sua volta, ele se mostrou ao povo transformado com a experiência que teve com Javé. Com cabelos brancos. Em qualquer situação traumática, de dor, de perda e de experiência com o numinoso, em qualquer idade, surgem os cabelos brancos.

Recentemente, com a convivência com o *Coronavírus Disease* (Covid) por quase dois anos e toda a tragédia deixada pelo seu rastro, a maioria dos homens e mulheres atingidos, de algum modo, pela doença passaram a ter cabelos brancos em poucos meses. Tenho observado isso. Aquelas pessoas que viveram com menos traumas ou logo descartaram suas difíceis experiências, no processo da velhice, sentem as mudanças e as faltas, paulatinamente.

O vício do cigarro durante toda minha juventude, contribuiu para a perda total de meu olfato, agora na velhice. O olfato é um sentido bastante atuante no mundo animal. Sem ele, o animal não vive. É comido. No mundo animal, os feromônios sexuais são substâncias produzidas por glândulas, e expelidas pelo corpo, liberando um odor específico. Produzem uma ativação vital para a continuidade da vida. Com a decadência física ocasionada pela idade avançada, não sentimos o cheiro que nos acende para o mundo erótico.

O paladar também está associado ao cheiro. Com o avanço da idade, fui perdendo também o paladar. Ao sentir a falta do cheiro, no ambiente da cozinha e da refeição, das ervas, das carnes, e de cada vegetal, aos poucos, fui privado de um dos meus maiores prazeres. Também não sinto o cheiro do desastre, coisas queimando, presença do fogo.

Quando provamos um naco de comida e sentimos o gosto, detectamos, então, se o alimento é gostoso, se é próprio para consumo. Dos dois sentidos, ainda restou muito pouco, mas o suficiente para meu cérebro decodificar o cheiro da comida e situações tão antigas e com uma memória ainda bem viva.

O homem não inventou algo que substituísse o olfato. Nenhuma prótese. É a prova de que, no reino animal, esses dois sentidos têm uma ligação muito profunda com o que é essencial em nossas vidas – o nosso cheiro e o cheiro do mundo. Em mim tudo começou, de certo modo concomitantemente, a partir da última década do século passado.

Para os outros sentidos, nossos cientistas encontraram um prolongamento não orgânico. E foi entrando no novo milênio e em sua primeira década, que fiz a operação de catarata. Ela é tão delicada, que poucos médicos aceitam que seja feita nos dois olhos de uma só vez. Eles querem ter a certeza de que tudo vai sair a contento com o seu cliente. A perda da visão é um dos maiores traumas que o ser humano pode sentir. Lembro-me de que um primo de minha mãe foi o primeiro a realizar operações de catarata em Pernambuco. Ele tinha chegado de uma pós-graduação e doutoramento nos Estados Unidos, pós-guerra mundial, onde a medicina avançou devido às experiências nos hospitais de campanha.

Existe a experiência de milhões de operações pelo mundo e o uso de próteses não mais de material humano, como na década de 1950-1960 do século passado, mas de material sintético absorvido naturalmente por nosso corpo. Então, encorajei-me a fazer a micro-operação de catarata. Se me negasse a isso, provavelmente eu teria perdido a visão por completo, devido à idade. Para mim, a visão é um dos sentidos mais usados – do acordar, até a hora do sono profundo. Com ele, nos expressamos melhor. Os olhos falam. Numa visão aristotélica, é uma das portas da filosofia. Porque detecta rápido a realidade. Importante para o senso comum.

Sem a visão, eu não poderia ter lido a quantidade de livros que chegaram às minhas mãos (o *braille* estava começando a ser usado no meio do século passado). Ou aqueles que descobri passando minha vista pelas estantes das bibliotecas. Sem ela, eu não poderia ter me deliciado com milhares de filmes e documentários, e ter ficado embevecido com as obras de arte nos museus, nas praças públicas. Arquiteturas e parques da América Central, América do Sul e Europa. E, sobretudo, ter curtido as pessoas.

Desde criança, aprendi a ouvir música clássica e depois *jazz* e música popular brasileira de todas as épocas. E, quando religioso, aprendi o canto gregoriano, e não suportava as músicas cantadas nas liturgias católicas, que tiveram influência ou origem europeia. O Concílio Vaticano II trouxe a liberdade de usar as novas criações de cada povo e cultura. Sempre, em minha casa, tive uma boa discoteca, com milhares de discos "bolachões" de 33 rotações, que depois foram substituídos por CDs.

Estava sempre aberta para audição aos amigos e amigos dos amigos que vinham me visitar, ou chegar para pesquisar esse mundo que não estava tão acessível a seus bolsos. Hoje, temos os aplicativos gratuitos de música na Internet. Muitos cantores e compositores, hoje avós, lembram-se dessa preciosidade auditiva aberta ao mundo dentro da minha residência. Diria que a discoteca era um complemento de minha biblioteca. As duas dialogavam. E foi motivo para muitas conversas, descobertas musicais e simples enlevos para descanso.

Depois de meus 60 anos, eu senti dificuldade em ouvir o timbre de alguns instrumentos. Eu não conseguia ouvir algumas notas. Fui perdendo os agudos. Os baixos começaram a embaralhar minha audição, e, em certas horas, o cansaço chegava, devido ao esforço que fazia para ouvir a sonoridade da música tocada. Essa falta progressiva foi se estendendo aos filmes a que assistia, chegando a prejudicar também alguns diálogos com amigos e familiares. A conversação entibiava, e terminava em vários equívocos. Com a falha da audição, sem a exatidão do som, eu inventava frases completamente diferentes do interlocutor. Sem audição, não há possibilidade de diálogo. A não ser que se use outra linguagem, como a das mãos, preciosas para os surdos. Foi necessária uma intervenção, com a prótese do aparelho auditivo que me presenteou com a volta total de ouvir o mundo ao meu redor, deixando-me fora do perigo de algumas situações, como a de atravessar uma rua, ouvir o som de uma bicicleta ou de um carro.

O toque – o ir às coisas e às pessoas, a sensibilidade, o aprendizado de reconhecer as pessoas com o toque – foi o que menos perdi em minha velhice. Não é à toa que Tomé usou-o para ter certeza da ressurreição de Cristo. No humano, ele é o início e a prova de nossa fé. A ponte para nosso corpo vibrar e reconhecer a vida. As nossas mãos estão sempre a caminho, tocando o mundo. Fazendo de seu corpo parte da grande criação. Relembro o toque do dedo de Deus no dedo do homem, no teto da Capela Sistina, no Vaticano, um afresco pintado por Michelangelo Buonarotti, "A Criação de Adão". A cena representa um episódio do Livro do Gênesis, no qual Deus cria o primeiro homem.

    Comecei este relato, em plena epidemia da Covid-19, mas a vontade de colocar no papel o que via como importante em minha vida e no meu processo de educação, há tempos, aparecia em momentos mais inusitados vividos por mim. Faltava-me o hábito de escrever, que eu não tinha desenvolvido. Ele nasceu dessa necessidade: mostrar ao leitor, do mais amado ao mais desconhecido, a vivência que resultou no que sou hoje. E estou satisfeito com minha pessoa. Sem Garanhuns, sem Recife, sem Olinda, sem Salvador, sem todas as cidades em que habitei, eu não existiria. Assim, sem meus pais especificamente, sem minha família, eu não existiria. Sem a cultura tão diferenciada, obtida em cada canto por onde passei, em cada colégio ou faculdade em que estudei, eu não existiria. Sem o contato humano com várias classes e segmentos sociais, eu não existiria. Sem minha participação na história de muitas pessoas e na história do nosso Brasil, eu não existiria. O vivido não morre.

Natal de 2021.

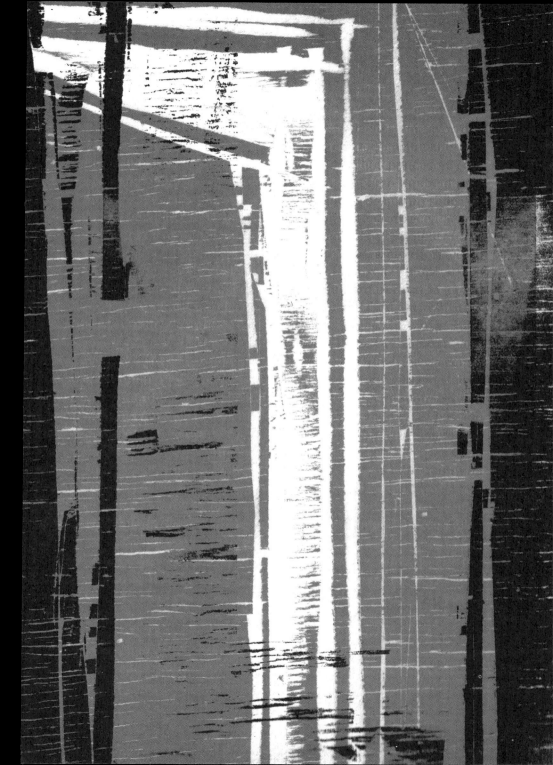

Este livro foi editado em novembro de 2022
pela Solisluna Design e Editora, na Bahia.
Impresso em papel avena 90 g/m².
Produzido na Gráfica Viena, em São Paulo.